JN430350

The Anatomy of Industrial Accidents

산업재해의 해부학

재해로 본 인간, 시스템, 그리고 공학의 한계

이상준 지음

DamEum Books
도서출판 담음

들리지 않는 경고, 보이지 않는 구조

산업재해는 어느 날 갑자기 일어나지 않는다.

그것은 오랜 시간 쌓인 무관심, 익숙한 위험, 무뎌진 경계의 결과다.

사람들은 "운이 없었다"고 말하고, 조직은 "과실이 있었다"고 정리하며, 기록은 "1건 증가"로 끝난다. 하지만 나는 33년 동안 현장에서 그것을 '예고된 실패'로 보아왔다.

건설현장에서 시작한 나의 경력은 사람이 다치지 않도록 막는 사람, 즉 안전을 지켜내는 사람으로 변화하는 여정이었다. 그 과정에서 수많은 산업재해를 마주했고, 때로는 막지 못한 현장의 안타까움을 오롯이 감당해야 했다. 처음엔 재해의 원인을 '작업자의 실수'나 '현장의 부주의'로만 보았다. 그러나 시간이 지날수록 나는 깨달았다. 산업재해는 인간의 실수에서 더 나아가 시스템의 구조, 설계의 결함, 책임의 회피에서 비롯된 결과물이라는 것을.

한 명의 죽음에도 수많은 원인이 얽혀 있다.
그중 어떤 것은 기술적인 실수였고, 어떤 것은 매뉴얼을 만들지 않은 조직의 무지였으며, 어떤 것은 아예 처음부터 설계되지 않은 안전이었다. 그리고 그 모든 것 위에는 늘, "이번에도 괜찮겠지"라는 암묵적인 타협이 있었다.

이 책은 산업재해를 '사건'이 아닌 '구조'로 본다.

건설, 제조, 물류 등 다양한 산업현장에서 일어난 사례를 해부하듯 분석하고, 그 안에 담긴 인간, 시스템, 공학의 실패를 하나씩 드러내고자 한다. 그리고 나아가 우리는 어떤 태도와 관점으로 이 문제를 마주해야 하는지 이야기하고자 한다.

이 책은 전문가만을 위한 전문서도, 법률만 나열한 규범집도 아니다. 현장을 이해하려는 의대생도, 일터의 소장을 꿈꾸는 학생도, 혹은 지금 막 사고를 겪은 작업자도 함께 읽을 수 있는 책이다.

나는 지금까지 산업안전을 지키는 일은 생명을 지키는 일이라는 믿음으로 일해왔다.

그리고 지금은 그 믿음을 글로 남기고자 한다.

이 책이 단 한 명의 생명을 지키는 데 기여할 수 있다면, 그것이야말로 내가 이 책을 쓴 이유이자, 33년의 기록을 해부하는 이유일 것이다.

산업재해, 해부가 필요한 상처

산업재해는 어느 날 갑자기 발생하는 일이 아니다.

그것은 오랜 시간 쌓인 무관심, 익숙한 위험, 무뎌진 감각이 만들어낸 구조적 실패이다.

한 명의 사망도, 한 건의 사고도 예외 없이 '예고된 재해'였다고 확신한다.

나는 33년간 산업현장에서 일하며 수많은 재해를 마주해 왔다.

처음에는 작업자의 실수, 부주의를 탓한 적이 많았다.

그러나 시간이 흐를수록 명확히 깨달았다.

사람의 실수 뒤에는 언제나 설계의 허점, 제도의 맹점, 책임 회피가 숨어 있었다.

산업재해는 기술만의 문제가 아니며, 사람만의 문제도 아니다.

그것은 인간, 시스템, 공학이 얽혀 만들어낸 복합적인 결과물이다.

이 책은 산업재해를 '해부'하려는 시도이다.

재해를 통해 무엇이 잘못되었는지를 파악하고, 다시는 같은 일이 반복되지 않도록 하는 데 목적이 있다.

건설, 제조, 물류 등 다양한 현장의 사례를 바탕으로

공학적 분석, 보건학적 시각, 조직문화적 통찰을 함께 녹여내고자 하였다.

이 책은 규정과 매뉴얼을 나열하는 참고서가 아니다.

현장에서 고군분투하는 관리자, 산업의 미래를 준비하는 학생,

그리고 사람을 살리는 기술에 관심 있는 모든 이들을 위한 책이다.

'산업안전'은 통계나 법의 문제가 아니라, 사람의 생명을 지키는 일
이다.

그 출발점은 재해를 깊이 이해하는 데 있다.

이 책이 단 한 사람의 사고를 막는 데라도 도움이 된다면,

그것이 바로 내가 이 책을 쓴 이유이다.

산업재해의 해부학
– 기술, 생명, 시스템이 무너지는 순간

산업재해는 단순한 사고가 아니다.

그것은 기술의 한계, 조직 시스템의 균열, 인간 생리의 붕괴, 그리고 책임 회피로 굳어진 사회 구조가 맞물릴 때 발생하는 복합적 현상이다.

내가 현장에서 마주한 재해는 결코 하나의 원인으로 설명되지 않았다. 어떤 사고는 설계 시 고려되지 않은 하중 분산의 실패에서 비롯되었고, 어떤 사고는 열사병을 유발하는 체온 조절 기능을 무시한 결과였다. 또 어떤 사고는 현장의 경고를 무시한 조직문화와 행정의 무기력함에서 시작되었다.

나는 33년간 건설과 산업현장에서 근무하며 기술자이자 관리자, 동시에 현장을 지키는 감시자로 살아왔다. 그리고 한 가지를 분명히 깨달았다. 산업재해는 예외적인 사건이 아니라, 반복되는 구조적 문제라는 사실이다.

이 책은 산업재해를 해부하려는 시도이다. 사례 소개를 통해 각 사고의 이면에 존재하는 공학적 결함, 의학적 무지, 사회적 무관심을 교차 분석하고자 하였다.

왜 추락 사고는 반복되는가? 그것은 설계 기준과 교육 시스템의 불일치 때문이다.

왜 화학물질 사고는 수치상으로는 '정상'인데 인체는 견디지 못하는가? 그것은 노출 기준의 허구 때문이다.

왜 노동자가 죽은 뒤에야 제도가 바뀌는가? 그것은 사후처리 중심의 정치 구조 때문이다.

이러한 질문에 답하기 위해 나는 공학과 의학, 산업보건과 제도, 기술과 인간 행동의 경계를 넘나들며 이 책을 집필하였다.

의대생에게는 인간 생명이 어떻게 기술의 틈에서 희생되는지를, 산업기술자에게는 시스템 설계와 유지보수의 실패가 어떤 결과로 이어지는지를, 정책입안자에게는 현장의 목소리가 어떻게 묵살되는지를 전달하고자 하였다.

산업재해는 곧 사회의 리트머스 시험지이다.

한 사회가 사람을 어떻게 대하는지를 산업현장이 가장 먼저 보여준다.

이 책이 한 명의 생명을 살리는 통찰로 이어진다면, 그것이야말로 내가 33년간의 현장 기록을 해부해 세상에 꺼내놓는 이유이다.

숫자 뒤의 사람을 보는 기술
- 산업재해를 해부한다는 것

우리는 매년 산업재해 통계를 접합니다. "올해도 몇 명이 다쳤다", "사망자 수는 몇 명 줄었다"는 숫자 앞에서 고개를 끄덕이고, 때로는 안도합니다. 그러나 통계 뒤에는 사람이 있습니다. 숫자로 환산된 '1'의 자리에 어떤 이름이 있었는지, 그 이름 뒤에 어떤 가족과 삶이 있었는지는 종종 잊혀집니다.

이 책은 산업재해를 단순한 불운이나 예외적인 사건으로 다루지 않습니다. 산업재해는 언제나 인간, 기술, 조직, 제도의 복합적 실패에서 비롯됩니다. 눈에 보이지 않는 작은 신호와 경고, 무시된 목소리, 반복된 구조적 오류들이 쌓여 어느 날 사고로 폭발하는 것입니다. 그리고 그러한 '과정'이 문제였음을 재해는 늘 말하고 있었습니다.

하지만 우리는 듣지 않았고, 보지 못했습니다. 아니, 외면한 것인지도 모릅니다.

저는 33년 동안 건설현장과 산업현장에서 일했습니다. 한화건설의 본사 팀장, 현장 관리자에서부터 전문건설기업의 CSO(최고안전책임자), 전문건설안전보건협의회 회장까지, 다양한 위치에서 재해를 목격하고 대응해 왔습니다. 그 과정에서 저는 수많은 사고를 막기도 했고, 때로는 막지 못한 재해 앞에서 무력감을 느껴야 했습니다.

그러나 가장 뼈아프게 배운 것은 다음의 한 문장이었습니다.

"재해는 항상 말하고 있었다. 우리가 듣지 않았을 뿐이다."

이 책은 산업재해를 '해부'하려는 시도입니다. 단지 사고 원인을 분석하고 매뉴얼을 반복하는 것이 아닙니다.

사례 하나하나를 통해 인간의 판단은 왜 흔들렸는지, 시스템 설계의 취약점은 어디에 있었는지, 제도와 조직문화는 어떻게 침묵을 선택하게 만들었는지를 집요하게 추적합니다. 재해를 수술대에 올려 세밀히 들여다보되, 단지 기술적인 설명으로 끝내지 않고, 그 너머의 구조와 태도, 사회적 무관심까지 짚어보고자 합니다.

이 책은 산업안전을 전공한 학생에게는 생명과 기술이 유기적으로 연결된 현장의 언어를 들려주고,

의대생과 산업보건 전문가에게는 '몸'과 '환경'의 연결 구조를 보여주며,

현장 관리자에게는 조직과 책임의 맥락을 다시 생각하게 하며,

무재해를 외치는 기업과 정책 담당자에게는 '무엇을 바꿔야 하는가'에 대한 질문을 던지고자 합니다.

그래서 가능한 언어를 낮췄습니다. 전문 용어와 통계보다는 사람의 이야기, 기억, 실패의 맥락을 담았습니다.

공학자와 의학자, 관리자와 근로자가 함께 읽고 토론할 수 있는 책, 서로의 입장을 이해하며 공감할 수 있는 언어로 구성하려고 했습니다.

'산업안전'이라는 말은 너무도 익숙한 단어입니다. 그러나 저는 이 책이 독자 여러분에게

그 익숙한 말 속에서 낯선 통찰, 깊은 책임감, 지속 가능한 변화를 위한 용기를 발견하는 계기가 되길 바랍니다.

재해는 막을 수 있습니다. 그러나 그러기 위해서는 먼저, 우리가 무엇을 듣지 않았는지, 무엇을 외면했는지를 직시해야 합니다.

산업재해를 해부하는 것은, 단순히 과거를 기록하는 것이 아니라 미래를 다시 설계하는 일입니다.

이 책이 그 설계의 첫 번째 나사 하나가 되기를 바랍니다.

2025년 여름
삼영기업 CSO · 전문건설안전보건협의회 회장
이상준

목차

산업재해의 해부학

재해로 본 인간, 시스템, 그리고 공학의 한계

1부
산업재해,
어디에서 시작되는가

01
보이지 않는 위험:
산업재해의 정의와 오해

"산업재해"라는 단어를 들었을 때 많은 사람은 금속 프레스로 손이 눌리거나, 고소작업 중 추락하는 장면을 떠올린다. 그러나 산업재해는 그렇게 눈에 띄는 순간적인 사고만을 의미하지 않는다. 법적으로는 업무 중 발생한 모든 신체적·정신적 손상과 질병을 포함한다. 즉, 소음 노출로 인한 청력 손실, 유기화학물질에 의한 간 손상, 반복 동작에 의한 근골격계 질환도 모두 산업재해에 해당된다.

진짜 위험은 오히려 잘 보이지 않는다. 한국산업안전보건공단(KOSHA)의 2023년 통계에 따르면 전체 산재 승인 건수의 약 64%가 질병형 재해로, 이 중 상당수가 근골격계 질환, 직업성 암, 정신질환 등 '천천히, 그러나 깊게' 손상을 일으키는 유형이다. 또한, 2022년 기준 산업재해로 인한 사망자 828명 중 332명은 '질병'에 의한 사망이었다. 즉, 추락보다 과로가 더 많은 생명을 앗아가고 있는 셈이다.

문제는 이러한 보이지 않는 위험이 기록에서 빠지거나, '개인의 건강 문제'로 치부된다는 데 있다. 작업 강도, 야간교대, 작업자 간 눈치 문화, 무리한 일정, 소리 내기 어려운 조직 분위기 같은 요인들이 위험을 침묵하게 만든다. 결국 산업재해는 시스템이 어떻게 위험을 인식하고, 기록하고, 반응하는가에 따라 결정되는 사회적 구조물이다.

이 장에서는 우리가 '위험'을 어떻게 인식하고 왜 자주 오해하는지를 구조적으로 살펴본다. 산업재해를 정확히 이해하는 것이야말로, 진짜 예방의 출발점이다.

산업재해는 '사고'가 아니다

대한민국 「산업안전보건법」 제2조 제1호는 산업재해를 "업무상의 사유에 따른 근로자의 부상, 질병, 장해 또는 사망"이라고 정의하고 있다. 단 23자의 문장이지만, 이 정의에는 일터에서 발생할 수 있는 수많은 신체적, 정신적 손상이 포함되어 있다. 흔히 사람들은 산업재해를 '기계에 끼임', '지붕에서 추락', '불꽃에 화상'과 같은 즉각적이고 눈에 띄는 사고로 이해한다. 그러나 산업재해는 갑작스러운 사건에 국한되지 않는다. 오히려 더 많은 재해는 '보이지 않는 누적'으로부터 시작된다.

예를 들어, 하루 12시간 이상 반복적으로 손목을 사용하는 조립 라인에서 일하는 근로자가 손목터널증후군을 진단받는 경우를 생각해보자. 이것은 어느 한 순간에 발생한 사고가 아니라, 수개월 또는 수년간의 반복 작업이 쌓여 만든 손상의 결과다. 마찬가지로, 화학공장에서 벤젠 등 발암물질에 지속적으로 노출된 노동자가 수년 후 급성골수성백혈병을 진단받았다면, 그 병의 '시작'은 노출이 처음 이뤄졌던 그 시간부터다.

건설현장은 특히 누적 위험에 취약한 구조다. 철근 바인딩, 콘크리트 타설, 양중 작업처럼 반복적인 동작이 수년간 이어지며 손목터널증후군이나 어깨 충돌증후군을 유발한다. 겨울엔 체온이 떨어지고 혈압이 상승하며, 여름에는 온열질환 발생 위험이 급격히 높아진다. 방진 마스크 착용이 형식적일 경우, 실리카 분진에 노출된 작업자는 수년 뒤 진폐증, 폐암, 만성호흡기질환으로 이어질 수 있다.

실제로 고용노동부와 한국산업안전보건공단의 2023년 산재 통계를 보면, 전체 산업재해 인정 건수 약 14만 건 중 질병형 재해는 약 61,000건으로 전체의 43.6%를 차지한다. 특히 직업성 암, 근골격계 질환, 정신질환 등은 수년간의 노출, 과로, 스트레스가 축적된 결과로 나타나며, 점점 증가하는 추세다. 한국직업능력연구원의 분석에 따르면, 직업성 근골격계 질환의 평균 질병 이환 기간은 6.4개월에 달하며, 그 중 약 38%가 손·손목·어깨·목 순으로 집중되어 있다. 이는 우리가 '산업재해'를 짧고 갑작스러운 '사건(event)'보다 일터에서 축적된 '과정(process)'으로 이해해야 함을 보여준다.

문제는 이처럼 누적되는 위험이 조직 내부에서 잘 보이지 않고, 피해자 스스로도 "일시적 증상"으로 여겨 넘어가기 쉽다는 점이다. 또한, 산재 신청 과정에서도 "정확한 사고 시점"이나 "확실한 인과관계"를 요구받는 경우가 많아, 질병형 재해는 입증과 인정이 더 어렵다. 그 결과, 상당수의 작업 관련 질병은 '산재 밖'으로 밀려난다. 국민건강보험공단이 2022년 발표한 자료에 따르면, 직업성 질병 중 실제 산재로 처리된 비율은 추정 발생건수의 약 14.6%에 불과했다.

산업재해는 더 이상 "사고가 났는가?"라는 질문에만 답해서는 안 된다. "그 사고를 만든 환경과 반복된 작업은 무엇이었는가?"를 묻는 것이 진정한 예방의 시작이다. 산업재해는 사람의 몸에 남은 누적의 기록이다. 일터의 소음, 진동, 습도, 유해물질, 심리적 압박, 반복작업, 감정노동 등 수많은 요소가 결합해, 어느 날 갑자기 하나의 증상으로 드러난다. 그러므로 산업재해를 '사고'로만 인식하는 순간, 우리는 가장 위험한 재해를 놓치게 된다. 산업안전의 출발점은 사건보다 과정을 기억하고 해석하는 데 있다. 그것이 '사람의 몸'이라는 기록을 읽는 방식이자, 재해를 예방하는 가장 현실적인 접근이다.

통계는 '재해'를 숨긴다

고용노동부는 매년 '산업재해 발생현황'을 발표한다. 2023년 기준, 산업재해로 인한 사망자는 828명, 전체 재해자 수는 약 12만 3천 명으로 집계됐다. 하지만 이 숫자가 산업현장의 실태를 모두 보여주는 것은 아니다. 공식 통계는 오직 신고된 재해만을 기준으로 집계된다. 다시 말해, 신고되지 않은 재해는 통계에 잡히지 않으며, 존재조차 인정되지 않는다.

특히 직업성 질환의 경우, 통계의 사각지대가 심각하다. 업무 중 기계에 손이 끼이거나 추락하는 급성 사고는 비교적 쉽게 기록되지만, 장기적 노출에 의한 질병은 입증이 어렵고, 시간 차로 인해 인과관계가 흐려진다. 예를 들어 손목터널증후군, 허리디스크, 청력 손실, 정신질환, 폐암, 백혈병 등은 다년간의 반복 작업, 화학물질 노출, 과로 등과 연관될 수 있지만, '개인 질병'으로 분류되거나 일반 건강보험으로 처리되는 일이 많다.

2022년 한국노동연구원 보고서에 따르면, 직업병 피해자의 74.5%가 산재 신청을 하지 않았다. 그 이유로는 '인정받기 어려울 것 같아서'(37.3%), '절차가 복잡해서'(28.4%), '회사와의 관계 악화 우려'(20.9%) 등이 꼽혔다. 특히 비정규직, 하청노동자, 이주노동자는 고용 불안과 불이익을 우려해 산재 신청 자체를 포기하는 경우가 많다. 이로 인해 산업재해 통계는 구조적으로 과소평가될 수밖에 없다.

한편, 공식 통계가 제시하는 '재해율 감소'는 오해를 낳기 쉽다. 급성 사고가 일부 줄어든 것은 사실이지만, 보이지 않는 재해는 오히려 증가하고 있다. 근골격계 질환은 2018년 6,276건에서 2022년 9,093건으로 약 45% 증가했다. 또한 고강도 노동, 불규칙한 교대근무, 장시간 노동이 심혈관계 질환, 우울증, 번아웃 등 다양한 만성질환을 유발하고 있다. 문제는 이 질병들이 대부분 산업재해로 인식되지 않거나, 인과관계 입증의 부담을 피해자에게 떠넘긴 채 묵살된다는 점이다.

결국 통계는 산업안전의 일부만을 보여준다. '숫자'에 포함되지 않은 사람들, 말하지 못한 질병, 입증되지 않은 고통은 그 너머에 존재한다. 따라서 산업재해를 판단할 때, 통계 수치 뒤에 숨겨진 침묵의 구조와 말하지 못한 위험을 드러내는 감수성이 필요하다. 진정한 안전은 줄어든 수치보다 드러난 위험에서 시작된다. 산업안전의 척도는 '얼마나 들을 준비가 되어 있는가'에 달려 있다.

보이지 않는 위험은 왜 위험한가?

사람은 자신이 인식하지 못한 위험 앞에서 가장 무방비하다. 산업현장에서 '위험'이라고 하면 흔히 추락, 협착, 낙하물 등 눈에 띄는 사고를 떠올리지만, 실상은 그렇지 않다. 많은 재해는 눈에 보이지 않고, 소리 없이 다가오는 손상으로부터 비롯된다. 대표적인 예로 소음, 진동, 미세먼지, 반복 동작, 고온 노출, 화학물질, 고강도 작업, 야간 교대근무, 정신적 스트레스 등이 있다. 이러한 요인들은 한 번에 눈에 띄는 사고를 만들지는 않지만, 지속적으로 몸을 손상시키며 결국 병을 만든다.

예컨대 소음은 일정 강도 이상이면 청력을 영구적으로 손상시킨다. 산업안전보건공단에 따르면, 2022년 직업성 난청 산재 승인 건수는 1,048건에 달했다. 그러나 이 역시 빙산의 일각일 뿐이다. 많은 근로자는 소음 노출에 따른 청력 저하를 '노화'나 '일시적 현상'으로 오해하고 산재로 인식하지 못하거나 신고하지 않는다. 마찬가지로, 고온 환경에서의 작업은 열사병과 탈수, 심혈관계 질환을 유발할 수 있으나, 사망 이후에도 단순 '기저질환'이나 '날씨' 탓으로 치부되는 경우가 많다.

한 건설현장에서 실제 발생한 열사병 사망 사고를 보자. 피해자는 고혈압을 앓고 있었으나, 별다른 건강 배려 없이 고온다습한 여름철 현장에 배치됐다. 당시 작업장 온도는 섭씨 34도를 초과했고, 보호복은 통기성이 전혀 없는 재질이었으며, 공정 압박으로 인해 휴식시간은 1시간 작업 후 5분에 불과했다. 열사병 예방 교육은 실시되지 않았고, 고열 증상을 스스로 인지한 후에도 조기 대피를 요청할 분위기가 아니었다. 그 결과, 그는 의식을 잃은 채 쓰러졌고, 응급 처치와 병원 이송이 지연되며 사망에 이르렀다.

이 사고는 단지 '더웠기 때문에' 일어난 것이 아니다. 위험 신호가 있었음에도 아무도 반응하지 않았고, 위험 요인이 존재했음에도 조치되지 않았던 수많은 일상의 실패들이 축적된 결과다. 눈에 보이지 않는 위험은 쉽게 무시된다. "다들 괜찮다", "예전부터 해오던 일이다", "조금만 참자"라는 말들이 그것을 정당화한다. 하지만 재해는 특별한 순간이 아니다. 무감각 속에서 반복된 위험의 누적이다.

산업재해는 언제나 예외적인 사건처럼 다뤄지지만, 사실 그 대부분은 이미 예고되어 있던 위험의 총합이다. 우리가 그 위험의 신호를 인식하지 못하거나 무시할 때, 피해는 예고 없이 발생한다. 따라서 진정한 산업안전은 큰 사건을 막는 데 있지 않다. 작고 사소한 징후에 귀 기울이고, 몸의 언어를 해석하며, 보이지 않는 위험까지 드러내는 감수성에서 시작된다. 보이지 않는 위험이 가장 위험한 이유는, 그것이 계속해서 무시되고, 결국 사람을 사라지게 만들기 때문이다.

산업재해는 개인의 문제가 아니다

산업재해가 발생하면 흔히 "그 사람만 조심했더라면", "안전수칙만 지켰다면"이라는 말이 나온다. 언뜻 들으면 타당해 보이지만, 이런 말은 모든 책임을 개인에게 돌리는 위험한 사고방식이다. 실제 산업현장을 들여다보면, 재해의 원인은 '개인의 부주의'보다는 반복되고 구조화된 '위험 환경'에 있는 경우가 훨씬 많다.

2023년 고용노동부 통계에 따르면, 전체 산업재해 사망자 중 약 62.3%는 건설업에서 발생했으며, 이 중 추락 사고가 절반 이상 (53.6%)을 차지했다. 많은 이들이 이 수치를 보며 "안전벨트를 안 매서", "주의를 안 해서"라고 말하지만, 실제로는 안전조치가 불충분하거나 형식적이었기 때문인 경우가 많다. 예컨대, 난간이 없거나 부실하게 설치되었고, 추락방지용 안전난간이나 발판이 설치되지 않았으며, 추락 위험을 인지한 근로자가 "위험하다"고 말할 분위기조차 없었던 것이다.

한 실족사 사례를 보자. 사고 발생 전날, 해당 작업 구역에서는 안전난간 일부가 분실된 상태였고, 관리자는 "하루만 참고 작업하라"는 지시를 내렸다. 헬멧을 썼고, 표지판은 있었지만, 위험이 사전에 제거되거나 대체되지 않은 채 작업이 강행된 것이다. 이런 사고에서 실수는 개인이 했을지 몰라도, 그 실수를 '예상하고 예방'할 수 있는 구조가 전혀 작동하지 않은 셈이다.

이처럼 산업재해는 '사람에게 일어난 일'이지만, 진짜 책임은 사람에게만 있지 않다. 그것을 가능하게 한 시스템─과도한 공기 압박, 인력 부족, 무시된 의견, 은폐된 위험 정보, 침묵을 유도하는 조직문화─가 핵심 요인이다. 즉, 그 실수를 허용한 환경이 바뀌어야 한다.

특히 반복되는 재해는 경고이자 신호다. 같은 유형의 사고가 같은 방식으로 되풀이된다면, 그것은 설계된 위험이다. 하지만 우리는 종종 위험을 개인화하고, 익숙함 속에 묻어버린다. "다들 그렇게 해왔어", "일하다 보면 다칠 수도 있지"라는 말이 그 예다. 이러한 언어는 위험을 가리고, 침묵을 구조화한다.

산업안전보건법 제5조는 "사업주는 근로자의 안전과 건강을 유지하기 위한 조치를 하여야 한다"고 명시하고 있다. 그러나 현실에서는 이 법조문이 "근로자도 자신의 안전을 책임져야 한다"는 식으로 왜곡되곤 한다. 결국 근로자는 스스로의 안전을 지키기 어려운 구조 속에 놓여 있는 셈이다.

진정한 산업안전은 '개인의 주의'로는 부족하다. 위험이 반복되는 환경을 조직적으로 파악하고, 그 구조를 바꾸려는 노력이 병행돼야 한다. 산업재해는 어느 날 갑자기 일어나는 특별한 사건이 아니다. 그것은 우리 모두가 익숙하게 지나쳐온, 그러나 반드시 직시해야 할 일상의 균열이다. 그 균열을 인식하고, 고치고, 다시 설계하는 일이야말로 산업재해를 줄이는 진짜 출발점이다.

산업재해의 해부학

재해로 본 인간, 시스템, 그리고 공학의 한계

1부

산업재해,
어디에서 시작되는가

02
수치 너머의 진실:
산업재해 통계가 말하지 않는 것

매년 고용노동부는 산업재해 통계를 발표하며 "재해율이 낮아졌다"고 말한다. 실제로 2023년 발표된 자료에 따르면 산업재해율은 0.52%로 10년 전보다 0.1%P가량 낮아졌다. 겉으로는 산업현장이 점점 안전해지고 있는 듯 보인다. 그러나 이 숫자는 진실의 전부가 아니다. 산업재해 통계는 '신고된 재해'를 기준으로 집계되며, 수많은 사고와 질병이 그 문턱을 넘지 못한다. 특히 근골격계 질환, 소음성 난청, 열사병, 정신질환 등 직업병은 업무 관련성 입증이 어려워 신고율이 낮다. 한국노동연구원 조사에 따르면 업무상 질병이 의심되는 근로자 중 실제로 산재를 신청하는 비율은 20%에도 미치지 않는다. 더구나 비정규직과 하청노동자, 외국인 노동자들은 고용불안과 불이익 우려로 인해 아예 신고조차 하지 않는 경우가 많다. 또한 상당수 만성질환은 건강보험을 통해 처리되면서 산재 통계에서 제외된다. 이러한 이유로, '재해율 감소'라는 공식 통계는 안전한 현장을 의미하기보다는 기록되지 않은 위험이 증가하고 있음을 경고한다. 진정한 안전은 수치에 포함되지 않은 목소리와 피해를 드러낼 때 비로소 완성된다. 우리가 신뢰해야 할 지표는 '무재해'라는 구호가 아니다. 현장에서 일어나는 침묵과 외면의 총량이다.

보고되지 않은 재해들

산업재해 통계는 국가가 산업현장의 위험 수준을 진단하고 제도 개선의 방향을 설정하는 데 중요한 기초자료로 쓰인다. 고용노동부는 매년 산업재해율, 사망만인율, 질병 재해자 수 등을 발표하며 산업안전 정책의 성과를 설명한다. 그러나 이 통계는 근본적인 한계를 안고 있다. 바로 '신고된 사고'만을 반영한다는 점이다. 보고되지 않은 재해는 존재 자체가 지워지며, 수치로도 남지 않는다.

현장의 현실은 이와 다르다. 한국노동안전보건연구소 조사에 따르면, 업무상 질병이 의심됨에도 실제 산재 신청을 한 근로자는 전체의 약 23%에 불과하다. 특히 건설현장처럼 원청-하청의 수직적 계약 구조가 강한 산업일수록 산재 은폐와 자가 처리 관행이 뿌리 깊다. 실제로 하청업체는 사고가 발생해도 입찰 불이익이나 기업 이미지 실추를 우려해 자체 보상으로 조용히 마무리하는 경우가 많다. 이러한 관행은 건설업의 구조적 리스크를 통계 밖으로 밀어내며, 재해는 있었지만 존재하지 않는 일처럼 사라진다.

또한 건강보험공단 자료에 따르면, 산업재해로 분류되어야 할 질병 중 상당수가 여전히 건강보험을 통해 처리되고 있다. 예컨대 근골격계 질환은 대표적인 직업성 질병임에도 불구하고, 매년 수천 건이 산재로 인정받지 못하고 개인 치료로 흡수된다. 과로로 인한 뇌심혈관계 질환이나 장기 야간근무로 인한 수면장애, 감정노동 후 발생하는 정신질환은 업무 연관성을 입증하기 어렵다는 이유로 기각되거나 아예 신청조차 하지 않는다. 이는 특히 정신질환 산재 승인율이 30% 미만이라는 통계에서도 확인된다.

이 외에도 출퇴근 재해나 업무상 스트레스로 인한 정신적 고통은 통계상 누락되기 쉽다. 산재보상보험법 제37조는 2018년부터 통근

재해를 산재로 인정하고 있지만, 여전히 많은 노동자들이 이를 인지하지 못하거나 증빙 부담으로 포기하고 있다. 실제로 산재 신청률은 정규직 대비 비정규직이 3분의 1 수준, 외국인 노동자는 이보다 더 낮다.

이러한 구조에서 우리는 매년 "산업재해율이 낮아졌다"는 통계에 안도하게 된다. 2023년 고용노동부 발표에 따르면 산업재해율은 0.52%로 10년 전보다 낮아졌지만, 이 수치는 실상을 온전히 반영하지 못한다. 위험은 줄지 않았고, 오히려 보이지 않게 변형되어 존재하고 있다.

진짜 문제는, 재해가 축소되거나 무시되는 조직문화다. "그건 개인 성향 문제야", "다들 그렇게 일해" 같은 말은 위험을 무디게 만들고, 침묵을 낳는다. 그 결과 재해는 예방되지 않고 반복된다. 산업안전은 제도나 구호로만 실현되지 않는다. "무재해"라는 통계 이면에서 사라진 목소리와 감춰진 피해를 드러내고, 그것을 제도로 복원해내는 과정이야말로 진짜 산업안전의 시작이다.

지금 우리가 물어야 할 질문은 이것이다.
"그 수치에 포함되지 않은 피해자는 누구인가?"
이 물음 없이 통계를 받아들일 수 없다.
기록되지 않은 재해는 절대 개선되지 않기 때문이다.

낮은 숫자가 반드시 좋은 것인가?

산업재해율은 산업현장의 안전 수준을 수치화한 대표 지표로, 정부와 기업은 이를 통해 '안전 성과'를 강조한다. 고용노동부에 따르면, 2023년 기준 국내 전체 산업재해율은 0.52%로 발표되었으며, 이는 10년 전보다 지속적으로 하락한 수치다. 겉보기에 이는 긍정적 변화처럼 보인다. 그러나 문제는 이 숫자의 하락이 현장의 실질적인 안전 개선을 의미하는지에 대한 의문이다.

우선 통계의 구조를 살펴보자. 산업재해율은 통상 "사고 재해자 수 ÷ 근로자 수 × 100"의 공식으로 산출된다. 이때 근로자 수 전체를 분모로 사용하기 때문에, 사무직과 관리직 등 상대적으로 안전한 직종이 포함될 경우 현장 고위험 노동자의 위험이 통계적으로 희석된다.

예를 들어, 한 종합건설회사에 근로자 100명이 있고, 이 중 80명이 본사 관리직, 20명이 현장 작업자라고 하자. 만약 현장 작업자 2명이 다쳤다면 재해율은 2/100 = 2%로 집계되지만, 실제 현장 기준으로 보면 20명 중 2명이므로 10%에 해당하는 높은 수치다. 그러나 현재의 통계 방식은 이 현실을 감춘다.

또한 대기업 정규직 중심의 수치만을 보면, 안전관리가 우수한 것으로 해석되기 쉽다. 하지만 산업재해는 주로 하청, 외주, 비정규직, 외국인 노동자에게 집중되고 있으며, 이들의 피해는 통계상 제대로 구분되지 않는다. 예를 들어, 원청기업에서 발생한 사고가 하청업체 근로자에게 일어난 경우, 이는 원청 통계에서 제외되거나 외부 사건으로 처리되는 구조다. 그 결과, 원청은 '무재해'를 기록하는 동안, 위험은 통계 바깥으로 외주화된다.

실제로 2021년 중대재해처벌법 시행 전후 통계를 보면, 사망사고 발생 기업 중 약 70% 이상이 50인 미만 사업장이었다. 그러나 이 소규모 사업장은 통계의 취약지대에 놓여 있고, 안전관리 인력 배치 의무조차 적용되지 않는 경우가 많다. 노동자의 위험은 개별화되며, 전체 수치에서는 '소수'로 간주된다.

더 큰 문제는, 즉각적인 사고는 줄었을 수 있지만 만성적 재해 요인은 오히려 증가하고 있다는 점이다. 한국산업안전보건공단(KOSHA)에 따르면, 최근 5년간 근골격계 질환 산재 승인 건수는 매년 증가하고 있으며, 정신질환 산재 신청 건수도 2016년 500건에서 2022년 1,900건 이상으로 3배 이상 늘었다. 이처럼 반복동작, 장시간 노동, 감정노동, 심리적 소진 등은 점점 산업재해의 주된 유형이 되고 있음에도, 통계상에서는 여전히 주변부로 머무르고 있다.

결국 낮은 산업재해율은 산업안전의 일부만을 보여준다. 수치는 전체를 대변하지 못하고, 오히려 위험을 가리고, 정상화하며, 합리화하는 장치가 되기도 한다. 진정한 산업안전은 숫자를 줄이는 것에서 더 나아가, 그 숫자에 포함되지 않은 목소리, 보이지 않는 위험, 통계 밖의 현실을 함께 살펴보는 데서 출발해야 한다. 숫자가 아닌 구조를 바꾸는 것, 그것이 산업안전의 핵심이다.

#1. 전체 근로자 대비 재해율 계산의 착시

H건설사는 전체 직원 3,000명 중 연간 산업재해 건수가 15건이라며 재해율 0.5%를 발표했다. 그러나 이 15건은 모두 건설현장에서 일하는 300명의 현장 기능공에게서 발생한 사고였다. 이 경우 실제 재해율은 15 ÷ 300 = 5%로, 공식 발표치보다 10배 높다. 하지만 통계는 본사 사무직·관리직까지 포함한 전체 인원 기준으로 산정되기 때문에, 실질적으로 위험에 노출된 작업 인력의 재해율이 의도치 않게 낮게 표현된다.

이러한 계산 방식은 특히 현장 작업자와 사무직 간의 위험 분산이 클수록 왜곡 효과가 심해지며, 정작 취약한 집단에 대한 보호 정책이 수립되지 않는 결과로 이어진다.

#2. 통계적 '진실'이 정책적 '허구'로 전환된 사례

2019년, 정부는 한 공공기관의 산업재해율이 0.3%로 전년 대비 감소했다고 발표하며 '안전관리 우수기관'으로 선정했다. 그러나 감사원 감사 결과, 이 기관은 협력업체의 산재를 통계에 포함하지 않았으며, 업무 중 발생한 교통사고와 직무 스트레스에 의한 자살 사례를 일반 질병으로 처리한 사실이 드러났다. 해당 기관은 '산재 감소 성과'에 따라 인센티브를 받았지만, 실상은 통계 범주와 분류 기준을 악용해 수치를 낮춘 사례였다.

이 사례는 통계 수치의 정치화와 책임 회피를 위한 구조적 왜곡이 어떻게 조직의 위험 인식을 흐릴 수 있는지를 보여준다.

#3. 통계 해석 오류의 유형

유형	설명	예시
분모 오류	전체 인원을 기준으로 계산하여 고위험 직군의 재해율을 희석함	사무직 포함한 재해율로 현장 안전 착시 유발
은폐/ 누락	비공식 처리로 인해 수치에서 제외	하청 근로자 부상 누락
분류 왜곡	질병·자살 등 산재로 분류되지 않음	우울증, 교통사고 등을 일반질환 처리
수치 정치화	실적 인센티브에 악용	무재해 달성 시 표창·예산 우선 배정

숫자를 읽는 새로운 기준이 필요하다

산업현장의 안전 수준을 판단할 때, 우리는 종종 '재해 건수'나 '무재해 일수'와 같은 숫자부터 확인한다. 고용노동부가 발표하는 산업재해 통계 역시 이런 수치 기반 지표를 중심으로 구성되어 있다. 그러나 수치는 어디까지나 결과일 뿐, 그 원인이나 맥락을 보여주지는 않는다. 산업안전은 수치로 계량하기 어려운 '질적 요소'들에 의해 결정되며, 때로는 그것이 더 중요한 판단 기준이 된다.

예컨대, 어떤 건설현장이 200일 무재해를 기록했다고 하자. 표면적으로는 모범적인 사업장으로 보이지만, 정작 근로자들이 사고를 당해도 이를 신고하지 못하거나, 신고해도 산재로 인정받지 못하는 구조가 있다면, 그 숫자는 안전의 증거보다는 은폐와 침묵의 결과일 수 있다. 실제로 고용노동부 산업안전보건감독 결과에 따르면, 산재 은폐로 적발된 사례 중 다수는 하청업체였고, 이들 중 상당수는 원청의 무재해 기록 유지 압박을 받고 있었다.

따라서 안전을 진단할 때는 아래와 같은 질적 기준을 함께 살펴야 한다.

첫째, "재해를 자발적으로 신고할 수 있는 환경인가?"
신고가 불이익으로 이어지는 구조에서는 어떤 사고도 기록되지 않는다. 고용노동부가 제시한 '산업안전보건 자율점검 체크리스트'에는 '신고자 보호제도 운영 여부'가 포함되어 있다. 즉, 신고문화가 활성화되어 있는지 여부가 그 조직의 안전수준을 가늠하는 중요한 기준이라는 의미다.

둘째, "위험은 실질적으로 관리되고 있는가?"

작업장 내 미끄러운 바닥, 불량 전선, 무거운 자재의 낙하 위험, 고소 작업시 추락방지 미비 등은 모두 잠재적 재해 요인이지만, 이를 주기적으로 점검하고 개선하는 체계가 없으면 아무리 무재해라도 의미가 없다. 2023년 기준으로 노동부가 실시한 사업장 점검에서 지적된 1위 항목은 '작업환경 불량'이었다.

셋째, "사고 이후의 교육과 피드백은 이뤄지고 있는가?"

산재 후 원인 분석과 재발 방지 교육은 산업안전보건법 제29조에 의해 의무화되어 있다. 그러나 현장에서는 여전히 형식적인 교육으로 대체되거나, 사고 자체가 축소·무마되어 교육이 생략되는 경우도 빈번하다. 진짜 안전은 교육의 내용이 현장의 위험을 얼마나 반영하고 작동하는가에 달려 있다.

넷째, "건강관리는 질병 이전의 위험을 감지하고 있는가?"

산재보험 통계에 따르면 근골격계 질환과 정신질환 산재 승인 건수는 해마다 증가하고 있다. 그러나 이 수치는 여전히 실제 발생 규모의 절반도 되지 않는다는 것이 전문가들의 견해다. 장시간 야간근무, 반복 동작, 고온작업, 감정노동 등은 즉각적인 사고는 아니지만, 장기적으로 노동자를 서서히 소진시키는 위험 요인이다. 이에 대한 체계적 모니터링 없이는, 사람이 일터에서 사라지는 일이 계속된다.

결국, '무재해'라는 수치만으로는 현장의 안전을 판단할 수 없다. 오히려 위험을 감지하고, 공개하고, 개선하려는 문화가 있는지가 진정한 안전의 기준이 되어야 한다. 산업안전의 본질은 위험을 앞서 관리하고 예방하는 '과정의 질' 속에서 확보된다.

사업장 자율점검 및 중대재해 예방을 위한 기본 항목 (2025년 기준)

1. 기본 안전관리 체계

항목	점검 내용	점검 여부
1.1	산업안전보건위원회 운영 여부	☐ 예 / ☐ 아니오
1.2	위험성평가 실시 및 최신화 여부	☐ 예 / ☐ 아니오
1.3	중대재해처벌법상 안전보건관리체계 구축 여부	☐ 예 / ☐ 아니오
1.4	유해·위험요인 식별 및 개선 기록 존재	☐ 예 / ☐ 아니오
1.5	무재해·재해 발생 통계 관리	☐ 예 / ☐ 아니오

2. 작업환경 및 설비 점검

항목	점검 내용	점검 여부
2.1	전기, 기계, 설비의 이상 징후 점검	☐ 예 / ☐ 아니오
2.2	고소작업 시 추락방지 조치 (난간, 안전대 등)	☐ 예 / ☐ 아니오
2.3	끼임·절단 위험 방지 위한 방호장치 설치	☐ 예 / ☐ 아니오
2.4	밀폐공간 내 작업 시 산소농도 측정 및 환기 여부	☐ 예 / ☐ 아니오
2.5	소방장비·피난로 설치 및 점검 여부	☐ 예 / ☐ 아니오

3. 작업자 보호 및 교육

항목	점검 내용	점검 여부
3.1	정기적 건강검진 및 근골격계 질환 관리	☐ 예 / ☐ 아니오
3.2	신규 및 변경작업 시 사전 교육 실시	☐ 예 / ☐ 아니오
3.3	감정노동자, 야간작업자 대상 스트레스 평가	☐ 예 / ☐ 아니오
3.4	보호구 지급 및 착용지도 실시 여부	☐ 예 / ☐ 아니오
3.5	사고·재해 발생 시 대응 매뉴얼 보유 여부	☐ 예 / ☐ 아니오

4. 비정규직 및 협력업체 관리

항목	점검 내용	점검 여부
4.1	하청 및 외국인근로자 대상 안전교육 실시	☐ 예 / ☐ 아니오
4.2	하청 현장근로자 위험성평가 참여 여부	☐ 예 / ☐ 아니오
4.3	협력업체와의 공동 안전점검 회의 실시	☐ 예 / ☐ 아니오
4.4	재해 발생 시 원·하청 연계 대응 체계 존재	☐ 예 / ☐ 아니오

5. 소통과 보고 체계

항목	점검 내용	점검 여부
5.1	작업자 의견을 수렴하는 통로 운영	☐ 예 / ☐ 아니오
5.2	사고·위험요소 자발적 신고 가능 분위기	☐ 예 / ☐ 아니오
5.3	내부 고발자 보호제도 존재	☐ 예 / ☐ 아니오
5.4	사고 후 원인분석 및 피드백 공유 여부	☐ 예 / ☐ 아니오

통계가 가리키지 않는 곳을 보라

산업재해를 줄이기 위한 첫걸음은 '왜 사고가 났는가'를 묻는 것이다. 고용노동부는 매년 산업재해 통계를 발표하고, 사고의 유형·장소·시간·피해 규모 등을 수치로 정리한다. 2023년 통계에 따르면 산업재해율은 0.49%, 사망만인율은 0.39명으로 집계되었다. 이러한 수치는 산업안전이 점차 개선되고 있다는 인상을 준다. 그러나 이 통계는 어디까지나 '보고된 재해'를 전제로 한다. 그 이면에 숨겨진, 보고되지 않은 수많은 사고들은 여전히 산업현장에서 반복되고 있다.

예를 들어, "무재해 300일 달성"이라는 구호 뒤에는 수차례의 경미한 사고가 있었지만 신고되지 않았을 가능성이 있다. 현장에서는 무재해 기록이 평가와 실적에 영향을 주기 때문에, 관리자와 작업자 모두가 작은 사고를 은폐하거나 무시하기도 한다. 실제로 2022년 안전보건공단의 산업현장 근로자 인식 조사에서는 "재해를 신고하면 불이익이 있을까 봐 꺼린다"고 응답한 비정규직 근로자가 37.2%에 달했다. 이는 통계로 포착되지 않는 위험이 얼마나 큰지 단적으로 보여주는 지표다.

특히 건설업에서 발생하는 직업성 질병과 만성질환은 구조적 사각지대에 놓여 있다. 한 시멘트 작업 근로자가 10년간 분진에 노출된 끝에 만성폐쇄성폐질환(COPD) 진단을 받았지만, 산재로 인정되지 못하고 건강보험으로 치료받던 사례는 결코 드문 일이 아니다. 업무 연관성 입증의 어려움, 신청 절차에 대한 부담, 고용관계에서의 불이익 우려가 맞물려, 질병형 재해는 대부분 '신고 이전' 단계에서 사라진다.

더욱이 재해율은 전체 근로자 수를 분모로 하는 단순 수치다. 이로 인해 사무직과 관리직이 포함된 대기업의 경우, 재해 위험이 높은 일부 하청 현장 작업자의 사고가 통계에서 평균화되어 '안전한 수치'로 왜곡된다. 위험은 집중되었지만, 숫자는 희석된 것이다. 50인 미만 소규모 사업장, 외국인 노동자, 일용직, 하청업체 등의 재해율은 공식 통계에서 구조적으로 과소평가된다.

진짜 안전은 숫자에서 출발하지 않는다. 통계 뒤에 가려진 목소리를 듣고, 보이지 않는 고통과 침묵의 구조를 해석해야 한다. "올해 재해율이 낮아졌다"는 숫자의 의미보다는 "무엇이 통계에 포함되지 않았는가?"라는 질문이 더 중요하다. 수치의 공백은 결코 공백이 아니다. 그 자리에 있는 사람들의 고통이 기록되지 않았을 뿐이다. 산업재해를 줄이기 위한 진정한 시작은, 기술이나 법령 이전에 '위험을 인식하고 기록하려는 태도'에서 출발한다. 숫자만 안전한 산업에서 사람이 안전한 산업으로, 그 전환의 열쇠는 통계를 읽는 우리의 눈에 달려 있다.

산업재해의 해부학

재해로 본 인간, 시스템, 그리고 공학의 한계

1부
산업재해,
어디에서 시작되는가

03
산업안전,
예방은 왜 실패하는가

"충분히 예방할 수 있는 사고였다."

현장에서 사고가 발생할 때마다 관계자들은 한 목소리로 말한다. 실제로 고용노동부 통계 분석에 따르면 전체 산업재해의 약 80% 이상이 사전에 예방 가능한 것으로 분석된다. 재해는 대부분 반복된 전조와 징후를 지닌 채 다가온다. 그렇다면 진짜 질문은 이것이다. "왜 우리는 매번 알고도 막지 못하는가?"

오늘날 산업안전은 제도적, 기술적으로 분명히 진전되었다. 산업안전보건법은 지속적으로 개정되고 있으며, 50인 이상 사업장은 위험성 평가, 안전교육, 보호구 지급, 안전관리자 선임 등 다층적 안전관리 체계를 갖추고 있다. 각종 점검표와 관리대장은 형식적으로라도 유지된다. 그러나 문제는 바로 그 '형식'이다. 현장의 목소리를 담지 못한 매뉴얼, 실제 작업 환경과 괴리된 지침, 일률적으로 작성되는 서류는 오히려 위험을 가리는 장막이 된다.

예를 들어, 2023년 한 해 동안 산업현장 내 교육 이수율은 95%를 넘었지만, 같은 해 전체 사망자 수는 828명으로, 하루 2.3명꼴로 여전히 작업 중 목숨을 잃고 있다. 예방 조치는 있었지만, 작동하지 않았다. 이는 개인의 주의 부족이 아닌 '구조적 실패'다. 경영진이 안전을 비용으로 인식하거나, 위험 신고가 인사상 불이익으로 이어지는 조직문화, 작업자의 피로 누적과 과로를 방치하는 근무 시스템은 결국 '지켜지지 않는 안전'을 양산한다.

산업안전은 장비나 법령의 문제가 아니다. 그것은 시스템, 태도, 문화가 함께 작동해야만 유지되는 종합 구조물이다. 예방은 관심과 경청, 실행력에서 비롯된다. 이 장에서는 그 구조적 실패를 해부함으로써,

산업안전이 실질로 작동하기 위한 전환점을 모색하고자 한다. 숫자보다 생명을, 매뉴얼보다 현장을 중심에 두는 것이 그 시작이다.

매뉴얼은 있는데, 적용되지 않는다

현장에는 수십 페이지에 달하는 안전작업지침서(SWP: Safe Work Procedure, SOP: Standard Operating Procedure)가 존재한다. '작업 전 보호구 착용', '작업 구역 내 신호수 배치', '전원 차단 후 점검' 등 매뉴얼에는 각 작업의 위험요소와 안전 수칙이 상세하게 명시돼 있다.

그러나 실무에서는 지침이 제대로 지켜지지 않는 경우가 많다.

건설업에서는 '지침이 있는 것'과 '지침이 실행되는 것' 사이에 깊은 간극이 존재한다. 현장은 늘 시간에 쫓기고, 공정 압박은 안전보다 생산성을 우선하게 만든다. 타설 시간에 늦지 않기 위해 보호구를 생략하고 작업을 시작하고, 콘크리트 양생 작업 중에도 야간조명 없이 무리한 작업이 강행되기도 한다. "오늘은 이거 생략하자", "이 정도는 다들 그냥 하지"라는 말은 안전수칙보다 빠른 진행을 중시하는 현장의 논리로 굳어져 있다.

이는 작업자의 태도만의 문제가 아니다. 지침을 무시해도 되는 조직 문화, 현장을 외면하는 관리자의 방조, 그리고 문서상의 책임으로 경영을 회피하는 구조가 더 근본적인 원인이다. 2023년 고용노동부 산업안전보건 실태조사에 따르면, '안전작업지침을 실제 작업에 적용하고 있다'고 응답한 사업장은 전체의 48.7%에 불과했다. 특히 50인 미만 사업장에서는 37.5%까지 낮아졌으며, 이는 중소 건설현장이 포함된 비계 해체, 양중, 콘크리트 타설 등의 공정에서 더욱 심각하다.

또한, 한국산업안전보건공단의 2023년 보고에 따르면, 중대재해처벌법 시행 1년 후에도 사망사고의 약 62%가 기존 지침이나 법규를 위반한 상태에서 발생했다. 이 수치는 지침 미준수가 구조적 관행이 되었음을 보여준다.

문제는 이러한 문화가 반복되며 비공식 규칙처럼 굳어진다는 것이다.

새로 들어온 작업자는 선배에게 작업을 배우며, '지침대로 하지 않는 법'을 익힌다.
관리자는 알면서도 눈감고, 경영진은 지침이 있는 것만으로 책임을 회피한다.
그 결과, 지침은 '형식적 문서'로 존재하고, 실제 작업은 경험과 관행, 감에 의존하는 '현장의 논리'로 이뤄진다.

이러한 괴리는 교육과 기술로는 해결되지 않는다.
지침이 실행되기 위해서는 현장의 리더가 실천을 독려하고, 불이익 없이 위험을 말할 수 있는 분위기가 만들어져야 한다.
또한, 지침 위반 시 조직 차원의 책임이 명확하게 귀속되고, 작업 속도보다 안전이 우선임을 실질적으로 평가하는 제도적 보완이 필요하다.

산업재해는 보통 '지침을 지키지 않아 발생한 사고'로 정리되지만, 실제로는 '지킬 수 없도록 만든 환경'에서 비롯된 실패다.

지침이 종이 위에서만 존재하고, 현장의 언어와 괴리되어 있는 한, 우리는 같은 사고를 또 마주하게 될 것이다.

[SWP와 SOP의 주요 차이점]

항목	SWP (안전작업절차서)	SOP (표준작업절차서)
초점	안전 확보	작업 표준화, 품질 일관성
대상	위험도가 높은 작업	반복성 있는 일반 작업
작성 주체	안전 관리자, 기술자	기술 관리자, 품질 담당자
형식	위험 요소 중심	공정 중심

[산업재해 주요 발생 원인별 비율 분석]

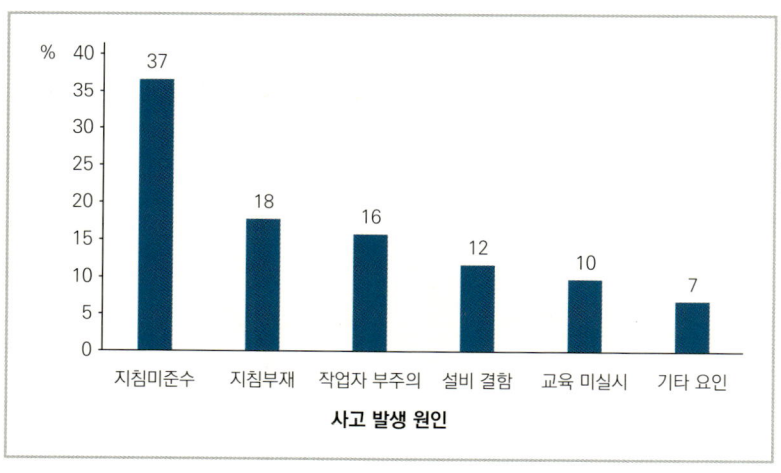

교육은 형식적으로, 관리감독은 간헐적으로

우리나라 산업안전보건법은 모든 사업장에 대해 정기적인 안전보건 교육과 위험성 평가를 의무화하고 있다.

근로자는 입사 후 3개월 이내 총 16시간 이상의 기본 교육을 받아야 하며, 정기적으로 분기당 6시간(사무직은 3시간) 이상의 재교육을 이수해야 한다. 또한 사업주는 작업별 위험요소를 사전에 식별하고, 이를 제거하거나 감소시키는 위험성 평가를 수행해야 한다.

그러나 현장의 현실은 다르다.

많은 교육이 서류상 이수 처리, 집체교육이 아닌 동영상 시청, 또는 작업 전에 10분짜리 형식적 교육으로 대체되고 있다.

2023년 고용노동부 조사에 따르면, 전체 사업장의 42.3%가 교육의 내용과 실제 작업이 불일치한다고 답했다. 특히 50인 미만 사업장에서는 63.8%가 '위험성 평가가 형식적'이라고 인식하고 있다.

가장 취약한 위치에 놓인 이들은 하청 노동자와 일용직 근로자들이다. 그들은 입사 첫날 작업에 투입되는 경우가 다수이며, 실제 산업현장에서는 "오늘 사람 급하니까 교육 생략하자", "서명만 받고 작업부터 투입해라"라는 말이 버젓이 오간다.

건설업계에서는 하루 일당 13만~15만 원을 받는 일용직 근로자들이 언어 교육도, 장비 교육도 없이 밀폐공간이나 고소작업에 배치되는 일이 흔하다. 심지어 외국인 노동자의 경우, 한국어 지침서를 그대로 배부하거나 통역 없이 교육을 진행하는 등, 지식은 존재하지만 '도달하지 못하는' 구조적 결함이 지속되고 있다.

2022년 산업안전보건공단 통계에 따르면, 산재 사망자의 61.5%는 하청·비정규직 노동자였다.
또한 재해자의 48.2%는 근무기간 1년 미만의 근로자로, 경험 부족과 초기 교육 미비가 사고와 직결됨을 보여준다.

이처럼 교육이 '이수 처리'만 되었을 뿐, 실제 전달되지 않고, 이해되지 않고, 정착되지 않는다면 지식은 아무런 힘을 발휘하지 못한다.
예방이 실패하는 이유는 지식은 존재하나, 지식이 현장에 도달하지 못해서이다.

이 문제는 교육의 횟수를 늘리는 방식으로 해결되지 않는다.
근본적으로는 교육의 질, 전달 방식, 작업자 맞춤형 커뮤니케이션 체계, 그리고 교육 결과를 실제 작업에 반영하는 현장 리더십이 필요하다.

"교육은 했으니 책임은 없다"는 논리는 이미 너무 많은 현장에서 통하지 않았다.
앞으로는 "그 교육이 그 사람에게 도달했는가?", "그는 이해하고, 실행할 수 있었는가?"라는 질문이 함께 따라야 한다.

기술은 발전하는데, 사람의 감각은 퇴화한다

요즘 산업현장은 눈에 띄게 '스마트'해지고 있다. 건설현장에도 실시간 모니터링 시스템, 자동정지센서, 가스농도 측정기, IoT 기반 착용형 장비가 도입되며, 사고를 미리 예측하고 통제하는 기술이 빠르게 확산되고 있다. 그러나 정작 현장의 사고를 가장 먼저 감지하는 것은 여전히 작업자의 몸이다.

콘크리트 타설 중 펌프의 진동이 평소와 다르다든가, 양중장비의 회전 반응이 어색하다는 느낌, 무더운 날 작업 중 어지럼증이 갑자기 심해졌다는 감각은 수치 이전에 사람의 오감이 보내는 중요한 경고다. 숙련된 작업자는 '기계가 낼 수 없는 소리', '기록되지 않는 열기', '눈에 띄지 않는 불균형'을 직관적으로 포착한다. 그러나 문제는 이런 '비정량적 신호'가 시스템에 기록되지 않고, 조직이 신뢰하지도 않는다는 점이다.

작업자가 "오늘 장비 소리가 이상하다"고 말해도, 관리자는 "계기상 이상 없다"고 일축하는 경우가 다반사다. "괜찮아", "저번에도 문제없었잖아"라는 반응은 경고를 묻고, 오히려 위험을 고착화시킨다. 특히 건설현장처럼 다단계 하청 구조와 공기 압박이 결합된 곳에서는 이러한 감각은 더더욱 무시되기 쉽다.

2023년 산업안전보건공단 자료에 따르면, 중대재해 중 약 28.4%가 '사전 이상징후가 있었음에도 무시된 경우'였다. 고용노동부의 2023년 안전문화 실태조사에서도 "작업자가 위험을 느껴도 관리자에게 말하기 어렵다"는 응답이 43.7%에 달했다. 하청·일용직의 경우, "위험을 말한 뒤 작업에서 배제될까봐 걱정된다"는 반응이 두드러졌고, 현장에는 여전히 침묵이 구조화된 공기가 흐르고 있다.

기술은 정교해졌지만, 완전하지 않다. 센서는 배터리가 나가거나, 설치 위치에 따라 감지 사각지대가 생기며, 실제 사고 직전의 '변화'를 항상 포착하지 못한다. 작업자의 바로 곁에서 느껴지는 기계 진동의 미세한 변화, 냄새, 열기, 압박감은 오직 사람의 감각만이 인지할 수 있는 영역이다.

2021년 울산의 한 조선소에서 발생한 폭발사고는 이를 단적으로 보여준다. 용접 작업에 투입된 작업자가 "냄새가 이상하다"고 보고했지만, 아무런 대응 없이 작업은 계속됐고, 결국 잔류가스가 점화되어 사망사고로 이어졌다. 조사 결과, 해당 발언은 어디에도 기록되지 않았다. 기계의 로그는 남았지만, 사람의 감각은 기록되지 않았다.

이러한 사례는 결국 '누구의 판단이 시스템에 반영되느냐'의 문제로 귀결된다. 조직은 기계가 내놓은 숫자는 기록하지만, 사람이 전달하는 감각은 비공식적인 것으로 취급한다. 그러나 사고는 종종 숫자보다 먼저 작업자의 눈빛, 땀, 망설임, 말없는 경계 속에서 시작된다.

이러한 현실은 '사람보다 기계를 더 신뢰하는 구조'가 만들어낸 실패다. 기계는 필요하다. 기술도 중요하다.
하지만 기술이 감지하기 전, 인간의 감각이 경고하는 신호를 존중하고 기록하며 대응하는 시스템이 없다면, 우리는 또다시 "알고도 막지 못한 사고"를 반복하게 될 것이다.
산업안전은 기계와 사람의 협업이 되어야 한다.
기계는 수치를 기록하고, 사람은 그 수치에 생명과 감각을 더하는 존재여야 한다.
현장의 안전은 데이터에만 있는 것이 아니라, 작업자의 눈빛과 목소리, 망설임 속에 숨어 있다는 사실을 잊어서는 안 된다.

'괜찮겠지'가 시스템을 뚫는다

산업재해는 갑자기 일어나는 일이 아니다.
모든 사고에는 예외 없이 '전조'가 있었다.
작업자 한 명이 "이상하다"고 말했고, 기계는 멈칫했고, 위험 표지판은 지워져 있었고, 관리자는 "내일 다시 점검하자"고 말했다.

서울의 한 화학 공장에서 발생한 유해물질 노출 사고 역시 같은 흐름을 따랐다. 작업자가 "냄새가 이상하다"고 보고했지만, 정기점검은 이틀 후였고, 공정 책임자는 "문제없을 것"이라 판단했다. 결국 3일 뒤 노출 사고가 발생해 두 명이 입원했다. 이 사건은 2022년 고용노동부 중대산업사고 보고서에 기록되었고, 직접 원인은 밸브 결함이었지만, 보고서는 사전 세 차례의 경고가 무시된 점을 조직적 실패의 핵심으로 지목했다.

한국산업안전보건공단의 「2023년 중대재해 분석보고서」에 따르면, 조사 대상 중대사고의 71.2%에서 "사전 징후가 있었음에도 불구하고 조치가 미흡하거나 무시된 경우"였다.
그중 절반 이상은 "관리자의 부재", "장비 정비 지연", "경고 무시" 같은 단순하지만 결정적인 실수가 겹쳐 있었다.

한 중소건설현장 사례에서는, 크레인이 비정상적인 진동을 보였고, 작업자가 이를 보고했지만 현장소장은 "담당자가 내일 온다"며 무시했고, 결국 며칠 뒤 크레인 붐대가 꺾여 근로자가 추락하는 사고로 이어졌다.

"다 알고 있었지만, 아무도 멈추지 않았다."

이는 많은 산업재해의 공통 서사다.

이 모든 전조를 묶는 말은 하나다.

"괜찮겠지."

이 말 한마디는 법규, 점검표, 교육, 시스템, 감지센서, 리더십까지 모든 안전장치를 무력화시킨다.

사람들은 위험 앞에서 낙관적 편향을 갖는다.

'이전에도 문제없었으니 이번에도 괜찮을 것'이라는 심리는 반복된 작업 환경에서 특히 강하게 작동한다.

이를 심리학에서는 '정상성 편향(normalcy bias)'이라고 부른다.

미국 노동통계청(NIOSH)에 따르면, 대형사고의 80% 이상은 사고 전 "작은 이상 징후가 있었지만 무시된 경우"로 분류된다.

즉, 위험은 기술적으로 관리 가능하다. 하지만 방심은 시스템으로 통제되지 않는다.

정해진 법은 따르지만, "이 정도는 괜찮다"는 말이 지배하는 순간 안전관리체계는 사실상 작동하지 않는다.

산업현장에서 가장 무서운 말은 "그럴 줄 몰랐다"가 아니다.

가장 위험한 말은,

"괜찮겠지."

우리는 이미 알고 있었고, 이미 경고받았으며, 이미 준비할 수 있었다.

그럼에도 반복되는 사고는 판단의 실패, 실행의 방심에서 시작된다.

[사고 전 확인 항목 카드]

항목 분류	점검 항목	체크
장비· 설비	장비나 기계에서 평소와 다른 소음·진동·냄새가 발생하지 않았는가?	☐
	장비의 정기점검 일정이 지연되었거나 건너뛰어지지 않았는가?	☐
	수리 예정인 장비를 그대로 사용하고 있지 않은가?	☐
표지· 경고 체계	위험표지판·가설 울타리가 떨어지거나 훼손된 채 방치되어 있지 않은가?	☐
	작업구역 출입 통제선이 제대로 표시·통제되고 있는가?	☐
작업자 상태	작업자 중 누군가가 "이상하다", "불안하다"는 말을 한 적은 없는가?	☐
	신규 투입자, 외국인, 일용직에게 충분한 안전교육이 제공되었는가?	☐
	무리한 일정으로 작업자가 휴식 없이 작업 중이지 않은가?	☐
관리자 부재	현장 관리자, 책임자, 안전 담당자가 부재 중인 상황이 아닌가?	☐
	관리자의 부재로 인해 결정이 지연되거나 방치된 항목이 없는가?	☐
소통· 보고 체계	위험 신호나 장비 이상이 상부에 보고되었고, 피드백이 있었는가?	☐
	"괜찮겠지", "예전에도 문제 없었다"라는 말로 판단을 유보하지 않았는가?	☐
현장 분위기	지금 이 현장은 "무리하고 있다", "긴장감이 없다"는 분위기가 감지되는가?	☐

예방이 실패하는 다섯 가지 구조

1) 책임의 분산 – 사고는 누구의 잘못도 아닌 일이 된다

산업재해가 발생한 뒤 현장에서 가장 흔하게 목격되는 반응은 '책임의 이동'이다. 사고 직후에는 원인을 신속히 규명하고 재발을 방지해야 한다는 목소리가 높아지지만, 시간이 지나면 누구도 직접적인 책임을 지려 하지 않는다. 발주처는 "우리는 지시만 했을 뿐"이라며 시공사에 책임을 넘기고, 시공사는 "실제 작업은 하청업체가 했다"고 말하며, 하청업체는 다시 "작업자가 주의를 기울이지 않았다"고 주장하는 식이다. 이처럼 책임이 발주에서 하청, 개인 노동자로 연쇄적으로 흘러가다 보면, 결국 사고는 '그 누구의 잘못도 아닌 일'이 되어버린다. 고용노동부의 2022년 「중대재해 보고서」에 따르면, 중대재해 발생 시 명확한 책임 주체가 규명된 비율은 28.6%에 불과했다. 이는 전체 재해의 약 70%가 책임소재가 모호한 채 처리된다는 뜻이다. 구조적으로 책임 회피가 가능한 시스템이 작동하고 있는 셈이다. 특히 복잡한 도급 구조와 외주화된 안전관리 체계는 이러한 책임 분산을 더욱 가속화한다. 이렇게 책임이 흐려지는 구조에서는 동일한 문제가 반복돼도 근본적 개선이 어렵고, 진정한 예방은 요원해진다.

2) 기록 중심의 행정 – 실제보다 서류의 완성이 우선된다

산업안전관리에서 가장 큰 문제 중 하나는 '실행보다 문서'가 우선시된다는 점이다. 법령에 따라 사업장은 정기적인 안전교육과 위험성 평가를 실시하고, 이를 기록으로 남겨야 한다. 그러나 실제 현장에서는 교육의 질이나 실효성보다, 관련 서류를 갖추는 데 집중하는 경향이 짙다. 2023년 안전보건공단 조사에 따르면, 50인 미만 사업장의 64.1%가 "위험성 평가를 서류 작성 위주로 한다"고 답했다. 다시 말해, 실제 현장의 위험 요인을 제대로 식별하고 개선하기보다는 '위험이 없는 것처럼 보이게' 문서를 작성하는 경우가 많다는 것이다. 고용노동부의 감사 결과에서도 이러한 현상은 명확히 드러난다. 감사 대상의 37%에서 '허위 교육 기록', 또는 '지침은 존재하지만 교육은 실시되지 않은 사례'가 적발됐다. 이는 현장에서 "서명만 받아놓자", "한 줄이라도 적혀 있으면 된다"는 식의 형식주의가 만연해 있음을 보여준다. 안전은 결국 사람을 지키기 위한 것인데, 행정 절차가 그 목적을 흐리고 있는 셈이다. 서류가 안전을 증명하는 것이 아니다. 실제 실행이 안전을 담보해야 한다는 인식 전환이 시급하다.

3) 단기 이익 우선 문화 – 안전보다 납기, 효율이 우선된다

"일단 납기부터 맞추자"는 말은 건설과 제조 현장에서 거의 불문율처럼 통한다. 시간 안에 공정을 끝내야 한다는 압박은 안전보다 우선시되기 일쑤이며, 이러한 문화는 산업재해의 구조적 원인 중 하나로 작용한다. 한국건설산업연구원의 조사에 따르면, 공공공사 계약 건 중 68.9%가 애초에 공사기간을 단축해 발주된 것으로 나타났다. 즉, 시작부터 무리한 일정이 설정되어 있고, 이를 맞추기 위해 현장에서는 야간작업, 휴식시간 단축, 위험한 공정의 병행 작업이 반복된다. 실제로 공사기간이 단축된 현장은 안전조치 생략 빈도와 야간작업 발생률이 일반 현장의 3배 이상 높은 것으로 보고되었다. 문제는 이러한 구조가 상시적 관행이라는 점이다. 작업자에 대한 안전교육, 장비에 대한 정비 점검, 충분한 휴식 보장은 '시간을 잡아먹는 비효율'로 인식되며 우선순위에서 밀려난다. 결국 안전은 비용 절감을 위한 가장 쉬운 희생양이 되고, 그 대가는 사고와 인명 피해로 이어진다. 단기 이익 중심의 문화 속에서 산업안전은 투자 대상보다는 비용으로만 여겨지고 있으며, 이 인식이 바뀌지 않는 한 반복되는 재해 역시 막기 어렵다.

4) 전문가의 단절 – 산업보건 전문가가 현장과 유리되어 있다

산업보건 전문가는 사업장의 건강관리와 위험 예방을 위해 반드시 필요한 존재다. 그러나 많은 현장에서는 이들이 실질적인 역할을 수행하지 못하는 구조적 한계에 놓여 있다. 고용노동부의 「산업보건지도 실태조사」에 따르면, 50인 미만 사업장의 73.4%는 보건관리자를 '외부 위탁' 형태로만 운영하고 있다. 이는 서류상 요건만 충족하고, 실제 작업환경에 대한 이해나 지속적인 개입은 거의 없는 상태임을 뜻한다. 더욱 심각한 문제는 작업자의 건강이나 위험 노출 수준에 대해 '정확히 파악되지 않는다'는 응답이 46.2%에 달했다는 점이다. 이는 전문가가 현장을 이해하지 못하고, 현장 또한 전문가의 조언을 받아들이지 않는 양방향 단절이 존재함을 보여준다. 특히 외부 위탁 보건관리자는 사업장을 정기적으로 방문할 의무가 없거나, 짧은 방문 시간 동안 모든 위험을 평가하기 어렵다. 이런 구조 속에서는 노동자가 겪는 반복적인 통증, 유해물질 노출, 열악한 근무 환경 등 건강 위협 요소가 누락되기 쉽다. 산업보건은 작업환경 개선과 예방 중심의 전략이 되어야 한다. 전문가와 현장이 단절된 채 각자 역할만 형식적으로 수행한다면, 안전과 건강은 모두 사각지대에 놓일 수밖에 없다.

5) 근로자 중심의 의사결정 부재 – 가장 위험한 이가 가장 적게 말한다

산업현장에서 가장 높은 위험에 노출된 사람들은 대개 하청노동자, 일용직, 외국인노동자들이다. 이들은 숙련도나 작업환경 측면에서 취약할 뿐만 아니라, 권한과 발언권 측면에서도 구조적으로 소외되어 있다. 현장에서 사고를 가장 먼저 마주치는 이들이지만, 정작 그들은 안전회의에 불참하거나, 의견을 말할 기회조차 부여받지 못하는 경우가 많다. 한국노동안전보건연구소의 조사에 따르면, 전체 노동자의 48.5%가 "작업 중 위험 상황을 관리자에게 말하기 어렵다"고 응답했고, 특히 하청노동자에서는 이 비율이 59.3%에 달했다. 이는 곧, 절반 이상의 작업자가 위험을 감지해도 이를 전달할 수 없는 환경에 놓여 있다는 의미다. 언어 장벽, 고용 불안정, 낮은 소속감 등은 외국인노동자와 단기 일용직 근로자에게 이러한 침묵을 더욱 강요한다. 더욱이 대부분의 안전 관련 결정은 본사 사무실에서 내려지고, 현장의 맥락이나 실제 작업자들의 목소리는 반영되지 않는다. 이렇게 '가장 위험한 위치에 있는 사람이 가장 말하기 어려운 구조'는 사고를 막기 어렵게 만들며, 현장의 침묵은 곧 위험의 방치로 이어진다. 진정한 안전은 말할 수 있는 권한과 구조적 소통이 가능할 때에야 비로소 시작된다.

예방은 기술이 아니라 구조다

산업안전은 단순히 장비를 최신으로 바꾸고, 보호구를 지급하며, 법령을 준수한다고 해서 확보되는 것이 아니다. 기술은 중요한 수단이지만, 그것만으로는 안전을 담보할 수 없다. 반복되는 재해의 근본 원인은 '결정 구조'와 '조직의 문화'에 있다. 어떤 위험을 우선 관리할 것인지, 어떤 부서가 예산을 쥐고 결정권을 갖고 있는지, 그리고 위험을 감지한 사람이 그것을 조직에 말할 수 있는 구조가 있는지, 이것이야말로 진짜 산업안전의 핵심이다.

건설현장은 특히 이런 구조적 한계가 빈번하게 드러나는 공간이다. 예를 들어, 한 건설현장에서 근로자가 작업 중 이상 진동을 느꼈지만, 하청 관리자에게 전달되었을 뿐, 원청 안전팀에는 보고되지 않았다. 이유는 단순하다. 보고서 양식이 까다롭고, 보고한 사람에게 '괜히 귀찮은 사람'이라는 낙인이 찍힐 수 있었기 때문이다. 이 구조 속에서 이상은 묻혔고, 며칠 후 작업 중 장비가 파손되며 사고가 발생했다.

2022년 고용노동부의 「산업안전보건 실태조사」에 따르면, 재해 예방을 위한 기술적 조치를 취한 기업 중에서도 34.2%는 여전히 사고를 경험한 바 있다고 응답했다. 이는 기술적 개선만으로는 사고를 막을 수 없다는 현실을 반영한다. 반면, 조직 내 안전보고 체계가 명확하고, 위험 발생 시 경영진이 직접 회의에 참여하는 구조를 가진 기업은 사고 발생률이 평균 21% 낮았다. 즉, 조직문화와 의사결정 구조가 바뀌었을 때, 실제로 안전도가 향상되는 것이다.

건설업은 하청과 다단계 계약 구조가 일반화되어 있어, 현장 근로자가 감지한 위험이 상층부까지 제대로 전달되지 않는 경우가 많다. 2023년 산업안전보건공단 중대재해 분석 보고서에 따르면, 중대사고 중 44%는 위험 징후를 감지하고도 상부에 전달되지 않아 사고로 이어진 사례였다. 위험은 '보이지 않았던' 것이 아니라, '전달되지 않았던' 것이다.

산업안전은 결국 '의지를 시스템으로 전환하는 과정'이다. 아무리 훌륭한 보호장비와 감지센서를 설치해도, 그것이 제대로 유지관리되지 않거나, 예산이 삭감되고, 노동자들이 그것을 사용할 수 있는 교육을 받지 못하면 무용지물이 된다. 산업 재해 예방의 의지를 조직의 운영 방식에 어떻게 통합할 것인지에 대한 진지한 고민이 필요하다. 예방 은 끊임없이 수정되는 시스템이다. 그리고 그 시스템은 기술이 아닌, 사람이 만든다.

산업재해의 해부학

재해로 본 인간, 시스템, 그리고 공학의 한계

1부
산업재해,
어디에서 시작되는가

04
현장의 목소리:
반복되는 실수와 습관의 병리학

"그거, 원래 그렇게 하는 거예요."

"예전부터 다 그렇게 해왔어요."

"이번에도 괜찮았으니 다음에도 괜찮을 겁니다."

이런 말들은 산업현장에서 사고가 일어나기 전, 가장 흔하게 오가는 말들이다. 놀랍게도 많은 산업재해는 '너무 익숙해진 일상'에서 발생한다. 반복된 공정, 익숙한 장면, 경험이라는 이름으로 쌓인 관행 속에서 사람은 점점 위험에 둔감해진다.

고용노동부의 「산업재해 발생 경위조사」에 따르면, 전체 재해의 67%는 동일 또는 유사한 작업 중 발생했고, 그중 42%는 이미 과거에 유사한 사고가 발생한 공정이었다. 이는 사고가 '처음 발생한 것'이 아닌, 반복된 경고 속에서도 무시된 결과라는 것을 보여준다.

특히 10년 이상 근무한 작업자일수록 "위험 상황을 경고했지만 묵살당했다"는 비율이 더 높았다. 이는 숙련이 무감각을 낳고, 조직은 그 무감각을 '경험'이라는 이름으로 합리화하며 위험을 방치한다는 점을 시사한다.

결국 반복되는 실수는 문화의 문제이며, 구조의 결과다. 이 장에서는 그러한 관행적 위험 인식의 심리적, 조직적 메커니즘을 해부하고자 한다.

익숙함은 곧 망각이다

산업현장에서 반복적으로 위험에 노출된 사람은, 그 위험을 점차 평범한 일상처럼 받아들이게 된다. 처음에는 긴장하며 조심했던 작업자도, 몇 번 무사히 지나가면 어느 순간부터 안전모를 벗고, 추락방지대를 생략하고, 공구를 끼운 채 전원을 켜는 행동을 자연스럽게 반복하게 된다. 이러한 '익숙함'은 개인의 태만이나 부주의로만 설명될 수 있는 문제가 아니다. 이는 뇌가 위험을 어떻게 받아들이는가에 대한 생리학적 반응이며, 조직이 그 행동을 어떻게 방치하거나 강화하는가의 구조적 문제이기도 하다.

인지과학에 따르면, 인간의 뇌는 반복되는 자극에 대해 경고 반응을 점차 줄이는 '탈감작(desensitization)' 반응을 보인다. 한국산업안전보건공단(KOSHA)의 「작업자 사고행동 패턴 보고서」에 따르면, 동일 작업을 3개월 이상 반복한 작업자 중 62.7%가 "위험 경고를 받지 않으면 스스로 조심하지 않게 된다"고 응답했다. 특히 6개월 이상 작업자에서는 "작업이 자동화된 행동이 되어 안전장치를 자주 생략한다"는 응답이 71.4%에 달했다. 이는 반복된 노출이 뇌의 인지 체계를 무디게 만들며, 더 이상 해당 상황을 '위험'으로 인식하지 않는다는 뜻이다.

실제로 산업재해 사례 중 다수는 숙련자에게서 발생한다. 2022년 고용노동부 산업재해 분석에 따르면, 5년 이상 경력자의 사고 비율은 전체 사고의 41%로, 오히려 1년 미만 신규 노동자보다 높았다. 그 이유 중 하나는 '경험에 의한 과신'과 '위험 인지 저하'였다. 특히 반복

작업에서 나타나는 자동화된 행동은 뇌의 '기억 회로'가 아닌 '운동 회로'에 저장되어, 사고 가능성을 예측하거나 조심하지 않게 만든다.

건설현장은 특히 이 문제에 취약하다. 거푸집 설치, 비계 해체, 양중 작업처럼 반복적이고 신체 자동화가 강하게 작동하는 공정일수록 사소한 생략이 구조화된 행동이 되기 쉽다. 게다가 하청 구조에서는 "지난번에도 문제 없었어요" 라는 말이 자연스럽게 순응을 강요한다. 이와 같은 말들이 조직 내에서 반복될 경우, 위험을 방치하는 행동이 오히려 '숙련의 상징'처럼 여겨지게 된다. 그 결과, 위험이 제거되지 않고 무시되며, 재해는 '익숙해진 잘못' 속에서 축적된다.

산업안전에서 가장 큰 '적'은 위험을 위험으로 인식하지 않는 상태이다. 이를 방치하면 안전은 서류 속 절차에 머무르고, 현실은 반복되는 사고로 이어진다. 안전교육은 '무감각'을 흔들고 다시 경계할 수 있도록 만드는 과정이어야 한다. 조직 역시 반복되는 행위를 안전하게 전환시키는 구조와 문화를 만들어야 하며, 특히 숙련 노동자일수록 더 자주, 더 깊이 위험을 되짚어보게 해야 한다.

'경험 많은 사람'이 더 위험할 수 있다

현장에서 경력은 곧 신뢰의 상징이다. 오래 일한 사람은 현장을 잘 알고, 비상시에도 유연하게 대처할 수 있다고 여겨진다. 실제로 많은 관리자나 동료들은 "경험 많은 작업자가 현장의 중심이다"라고 말한다.

그러나 이 '경험'이 항상 안전을 보장하는 것은 아니다. 때로는 바로 그 경험이 새로운 위험을 간과하거나, 변화에 저항하는 요인이 되기도 한다.

첫째, 경력자는 지침보다 감에 의존하는 경향이 강해진다. 고용노동부의 「작업자 위험인지 분석 보고서(2022)」에 따르면, 10년 이상 경력자의 56.8%가 "지침보다는 현장 감각이 더 중요하다"고 답했고, 이는 신규 근로자의 22.5%에 비해 두 배 이상 높은 수치다. 문제는 이러한 감각이 반복되는 작업에서 축적된 '익숙함'에 기초한다는 점이다. 익숙함은 때로 위험을 무시하게 만들며, 지침이 새롭게 개정되거나 장비가 변경될 경우 이를 무시하는 결과로 이어진다.

둘째, 반복작업은 주의력을 점차 저하시킨다. 산업안전보건공단의 작업 중 사고유발 원인 분석 결과, 5년 이상 동일 업무를 수행한 작업자에서 주의력 저하로 인한 사고가 39.4%로 나타났으며, 이는 전체 평균보다 12% 높은 수치였다. 뇌는 반복된 작업을 '자동화된 행동'으로 전환하며, 이 과정에서 위험 감지는 더욱 둔화된다. 특히 고정 루틴에 익숙해진 경력자는 "이번에도 괜찮을 것"이라는 판단을 반복하게 되고, 변화에 대한 감각은 점차 둔화된다.

셋째, 경력자의 '구습'은 후배 교육에서도 문제를 일으킨다. "나 때는 말이야"로 시작되는 경험 중심의 지시는 공식적인 지침보다 우선되기도 하며, 결과적으로 신입 근로자가 정식 매뉴얼보다 잘못된 방식에 적응하게 만든다. 한국노동안전보건연구소의 조사에 따르면, 신입 근로자 중 48.6%가 "공식 지침과 선배 지시가 다를 때 후자를 따랐다"

고 응답했다. 이는 조직 내 경험주의 문화가 제도보다 우선됨을 의미한다.

또한, 경험 많은 작업자가 장비 변경, 공정 변경, 안전 기준 개정에 가장 저항하는 경우도 많다. 2023년 '산업현장 변화 적응 실태조사'에서는, 20년 이상 경력자의 63.1%가 "새로운 안전장비가 불편하다"고 답변했으며, 기존 장비를 계속 사용하겠다는 응답은 57.4%에 달했다. 기술이 아무리 발전해도, 그것이 현장에서 받아들여지지 않으면 안전 효과는 기대하기 어렵다.

결국 경험은 자산이지만, 고착된 경험은 위험한 자산이다. 산업안전은 과거에 익숙해지는 것이 아니다. 변화에 적응하고 학습하는 과정이다. 경력자의 경험을 조직이 잘 활용하려면, 그것이 현재의 기준과 연결되고, 새로운 변화와 충돌하지 않도록 교육과 피드백 체계가 병행되어야 한다. 신뢰는 현재의 위험 감지 능력과 학습 능력에서 비롯되어야 한다.

안전은 문화이자 언어다

산업안전은 법령과 지침만으로 완성되지 않는다. 아무리 정교한 규정이 마련되어 있어도, 그것이 현장에서 '말할 수 있는 분위기', 즉 위험을 감지했을 때 멈추고 공유할 수 있는 문화로 이어지지 않으면, 사고는 언제든지 반복된다. 안전은 사람들 사이에 공유되는 행동 양식이며, 위험에 대한 직감이 존중되는 조직 분위기에서 비로소 실현된다.

한국산업안전보건공단(KOSHA)이 2023년에 실시한 「산업현장 안전문화 실태조사」에 따르면, 전체 노동자의 52.3%가 "위험 상황을 상사나 관리자에게 바로 말하기 어렵다"고 응답했다. 특히 하청업체 소속 노동자의 경우, 이 비율은 63.9%로 더 높게 나타났다. 이는 권위적인 의사결정 구조와 상명하복식 조직문화가 현장 내 위험소통을 막고 있음을 보여준다.

또한, '수직적 보고 체계'는 사고를 사전에 방지할 수 있는 기회를 놓치게 한다. 고용노동부의 「중대재해 발생경위 분석 보고서」에 따르면, 사고 발생 전 3일 이내에 위험 징후를 감지했지만, 상부에 전달되지 않아 사고로 이어진 사례가 전체의 41.7%에 달했다. "이거 좀 이상한데요"라는 말 한마디를 꺼내지 못한 조직 분위기 속에서, 위험은 묵인되었고 결국 재해로 이어진 것이다.

건설현장에서는 이러한 구조적 침묵이 더욱 심화된다. 다단계 하청구조 속에서 위험을 실질적으로 감지하는 사람은 말할 권한이 없는 사람이고, 판단과 결정은 공정 관리자나 본사 안전팀이 맡는다. 사고가 발생했을 때는 책임 소재가 분산되고, 근로자는 구조적으로 경고를 해도 책임을 지는 쪽에 머물 수밖에 없는 위치에 놓인다. 산업안전보건공단에 따르면, 중대재해 발생 시 하청 근로자의 재해율은 원청의 3.1배에 달한다.

안전은 문화이자 언어다.
현장에서 "위험해 보입니다, 잠깐 멈추시죠"라는 말을 꺼낼 수 있는 용기만큼, 그 말을 존중하는 문화가 중요하다. 그러나 현재 많은 산업현장은 여전히 "왜 괜한 소리를 해?", "지금 그 얘기 할 때냐"라는 반응이 우선되는 분위기다. 그 결과, 작업자의 직감과 현장 감각은 '비효율'로 치부되고, 시스템은 위험을 감지할 수 있는 마지막 감각을 스스로 버리게 된다.

안전은 개별 노동자의 책임이 아니다. 그것은 조직 전체가 공유하고, 존중하며, 실천하는 문화다. 말할 수 없는 구조, 경고가 묵살되는 분위기, 책임이 전가되는 시스템 속에서는 아무리 정교한 규정이 있어도 작동하지 않는다. 결국 진짜 안전은 서로가 서로의 감각을 신뢰하고, 위험을 공유하며, 함께 멈출 수 있는 집단적 용기에서 비롯된다. 이것이 없으면, 재해는 이미 시작된 것이나 다름없다.

실수는 '개인의 문제'가 아니다

작업자의 실수는 산업재해의 가장 흔한 원인으로 지목된다. 사고가 나면 가장 먼저 "근로자가 부주의했다", "안전수칙을 지키지 않았다"는 말이 나온다. 그러나 과연 그 실수는 온전히 개인의 책임일까? 실제로 많은 실수는 시스템 내부에서 구조화된 오류다. 복잡한 지침, 빠듯한 작업 속도, 인체공학을 무시한 장비 설계, 그리고 충분히 보장되지 않는 휴식 환경이 누적되면, 실수는 예외가 아닌 필연이 된다.

2022년 고용노동부가 발표한 「산업재해 원인별 분석 보고서」에 따르면, 산업재해의 직접 원인 중 46.7%가 '작업자의 실수'로 분류되었지만, 이 중 상당수는 '지침 미비', '작업환경 불일치', '교육 부족' 등 구조적 요인과 겹쳐져 있었다. 실제로 '작업자의 실수'로 분류된 사고 중 31.4%는 지침 자체가 현장과 맞지 않아 지키기 어려운 경우였고, 23.8%는 물리적 여건상 준수할 수 없었다고 나타났다.

건설현장에서 흔히 마주하는 상황이 있다. 3층 슬래브 철근 배근 작업 중 작업자는 현장 지침에 따라 보호대를 착용하고 작업해야 한다. 하지만 하루 세 차례 공정 마감이 걸려 있는 상황에서, 타설 전까지 도면 정리, 자재 정렬, 레벨 체크까지 동시에 수행해야 할 경우, 지침은 현실에서 무력화된다. 한국산업안전보건공단 조사에 따르면, 작업 시간당 3건 이상의 공정을 동시에 수행할 경우 실수 발생률은 평균보다 2.4배 높아진다.

지침 역시 문제다. A4 6장 분량의 작업 매뉴얼을 익히지 않은 일용직이 2시간 내에 고소작업을 시작해야 하는 현장에서는 작업자가 요약이나 생략을 선택하게 된다. 조사에 따르면 지침 분량이 A4 5장을 초과할 경우, 준수율은 53.6%로 절반 이하로 떨어진다. 이는 문서가 많아서가 아니라, 그 문서를 현실에서 지킬 수 없는 구조 때문이다.

또한 장비의 설계도 큰 문제다. 산업용 기계 중 상당수는 작업자의 키, 근력, 동작 반경 등을 고려하지 않고 설계된다. 특히 여성, 고령자, 외국인 노동자 등 다양한 신체 조건을 고려하지 않은 장비는 작업 중 불편함이나 과도한 힘을 요구하게 되고, 이로 인한 작업 오류와 근골격계 질환이 빈번하게 발생한다. 실제로 2023년 근로복지공단 통계에 따르면, 근골격계 질환의 68.2%는 '부적절한 설계의 장비 또는 작업대 사용'과 관련되어 있었다.

더불어 휴식의 부재는 집중력을 떨어뜨리고, 실수를 유발한다. 산업안전보건연구원이 발표한 「작업시간과 사고의 상관관계 보고서」에 따르면, 8시간 이상 근무한 후 9~10시간 사이에 사고 발생률이 급증하며, 그 확률은 2.7배 높아진다. 특히 연속 작업 시간이 4시간을 넘는 경우, 미세 실수율이 급증하며 반복작업에서는 그 누적 효과가 더욱 크다.

결국, 사람의 실수는 종종 시스템이 사람을 고려하지 않았을 때 발생한다. 시스템이 사람에게 맞지 않게 설계되었을 수 있다. 산업재해를 줄이려면 주의할 수 있는 환경과 구조를 만드는 것이 우선이다. 실수를 처벌의 대상으로 삼기보다, 그 실수가 왜 발생했는지를 구조적으로 검토하고 개선하는 접근이 필요하다.

산업재해는 '개인의 부주의'라는 이름으로 은폐되기 쉬운 구조적 문제다. 이 책이 강조하고자 하는 바도 여기에 있다. 인간은 완벽하지 않다. 따라서 안전 시스템은 그 불완전한 인간이 실수하더라도 사고로 이어지지 않도록 설계되어야 한다. 그것이 진정한 안전이고, 예방이다.

'아는 것'과 '행동하는 것' 사이의 간극

작업자 대부분은 안전수칙을 모른다기보다, 알고 있음에도 지키지 못하는 상황에 놓인다. 이는 현장 전반의 구조와 문화, 그리고 시스템적 압력 때문이다. 다시 말해, 산업재해는 지식의 부재보다 행동으로 옮길 수 없는 환경에서 비롯된다.

첫 번째는 눈치 보이는 분위기다. 작업 도중 위험 요소를 인지했음에도 이를 멈추거나 보고하는 것이 조직 내에서 불편하거나 '민폐'처럼 여겨지는 분위기에서는 아무리 안전수칙을 교육해도 효과가 없다. 한국산업안전보건공단의 「산업현장 위험 커뮤니케이션 실태조사(2022)」에 따르면, 전체 근로자의 54.2%가 "위험 상황을 알리면 조직에서 불이익을 받을 수 있다"고 응답했다. 특히 하청 노동자의 경우 이 비율은 63.5%에 달해, 구조적 위계가 안전소통을 막고 있음을 보여준다.

두 번째는 공정 지연에 대한 압박이다. 현장에서는 납기일이 모든 것을 좌우한다. 안전조치를 취하기 위해 작업을 멈추거나 반복 점검을 실시하는 것은 공정상 '비효율'로 간주된다. 실제로 2023년 한국건설산업연구원이 실시한 조사에서는, 건설 현장의 71.8%가 "공정 압박 때문에 안전조치를 생략한 경험이 있다"고 답변했다. 관리자는 납기를 걱정하고, 작업자는 '괜히 말해서 팀 전체가 지체될까' 하는 심리적 부담에 놓인다.

세 번째는 자기합리화다. "지난번에도 문제 없었으니까", "지금도 멀쩡하니까"라는 생각은 반복된 무사고 경험이 만든 심리적 함정이다. 행동경제학에서 말하는 '정상성 편향(Normalcy Bias)'은 사람들이 반복적으로 익숙한 상황을 안전하다고 착각하는 경향을 말한다. 산업재해 분석 보고서에 따르면, 중대재해의 62%는 '유사 작업 경험이 있었던 상황에서 발생'을 했으며, 그중 37%는 "과거에도 했던 방식"이 원인이었다. 이는 '지나친 경험'이 오히려 경각심을 둔화시키는 결과로 이어질 수 있음을 보여준다.

네 번째는 말해도 받아들여지지 않을 것이라는 무력감이다. 현장의 의견이 관리자나 시스템에서 반영되지 않는다는 경험이 누적되면, 작업자는 스스로 발언을 자제하게 된다. 산업보건연구원의 「안전의사소통 만족도 조사(2021)」에 따르면, "위험을 보고했지만 아무런 조치가 없었다"고 답한 비율은 전체의 48.7%, 하청업체는 55.2%에 달했다. 이는 단순히 '말을 하지 않는' 문제가 아니라, '들으려 하지 않는 구조'가 안전을 침묵시킨다는 의미다.

결국, 안전은 '안다고 되는 것'이 아니다. 그것은 말할 수 있는 용기와, 멈출 수 있는 권한, 그리고 개선할 수 있는 시스템이 작동할 때 비로소 현실이 된다. 다시 말해, 안전교육의 목표는 행동을 촉진하는 구조 설계에 있다.

산업재해를 줄이기 위해 필요한 것은 말할 수 있고, 멈출 수 있고, 바꿀 수 있는 문화와 제도다. 이 책이 산업안전 입문서로서 의학도, 기술자, 관리자 모두에게 전하고자 하는 메시지도 바로 이것이다. 안전은 실행이다. 그리고 실행은 함께 할 수 있을 때 실현된다.

산업재해의 해부학

재해로 본 인간, 시스템, 그리고 공학의 한계

2부

인간과 시스템,
무엇이 재해를 만드는가

05
인간은 왜 실수하는가:
인지과학과 안전심리

"사람이 실수했다. 그러나 사람은 왜 그런 실수를 했을까?"

산업현장에서 사고가 발생하면 가장 먼저 지목되는 원인은 '작업자의 부주의'다. 예를 들어, 버튼을 잘못 눌렀다, 안전모를 쓰지 않았다, 지침을 지키지 않았다 등 구체적인 행위가 곧바로 원인으로 간주된다. 하지만 여기서 사고의 원인을 단순히 개인의 책임으로 결론 내리는 순간, 동일한 유형의 실수는 구조적으로 반복될 수밖에 없다. 중요한 건 그 실수가 왜 발생했는가를 묻는 것이다.

2022년 고용노동부 산업재해 통계 분석에 따르면, 전체 재해 중 작업자의 실수로 분류된 비율은 47.1%에 이른다. 이는 가장 큰 단일 원인이다. 그러나 이 '실수'의 배경을 분석해보면, 주의력 저하(35.6%), 작업 절차 미숙(28.3%), 복잡한 업무 환경(21.4%), 과중한 업무(14.7%) 등의 하위 요인이 뒤섞여 있는 복합적 현상임을 알 수 있다.

산업안전심리학에서는 이를 '휴먼 에러(human error)'로 구분하지만, 더 나아가 작업 환경과 인지 구조의 불일치를 주요 원인으로 본다. 예를 들어, 작업자가 여러 개의 유사한 버튼을 반복적으로 눌러야 하는 상황에서 색상이나 배열이 명확히 구분되어 있지 않다면, 실수는 언제든 일어날 수 있다. 이는 사람의 인지적 특성, 특히 주의의 지속 시간(attention span)과 작업 기억(working memory)의 한계를 고려하지 않은 설계 때문이다.

또한, 인지 부하(cognitive overload) 역시 중요한 원인이다. 2023년 산업안전보건연구원 보고서에 따르면, 작업 공정이 4단계를 초과하면 실수 확률이 1.8배 증가하며, 야간작업이나 교대근무 환경에서는 집중력 저하로 인해 실수 가능성이 2.3배 이상 높아진다. 이는 인간이 감당할 수 있는 정보량과 작업 조건의 한계를 넘은 상태에서 벌어지는 현상이다.

심리학적으로는 "정상성 편향(Normalcy Bias)" 또한 반복된 위험을 무시하게 만든다. 같은 방식의 작업을 여러 번 무사히 수행하면, 사람의 뇌는 그것을 안전하다고 '학습'한다. 그 결과, 이전에 위험하다고 판단했던 작업도 "이번엔 괜찮겠지"라는 자기합리화 아래 수행되며, 결국 사고로 이어진다.

산업재해를 줄이기 위해서는 인간의 실수를 처벌하거나 훈계하는 방식보다는 그 실수가 왜 발생했는지를 구조적으로 이해하고, 예방 가능한 조건을 마련하는 것이 중요하다. 즉, 시스템은 사람이 실수하더라도 그것이 곧 재해로 이어지지 않도록 설계되어야 한다. 산업안전은 인간 행동에 대한 이해와 설계의 문제이기도 하다. 이 장에서는 이러한 안전심리학적 요인들을 해부하며, 산업재해를 인간 중심의 시각에서 새롭게 조명해보고자 한다.

인간은 원래 실수하게 설계되어 있다

우리의 뇌는 매우 정교하지만, 동시에 많은 한계를 지닌 정보처리 시스템이다. 산업현장에서 반복되는 작업자 실수, 즉 휴먼에러(Human Error)는 개인의 부주의보다, 인간의 인지 자원이 제한되어 있기 때문에 발생하는 예측 가능한 결과다.

첫째, 주의(attention)는 한정된 자원이다. 미국 국립산업안전보건연구소(NIOSH)에 따르면, 인간은 평균적으로 20분 이상 집중을 유지하기 어렵고, 동시에 두 가지 작업에 주의를 분산할 경우 실수율이 2.5배 높아진다고 한다. 산업현장은 소음, 진동, 동시다발적 지시 등으로 인해 주의가 쉽게 분산되며, 이는 곧 작업자의 판단 실수로 이어진다.

둘째, 작업 기억(working memory) 또한 제한적이다. 인간은 동시에 약 5~7개의 항목만 단기적으로 기억할 수 있으며, 새로운 정보가 들어올 경우 기존 정보가 밀려나거나 왜곡된다. 예를 들어, 기계 작동 전 전원을 반드시 꺼야 한다는 사실을 알고 있음에도, 한 작업자가 전원을 켠 채 유지보수를 시작했다면 이는 그가 인지 부하(cognitive overload) 상태에서 주의가 다른 곳에 분산되었기 때문일 수 있다. 실제로 산업안전보건연구원(KOSHA)의 2022년 보고서에 따르면, "기억 오류"로 분류된 재해는 전체 작업자 과실의 32.6%를 차지했다.

셋째, 판단(decision-making)은 작업 환경의 맥락에 따라 쉽게 왜곡된다. 예를 들어, 시간이 촉박하거나 주변에서 "빨리 해달라"는 압력이 있을 때, 사람은 직관(intuition)에 의존해 결정을 내리기 쉽다. 이러한 상황에서는 사전에 배운 안전지침보다, 이전 경험이나 주변 반응에 따른 판단이 우선되기 마련이다. 행동경제학에서는 이를 '상황 의존성 편향(Context-Dependent Bias)'이라고 부른다. 이러한 판단 편향은 특히 반복 작업 중 혹은 스트레스 상황에서 두드러지며, 산업현장의 실수 가능성을 높이는 핵심 요인이다.

이와 같은 인간의 인지적 한계는 '개인의 나약함'에서 오는 것이 아니라 모든 사람에게 공통적으로 존재하는 생물학적·심리학적 특성이다. 중요한 건, 시스템이 이러한 한계를 인정하고 반영하도록 설계되어야 한다는 점이다. 예컨대, 조작 버튼의 색상·배치 차별화, 휴식시간 확보 및 근무시간 제한, 경고 신호의 시각·청각 병행 설계, 업무 매뉴얼의 단계별 분리 등은 작업자의 인지 과부하를 줄이고 실수 발생 확률을 낮출 수 있는 실제적 대안이다.

건설현장에서는 특히 장비 조작, 신호 수신, 주변 협업 공정의 연동 등 복합 작업이 많기 때문에, 사람의 실수를 전제로 한 다중 안전 방어 장치가 절실하다. 그러나 현실은 종종 "주의하라"는 구호에만 의존하고, 시스템 개선은 뒷전으로 밀린다. 그 결과 한 건의 실수는 수십 명의 작업 중단, 수천만 원의 장비 파손, 수억 원의 공기 지연이라는 경제적 손실로 이어진다.

결국 휴먼에러란 설계와 관리의 문제다. 사람이 언제든 실수할 수 있다는 사실을 전제로 시스템을 설계할 때, 비로소 안전은 확보된다. 산업재해를 줄이기 위해 우리가 해야 할 일은 '더 조심하라'는 요구가 아니라, 사람이 실수해도 사고로 이어지지 않도록 시스템을 만드는 것이다. 이것이 바로 안전공학이 다루어야 할 핵심이며, 이 책이 산업 안전의 입문서로서 전달하고자 하는 중심 메시지다.

실수에는 '유형'이 있다: Reason의 오류 분류

산업현장에서 발생하는 작업자 실수는 종종 하나의 모호한 단어, "부주의"로 치부되곤 한다. 하지만 모든 실수가 동일하지 않으며, 그 원인을 명확히 구분하고 분석해야만 재해를 줄일 수 있다. 영국의 저명한 심리학자 제임스 리즌(James Reason)은 인간의 실수를 체계적으로 이해하기 위해 '휴먼에러(Human Error)'를 세 가지 유형으로 분류했다: 실행 오류(Slip), 기억 오류(Lapse), 판단 오류(Mistake). 이 구분은 산업재해의 예방전략 수립에 매우 중요한 이론적 틀을 제공한다.

첫째, 실행 오류(Slip)는 사람이 올바른 목표를 갖고 있었음에도 행동이 잘못 실행되는 경우다. 예를 들어, 작업자가 특정 밸브를 잠그려 했는데 옆에 있는 유사한 밸브를 실수로 돌린 경우다. 2020년 한 화학 플랜트에서 실제로 발생한 사고에서는, 작업자가 "1번 유해가스 밸브"를 잠그려다 옆의 "2번 정압밸브"를 조작하면서 가스가 유출되었고, 이로 인해 5명이 병원에 이송되었다. 이러한 사고는 현장 설비의 유사한 디자인(Design Similarity), 불명확한 표식, 집중력 저하 등과 밀접하게 관련되어 있다.

둘째, 기억 오류(Lapse)는 의도는 있었지만 정보를 일시적으로 잊는 경우다. 이는 특히 다단계 작업, 중간에 방해가 들어온 경우, 교대 근무 상황에서 자주 발생한다. 고용노동부의 「2022년 산업재해 원인 분석 보고서」에 따르면, '기억 누락으로 인한 사고'가 전체 작업자 과실의 14.8%를 차지했다. 예컨대, 야간 교대작업자가 장비 유지보수를 마친 후 메인 스위치를 꺼야 한다는 걸 잊고 퇴근하면서, 다음날 동료가 감전되는 사고가 발생했다. 이는 시스템 설계 차원에서 중요 작업 항목의 확인 프로세스가 결여되었기 때문이다.

셋째, 판단 오류(Mistake)는 목표를 잘못 설정하거나, 잘못된 규칙이나 정보를 적용하는 경우를 말한다. 예를 들어, "이 정도 경사는 안전벨트 없이도 괜찮다"는 잘못된 관념이 사고를 유발하는 것이다. 특히 경력자일수록 경험에 의존하여 위험 판단을 단순화하는 경향이 있어, "이전에도 문제없었다"는 판단이 사고로 이어지는 경우가 많다. 산업안전보건공단의 2023년 실태조사에 따르면, "위험 상황에서 판단 오류로 인한 사고"가 중대재해 중 1/3 이상을 차지하는 것으로 나타났다.

이처럼 같은 '실수'라도 Slip, Lapse, Mistake는 각기 다른 인지 메커니즘에서 비롯되며, 그 예방책도 달라야 한다.

- Slip을 줄이기 위해선 작업 인터페이스 설계 개선, 유사 기기 구분 표시 강화, 시각적 피로도 감소 조치가 필요하다.
- Lapse 예방을 위해선 체계적 확인 리스트(Safety Checklist), 교대 업무 인수인계 표준화, 인지부하 분산 설계가 요구된다.
- Mistake를 줄이려면 위험인지 교육 강화, 경험 의존적 판단 구조 점검, 현장 리더의 피드백 문화 조성이 필수적이다.

요약하자면, 실수를 일으킨 사람만을 탓하는 방식은 산업재해 예방에 아무런 도움이 되지 않는다. 오히려 실수가 발생한 맥락을 인지심리학적 모델로 해부하고, 설계·조직·문화의 수준에서 교정하는 것이 산업안전의 핵심이다. 《산업재해의 해부학》은 이처럼 사람의 실수를 시스템의 언어로 번역함으로써, 보다 근본적인 재해 예방의 길을 제시하고자 한다.

'너무 익숙한 작업'이 더 위험하다

산업현장에서 "경험 많은 사람일수록 안전하다"는 믿음은 널리 퍼져 있다. 하지만 인지과학적으로 보면, 익숙함은 오히려 위험에 가장 취약한 상태 중 하나다. 반복된 작업은 뇌에 '자동화된 회로'로 저장되며, 이는 곧 주의와 경계를 우회한 채 동작이 실행된다는 뜻이다.

뇌과학자들은 이를 자동처리(Automatic Processing)라고 설명한다. 반복되는 작업은 처음에는 주의집중 회로(prefrontal cortex)를 거쳐 처리되지만, 시간이 지나면 기저핵(basal ganglia)으로 이동하여 자동화된다. 즉, 사람이 의식하지 않고도 작업을 '습관적으로' 수행하게 된다. 이렇게 되면 작은 변화나 이상 징후—예컨대 기계 소음의 미세한 변화, 표면 진동의 패턴 이상 등—을 감지하지 못하고 지나치게 된다.

이 점은 산업재해 통계와도 연결된다. 고용노동부의 「2023 산업재해 실태조사」에 따르면, 10년 이상 근속한 작업자에 의한 중대재해 발생률은 5년 이하 근속자보다 오히려 1.6배 높게 나타났다. 이는 경험이 풍부할수록 더 안전하다는 통념과는 다른 결과다. 그 이유는 뇌의 자동화된 행동 체계가 새로운 자극이나 위험 요인에 둔감해지는 특성을 갖기 때문이다.

대표적인 사례가 있다. 수도권의 한 고층 건축물 골조 현장에서, 20년 경력의 작업자가 작업 중 멈추지 않은 타워크레인 와이어를 점검하려다 손이 감기는 사고가 발생했다. 그는 이전에도 같은 방식으로 점검을 반복해 왔고, "이상 없었다"고 진술했지만, 바로 그 익숙함이 치명적 판단 오류로 이어졌다. 안전절차를 무시한 것이 아니라, 그에게는 그것이 '일상'이었던 것이다.

서울대학교 심리학과 김태현 교수팀은 2022년 「산업 작업자의 주의 전환 메커니즘 분석」 연구에서, 경력 10년 이상 작업자의 위험 경고 신호 반응 속도가 초심자보다 평균 0.8초 느리다는 실험 결과를 발표했다. 이는 위험에 대한 '주관적 무감각'이 실제 신경 반응 속도 저하로 이어진다는 것을 의미한다.

더욱이, 이러한 자동화된 행동은 작업 환경 변화에 대한 적응력도 떨어뜨린다. 기계 구조나 공정이 변경되었을 때, 기존 습관이 새로운 위험을 간과하게 만들며, 이때 "내가 해봐서 안다"는 자기 확신이 오히려 방어기제를 약화시킨다. 한국산업안전보건공단의 「사고 유형별 분석 보고서(2022)」에 따르면, 반복 작업 중 발생한 사고의 58.7%는 '익숙한 작업 방식으로 인한 주의력 저하'가 원인이었다.

결론적으로, 산업안전 교육이나 매뉴얼에서 '초심자의 실수'만을 강조하는 접근은 위험하다. 실질적으로는 경험이 많은 작업자일수록 반복된 행동의 자동화로 인해 더 큰 사고에 노출될 수 있으며, 이로 인한 방심과 과신은 조직 전체의 안전시스템을 무력화시킬 수 있다.

《산업재해의 해부학》은 이러한 심층 인지구조를 드러냄으로써, 산업재해를 개인의 주의력 문제가 아닌 인지 메커니즘과 조직문화의 총체적 문제로 이해하고자 한다.

인간은 항상 '인지적 지름길'을 선택한다

산업현장은 언제나 복잡하고 변화무쌍하다. 작업은 시간에 쫓기고, 전달되는 정보는 불완전하거나 추상적이며, 의사결정은 즉각적이어야 한다. 이런 상황에서 인간은 사고와 판단을 단축시키기 위해 인지적 지름길, 즉 '휴리스틱(heuristic)'을 사용하게 된다. 휴리스틱은 빠르고 효율적인 판단 도구지만, 그 이면에는 구조적인 오류 가능성이 존재한다.

예컨대 "지금까지 문제가 없었으니 오늘도 괜찮겠지"라는 판단은 대표성 휴리스틱(Representativeness heuristic)의 전형이다. 이는 과거의 안전 경험을 일반화하여 현재의 위험을 축소하거나 무시하게 만든다. 2022년 한국산업안전보건공단이 발표한 「반복 사고 유형 분석보고서」에 따르면, 3년 이상 무사고 이력이 있는 사업장에서 발생한 사고 중 62.3%가 기존 작업방식을 반복하던 중 발생했다. 이는 '과거의 무사고'가 오히려 '현재의 방심'으로 이어지는 구조를 보여준다.

또한 "다른 사람도 그냥 넘어갔으니 나도 괜찮을 거야"는 동조 휴리스틱(Conformity heuristic)이다. 이는 현장에서 다수의 무반응을 안전의 근거로 오인하게 만든다. 특히 수직적 문화가 강한 산업현장에서는 집단의 침묵이 암묵적 허용으로 작용한다. 실제로 서울대학교 산업심리학 연구팀이 수행한 2023년 「산업작업자의 집단행동 분석」에 따르면, 동료들이 위험에 무반응한 상황에서는 작업자 스스로 위험을 무시할 확률이 71.4% 증가했다.

한편 "문제 생기면 그때 생각하지 뭐"는 회피성 판단(avoidance-based decision making)으로, 위험에 대한 실질적 대응보다는 심리적 부담을 미루는 경향이다. 한국건설산업연구원이 2023년 500명의 건설현장 작업자를 대상으로 조사한 결과, 작업 중 이상 징후를 느끼고도 관리자에게 즉시 보고한 비율은 38.7%에 불과했다. 나머지는 "일단 해보고 결정하겠다"는 응답이었으며, 이는 사고 가능성을 높이는 주요 원인으로 지적되었다.

이러한 판단 편향은 개인의 심리 문제로만 치부할 수 없다. 그것은 현장의 구조와 문화, 교육 방식이 만든 인지적 반응 시스템이다. 시간 압박, 납기 중심의 작업환경, 위계적 소통 구조는 인간의 사고를 간소화하도록 강요하고, 그 결과 재해로 이어질 수 있는 판단 오류가 체계적으로 발생한다.

따라서 산업재해를 줄이기 위해서는 작업자에게 "주의하라"고 요구하는 것에서 더 나아가, 휴리스틱이 발생하지 않도록 시스템을 설계해야 한다. 예컨대 이상 징후가 감지되면 자동으로 작업이 중단되는 프로세스, 의견을 쉽게 공유할 수 있는 조직문화, 그리고 반복 작업 속에서도 신선한 경고를 제공하는 장치가 필요하다.

《산업재해의 해부학》은 이처럼 인간의 사고구조와 산업구조가 만나는 지점을 드러냄으로써, 재해를 '인간의 실수'로 단순화하지 않고, 반복되는 실수의 기저에 있는 판단의 패턴을 해부하고자 한다. 그리고 그 해부는 결국, 안전이 인지과학과 조직심리의 문제임을 인식하는 데서 시작된다.

스트레스와 감정, 그리고 실수

산업재해는 단순한 기술적 오류의 결과가 아니다. 인간의 심리 상태, 특히 스트레스와 감정은 사고의 빈도와 직결된다. 스트레스가 높아지면 우리의 뇌는 생존 중심의 즉각 반응 모드로 전환되며, 이때 주의가 좁아지고, 정보 해석이 왜곡되며, 리스크 감수 성향이 증가하는 경향이 있다. 이러한 인지 변화는 산업현장처럼 복잡하고 위험한 환경에서 치명적인 결과로 이어질 수 있다.

고용노동부와 산업안전보건공단이 공동 발표한 2022년 「근로자 정신건강 실태조사」에 따르면, 스트레스 수준이 높은 작업자 집단에서의 사고 발생 비율은 일반 근로자 대비 2.3배에 달했다. 특히 반복작업, 감시 업무, 협소한 공간 등 고강도 · 고집중 작업 환경에서 스트레스가 누적될수록 판단력과 반응속도가 급격히 저하되는 것으로 나타났다.

심리학적으로 보면, 스트레스는 주의의 폭(attentional span)을 좁히고, 외부의 경고나 위험 신호를 필터링하게 만든다. 이는 미국 직업안전보건청(OSHA)의 연구에서도 확인된 바 있으며, "감정적 각성 상태가 클수록, 주변 환경의 위협 신호에 대한 반응률이 평균 41% 감소한다"는 결과가 보고되었다.

특히 분노, 불안, 무기력 같은 감정 상태는 상황 판단력에 직접적인 영향을 미친다. 예를 들어, 분노 상태에서는 자기 중심적 판단이 강화되고, 협업이나 경청 능력이 저하되며, 위험 감수 경향이 높아진다. 한 현장 조사에서는 안전관리자와 갈등이 있었던 작업자가 48시간 내 사고를 겪은 비율이 전체 대비 3배에 달한 것으로 나타났다.

또한 만성 스트레스는 '무기력'이라는 또 다른 감정적 상태를 유발하며, 이는 작업자가 스스로 위험을 인지하고도 "말해봤자 소용없다"는 회피 행동으로 이어질 수 있다. 실제로 한국노동안전보건연구소가 실시한 2023년 보고서에 따르면, "문제를 인식했지만 보고하지 않았다"는 응답자 중 53.6%가 그 이유로 "내 말이 반영되지 않을 것 같아서"를 꼽았다.

이렇듯 감정은 위험 인지, 정보 해석, 행동 실행의 전 과정에 영향을 미치는 산업안전의 핵심 요인이다. 따라서 산업재해 예방은 물리적 보호구만으로는 불충분하며, 작업자의 정서적 상태를 모니터링하고, 심리적 회복력을 높이는 프로그램이 병행되어야 한다.

결국, "사람은 감정적 동물이며, 실수는 감정의 그림자다"라는 말처럼, 산업재해는 인간의 감정과 무관하지 않다. 〈산업재해의 해부학〉은 감정이 사고에 미치는 메커니즘을 조명함으로써, 공학적·제도적 접근만으로는 다 담지 못했던 '인간적인 안전'의 방향을 함께 제시하고자 한다.

실수를 줄이려면, 인간을 바꾸지 말고 구조를 바꿔야 한다

사람은 실수한다. 그것은 인간 조건 그 자체다. 인간의 주의력은 유한하고, 기억은 왜곡되며, 판단은 맥락에 따라 흔들린다. 이런 인간의 특성을 전제로 할 때, 안전 시스템은 "사람이 실수해도 망가지지 않도록" 설계되어야 한다. 이를 위해 필요한 것이 바로 실패를 견디는 구조(fail-safe system)다.

대표적인 사례로, 일본 후생노동성이 제정한 '산업재해 예방 가이드라인'에서는 "작업자의 단순 실수 하나로 재해로 이어지는 구조는 구조 자체가 문제"라고 명시하고 있다. 시스템은 인간의 실수를 전제로 해야지, 실수를 하지 않을 것이라는 낙관에 기대어서는 안 된다.

건설현장에서도 이 원칙은 필수적이다. 예컨대 콘크리트 펌프카의 레버 조작 패널에서 '붐 인상'과 '붐 하강' 버튼의 색상이나 배열이 비슷하다면, 피로하거나 긴급 상황일 때 잘못된 조작으로 인한 장비 전도 위험이 발생할 수 있다. 한국산업안전보건공단(KOSHA)은 이를 방지하기 위해 조작부 색상은 기능별로 명확히 구분하고, 레버 간 간격도 최소 25mm 이상 확보하도록 권장한다.

또 다른 예로, '두 손 조작식 기계(dual-hand control device)'는 양손으로 버튼을 동시에 눌러야 작동하게 만들어, 손이 끼이거나 눌리는 재해를 방지한다. 이는 사람이 실수하더라도 그 실수가 치명적인 결과로 연결되지 않도록 설계한 대표적인 fail-safe 기법이다.

이와 같은 구조적 보완이 없으면, 모든 실수는 결국 작업자의 부주의로 낙인찍히고 만다. 하지만 근본적으로 묻자. 정말 그 실수는 개인의 문제였을까, 아니면 실수를 허용하지 않는 시스템의 문제였을까? 미국 NTSB(국가교통안전위원회)의 항공사고 조사 결과에 따르면, 인적 실수가 원인인 사고 중 82%는 '예측 가능한 실수였으며, 설계 변경으로 방지 가능했다'는 결론이 내려졌다.

건설현장도 다르지 않다. 특히 고소작업, 중량물 취급, 거푸집 해체처럼 순식간에 큰 피해로 이어지는 공정에서는 사람의 집중력만으로 안전을 지킬 수 없다. 자동 정지 장치, 이중 경고음, 인터록(interlock) 시스템 같은 '두 번째 안전망'이 반드시 필요하다. 예컨대, 고소작업용 승강기에 자동 수평 유지 센서가 없다면, 조작 실수로 장비가 기울어지고 전도사고로 이어질 가능성이 높다.

예방은 교육보다 설계에서 시작되어야 한다. 교육은 중요한 수단이지만, 사람은 피곤하고 분주한 날에 실수를 반복한다. 반면, 설계는 사람이 지치고 긴장감이 낮은 순간에도 위험을 막을 수 있는 구조다.

궁극적으로 중요한 질문은 이것이다. "사람이 실수할 때, 시스템은 어떻게 반응하는가?"

그 답이야말로, 산업안전이 진정으로 작동하는 구조의 출발점이다.

해부의 결론: 인간의 실수는 구조의 책임이다

산업안전은 흔히 기술, 규정, 장비, 교육의 문제로만 논의된다. 센서를 설치하고, 매뉴얼을 배포하고, 주기적인 교육을 시행하면 사고가 줄어들 것이라는 믿음이다. 그러나 이 접근은 결정적인 사실 하나를 간과한다. 실수는 인간이라는 존재의 본질에서 비롯된다는 점이다.

인지심리학자 대니얼 카너먼(Daniel Kahneman)은 저서 〈생각에 관한 생각〉에서 인간의 사고 체계를 '빠른 사고(시스템 1)'와 '느린 사고(시스템 2)'로 구분했다. 산업현장은 대부분 시스템 1에 의해 움직인다. 반복된 작업, 시간 압박, 환경적 소음 속에서 사람은 빠르게 판단하고 반응한다. 이 과정에서 정보 누락, 판단 오류, 주의력 저하는 필연적으로 발생한다.

실제로 고용노동부가 2023년 발표한 『산업재해 발생현황 분석보고서』에 따르면, 전체 재해 중 약 61.3%가 '작업자 부주의'로 분류되었다. 그러나 '부주의'는 원인이 아니라 결과다. 그 이면에는 피로, 심리적 스트레스, 불충분한 정보, 비효율적인 설계가 있다. 이를 '사람 탓'으로만 돌리는 순간, 구조 개선은 정체되고 재해는 반복된다.

안전은 사람을 바꾸는 일이 아니다. 사람이 실수하더라도 사고로 이어지지 않게 만드는 '시스템'을 설계하는 일이다. 이를 인간공학적 안전(Ergonomic Safety)이라고 하며, 주요 선진국에서는 필수적인 개념으로 자리잡고 있다. 예를 들어 일본 후생노동성은 「작업장 위험성 저감 가이드라인」에서 "사람이 실수할 수 있다는 전제 하에 모든 장비와 절차가 설계되어야 한다"고 명시한다.

미국 원자력규제위원회(NRC)는 사고예방을 위한 '방어적 설계(defense-in-depth)' 원칙을 강조한다. 이 원칙에 따르면, 사고를 막는 방법은 하나여서는 안 된다. 실수를 막는 1차 장치, 실수가 일어나도 방지하는 2차 장치, 사고 발생 시 피해를 줄이는 3차 장치가 계층적으로 작동해야 한다.

한국에서도 최근 이러한 인식이 확산되고 있다. 2024년 1월부터 시행된 「중대재해 처벌 등에 관한 법률 시행령」 개정안은 기업이 '조직 문화, 물적 설비, 인력 배치' 등을 포괄적으로 점검하고, '재해 예방을 위한 체계적 구조'를 갖출 의무가 있다고 명시하고 있다.

다시 말해, 안전은 사람과 시스템 사이의 관계 문제다. 교육만으로 모든 사고를 예방할 수 없다. 아무리 숙련된 작업자라도, 피로하거나 방해 요소가 많은 상황에서는 실수를 한다. 반대로 잘 설계된 시스템은 초보자조차 안전하게 작업할 수 있게 만든다.

결국, 안전이란 '실수를 전제로 설계된 구조'에서 시작된다. 완벽한 인간은 존재하지 않는다. 그렇다면 진짜 안전은 '실수를 허용하면서도 무너지지 않는 구조'를 만드는 것이다.

이런 구조를 설계할 때, 안전은 비로소 현실이 된다. 그리고 그 현실 위에서, 사람은 안심하고 일할 수 있다.

산업재해의 해부학

재해로 본 인간, 시스템, 그리고 공학의 한계

2부

인간과 시스템, 무엇이 재해를 만드는가

06
설계된 위험:
시스템 오류와 공학적 한계

사람은 실수할 수 있다. 하지만 시스템은 그러한 실수가 곧바로 재해로 이어지지 않도록 설계돼야 한다. 모든 재해를 사람의 탓으로 돌리는 조직은 근본적으로 재해를 줄일 수 없다. 진짜 중요한 질문은 "왜 그 실수가 바로 사고로 연결됐는가?"이다. 답은 대부분 시스템 안에 있다.

고용노동부가 2022년 발표한 『산업재해 원인조사 분석』에 따르면, 산업재해의 약 60.8%가 '작업자 과실'로 분류된다. 그러나 같은 보고서에서 '작업환경이나 설비, 관리체계의 결함'이 함께 존재한 비율이 71.2%에 달한다. 이는 실수가 단독 원인보다는, 취약한 구조와 조건에서 사고로 확대된다는 것을 보여준다.

예를 들어, 고소작업 중 실족사고의 경우, 추락 방지 시설 미설치(32.4%), 불충분한 작업공간 확보(27.9%), 안전모 미착용(14.7%) 등 여러 구조적 문제가 동시에 확인된다. 이는 '사람이 조심했으면'이라는 해석이 얼마나 단편적인지를 보여준다.

실수는 제거할 수 없다. 그러나 이중 안전장치(fail-safe), 인간공학적 설계, 자동 차단 시스템 등을 통해 실수가 곧 재해로 이어지지 않도록 할 수 있다. 재해 예방의 본질은 사람이 실수해도 사고로 이어지지 않는 구조를 만드는 것이다.

재해는 사람의 약점이 아니라, 시스템의 무관심에서 시작된다.

시스템은 실수를 키운다

'사람은 실수할 수 있다'는 전제를 누구나 알고 있다. 그러나 많은 산업 시스템은 여전히 그 실수에 지나치게 취약한 구조로 설계되어 있다. 사고 이후 원인을 분석해보면, 실수가 '왜' 일어났는가보다 '왜 실수가 바로 사고로 연결되었는가'에 주목해야 한다. 이는 시스템 자체가 실수에 약하게 설계되어 있다는 신호다.

예를 들어, 복잡한 기계 패널은 대표적인 인지 과부하 요소다. 한국산업안전보건공단(KOSHA)의 2022년 『산업기계 조작 실수 원인 분석 보고서』에 따르면, 설비 조작 패널의 인터페이스 복잡도가 높을수록 작업자 오작동 비율이 43% 이상 증가한다. 다양한 버튼과 유사한 색상, 직관적이지 않은 배열은 착오를 유발하고, 특히 신규 작업자나 고령 근로자에게 치명적인 사고로 이어질 수 있다.

건설현장은 계획된 작업만 이뤄지는 이상적인 공간이 아니다. 철근, 비계, 콘크리트 타설, 잭서포트 해체 등 비정형 작업이 일상이고, 이들 공정 중 하나라도 어긋나면 시스템보다 사람이 즉각 판단하고 대응해야 한다. 산업안전보건연구원이 2021년 발표한 『현장 조작 위험도 실태조사』에 따르면, 비정형 작업 중 사고 발생률은 정형 작업 대비 2.4배에 달했다. 이는 작업 절차가 복잡하거나 여러 작업이 동시에 이뤄질 때 사람에게 과도한 인지 부담이 전가된다는 것을 의미한다.

작업 동선 또한 문제다. 예를 들어 위험물질 취급 구역과 일반 통행 구역이 명확히 분리되어 있지 않거나, 하역구역과 보행구간이 겹치는 경우 충돌 사고 위험이 높다. 실제로 2023년 기준, 물류센터 내 충돌·협착 사고의 34%가 동선 분리 미비에 기인한 것으로 나타났다(고용노동부 물류시설 안전관리 실태조사).

경고음 시스템도 문제다. 대부분의 알람은 '경고가 울렸다'는 점만 중요하게 생각되지만, 너무 잦은 알람은 경고의 효과를 무력화시킨다. 이를 '알람 피로(Alarm Fatigue)'라고 하며, 특히 의료 현장과 산업 설비에서 문제가 되고 있다. 국내 한 반도체 공장의 사례에 따르면, 한 시간에 20회 이상 울리는 알람은 현장작업자 72%가 무시하거나 알람을 음소거 처리하고 있었으며, 이는 실제 위험이 발생했을 때 경고를 인식하지 못하게 만드는 원인이 되었다.

이 모든 요소는 결국, 사람이 실수할 수밖에 없는 환경을 시스템이 스스로 제공하고 있음을 보여준다. 우리가 실수하는 이유는 단지 인간의 나약함 때문이 아니다. 오히려 시스템이 '실수에 강한 설계'를 갖추지 못했기 때문이다. 따라서 진정한 예방은 사람에게 책임을 전가하는 것이 아니라, 사람의 행동을 예측하고 수용할 수 있는 구조적 설계로 전환하는 것에서 시작해야 한다.

작업자는 늘 현장에서 최선을 다하지만, 시스템이 그 실수를 '사고'로 바꾸는 순간, 책임은 더 이상 개인에게 있지 않다. 산업재해를 줄이기 위해서는 시스템이 먼저 스스로를 성찰해야 한다.

사고는 연쇄적으로 발생한다: '스위스 치즈 모델'

산업재해는 흔히 "한 사람의 실수"로 귀결되곤 한다. 그러나 영국의 심리학자 제임스 리즌(James Reason)이 제시한 스위스 치즈 모델(Swiss Cheese Model)은 이 단순한 인과관계를 정면으로 반박한다. 그는 하나의 재해가 발생하는 데에는 여러 개의 방어막(layer)이 존재하며, 각각의 방어막에 존재하는 작은 구멍(결함)이 우연히 일렬로 정렬되는 순간, 위험이 그대로 관통하며 사고로 이어진다고 설명했다.

건설현장은 이 이론이 가장 직관적으로 적용되는 산업이다. 한 크레인 작업자가 전도 사고를 낸 사건을 보자. 단순히 조종 미숙의 문제였을까? 아니었다. 작업 전 지반 상태 점검이 생략되었고, 장비가 오래되어 경고음 센서가 오작동했으며, 작업계획서에 명시된 바람 세기 기준도 무시되었다. 심지어 인근 공정에서 소음이 커 무전 교신이 제대로 전달되지 않았다. 이처럼 각기 다른 원인의 '구멍'들이 동시에 열린 순간, 시스템은 붕괴했고 사고는 발생했다.

고용노동부의 「2023년 중대산업재해 분석보고서」에 따르면, 중대재해의 87.2%는 두 가지 이상의 요인이 복합적으로 작용한 사례였다. 특히 설비 결함과 관리 부주의가 동시에 작용한 경우가 가장 많았으며, 절차 미준수와 함께 인간 실수가 결합된 사례도 높은 비중을 차지했다. 단일 실수로 발생한 사고는 전체의 12.8%에 불과했다.

문제는 이러한 '구멍'들이 대부분 일상적으로 방치되거나 정상으로 여겨진다는 데 있다. 예를 들어, 점검을 생략하거나 보호구 착용을 소홀히 하는 행위는 "예전에도 괜찮았으니 오늘도 괜찮겠지"라는 인식

아래 반복된다. 이때 조직은 "운이 좋았다"고 해석할 뿐, 구조적 위험을 제거하지 않는다. 바로 이 지점에서 스위스 치즈 모델의 핵심 메시지가 등장한다. 구멍은 사소해 보여도, 언제든지 재해로 이어질 수 있는 통로라는 것이다.

이 모델은 산업안전에서 '근본 원인 분석(Root Cause Analysis)'이 왜 필요한지를 보여준다. 겉으로 드러난 실수를 바로잡는 것만으로는 재해를 막을 수 없다. 그 실수가 발생할 수밖에 없었던 시스템, 조직문화, 절차, 설계, 교육 구조를 함께 점검하고 수정해야 한다. 산업재해는 언제나 복합적인 구조의 실패로부터 비롯되며, 단 하나의 방어막이라도 제대로 작동했다면 재해는 막을 수 있었을 가능성이 높다.

결국 '재해 예방'이란 구멍이 아예 생기지 않게 하는 것이 아니라, 구멍이 겹치지 않도록 방어막을 다층적으로 설계하고 유지하는 일이다. 사람은 실수할 수 있다. 하지만 시스템은 그 실수가 재해로 연결되지 않도록 만들어져야 한다. 이것이 스위스 치즈 모델이 산업현장에 주는 가장 강력한 교훈이다.

'공학'도 인간 중심이어야 한다

많은 산업설비와 장비는 정밀한 기계 논리와 생산성 극대화를 목표로 설계된다. 그러나 그 장비를 실제로 다루는 것은 기계가 아니라 사람이다. 문제는 이 간극에서 비롯된다. 버튼은 종종 잘못 누르기 쉬운 위치에 배치되고, 계기판은 작업자의 시야각과 맞지 않아 정보 전달이 지연되며, 크레인이나 유압 조작 레버는 작업자의 신장이나 체형을 고려하지 않아 과도한 힘을 요구한다. 이처럼 설계 자체가 인간의 신체 조건이나 인지 특성을 고려하지 않을 경우, 실수는 불가피하고 피로는 누적되며, 결국 사고로 이어진다.

인간공학(Human Factors Engineering)은 바로 이러한 문제를 해결하고자 등장한 학문이다. 인간의 행동 특성, 지각 능력, 반응 속도, 인지 오류 등을 분석하여 기계나 작업환경을 사람 중심으로 설계하는 것이 목적이다. 예컨대, 동일한 경고음을 반복적으로 들을 경우 작업자는 이를 무시하거나 인식하지 못하는 '알람 피로(alarm fatigue)' 상태에 빠질 수 있다. 이에 따라 미국 OSHA(산업안전보건청)는 '경고음은 3초 이내에 인지 가능해야 하며, 1시간 내 10회 이상 반복되지 않도록 설계할 것'이라는 기준을 마련하고 있다. 이는 실제 사고를 줄이기 위한 과학적 기준이다.

국내의 경우에도 한국산업안전보건공단(KOSHA)은 2022년 발간한 「인간공학적 개선 가이드」를 통해 작업장 내 대표적인 위험요소로 '높은 반복 작업률'과 '부적절한 작업 높이', '시각 피로를 유발하는 조명 조건'을 지적했다. 실제로 같은 보고서에 따르면, 근골격계 질환으로 인한 산업재해의 74.3%는 작업 환경 자체의 구조적 문제와 관련이 있었다. 즉, 작업자의 자세나 움직임을 개선하는 '훈련'이 아니라, 근본적으로 환경을 바꾸는 '설계'가 더 중요하다는 뜻이다.

현장에서는 이런 문제들이 자주 "그냥 불편한 거지, 위험하지는 않다"는 식으로 간과된다. 그러나 불편함이 반복되면 피로로, 피로는 주의력 저하로, 결국 사고로 연결된다. 특히 반복작업과 야간 근무가 병행되는 경우, 인지능력과 반응속도는 평균 대비 20~30%까지 감소하는 것으로 보고되어 있다(국제노동기구 ILO 보고서, 2021). 이 수치는 '사람은 기계처럼 24시간 동일하게 작동하지 않는다'는 사실을 분명히 보여준다.

"기계는 멈추지 않지만, 사람은 지친다."

이 단순한 진실을 설계자는 종종 잊는다. 산업재해를 줄이기 위해 필요한 것은 사람이 실수해도 다치지 않도록 설계된 작업환경이다. 인간공학은 산업안전의 사치가 아니라, 필수 조건이다. 작업자의 신체와 감각, 인지 구조를 이해하고 이를 시스템 설계에 반영하는 것. 그것이 진짜 안전 설계의 출발점이다.

제도의 '공백'이 시스템을 허약하게 만든다

많은 산업재해는 제도적 공백 속에서 발생한다. '법을 지켰지만 사고는 났다'는 말이 현장에서 자주 들리는 이유다. 법은 준수했지만, 안전은 확보되지 않았다는 말은 곧 기준 자체가 안전을 담보하지 못한다는 구조적 한계를 보여준다. 대표적으로 설계 기준이 미비하거나, 부품 단위로만 안전 인증이 이뤄지는 경우, 공정 변경 시 전체 시스템 평가가 생략되는 관행이 있다. 예를 들어, 산업안전보건법상 '유해위험방지계획서' 제출은 일정 규모 이상의 사업장에만 적용되며, 그 이하에서는 설계상의 위험이 누락될 가능성이 높다.

또한 부품 단위의 인증은 전체 시스템 차원의 리스크를 고려하지 못한다. 실제로 2021년 한국산업기술시험원(KTL)이 분석한 중대기계장치 관련 재해 사례의 42%는 '부분은 문제가 없었지만, 결합 후 인터페이스 상 오류로 발생'한 것으로 확인되었다. 기계 한 대, 공정 하나는 문제가 없어도, 그것들이 연결될 때 발생하는 '복합 위험'은 현행 제도에서는 사각지대에 놓여 있는 것이다.

공정 전환 시 적절한 평가 없이 기존 절차를 '그대로 유예'하는 것도 문제다. 이는 특히 하청구조에서 빈번히 발생한다. 고용노동부의 2023년 「위험성 평가 이행 실태조사」에 따르면, 하청업체 중 약 57.4%가 원청으로부터 작업 절차서나 위험요소 정보 공유를 제대로 받지 못했다고 응답했다. 즉, 설계 변경이나 공정 전환이 있어도 '현장에 전달되지 않는' 구조인 것이다.

여기에 더해진 것이 최저가 입찰제와 공기 단축 경쟁이다. 발주처는 비용 절감과 납기 단축을 우선하며, 시공사는 그 조건을 맞추기 위해 최소한의 인력과 자재로 공사를 진행한다. 2022년 한국건설산업연구원 보고서에 따르면, 국내 공공공사 중 68.9%는 원래 공기보다 단축된 일정으로 발주되고, 그 중 74.2%는 실제로 야간작업 또는 절차 생략으로 대응한다고 응답했다. 이는 명백히 '시간'과 '비용'이 안전을 압박하고 있다는 실증적 증거다.

그 결과 시스템은 '사고가 나지 않게' 설계되는 것보다는 '생산이 되게' 설계된다. 안전은 최우선이 아닌 부차적 고려가 되며, 공정 속도와 예산에 맞지 않는 안전 설계는 아예 초기 단계에서 배제되기도 한다. 결국 이는 산업 전반에 내재된 구조적 강제이자 정책적 실패다.

산업재해는 단일한 기술의 문제로 환원될 수 없다. 설계 기준이 법의 언어로만 존재하고, 인증 절차가 실질적 검토 없이 진행되며, 최저가 경쟁이 구조화되어 있다면, 재해는 '어떤 시스템이 그 실수를 가능하게 만들었는가'로 접근해야 한다. 산업안전은 시스템 설계 단계에서부터 시작되어야 하며, 법과 정책도 '사후 대응'보다 '사전 예방'을 구조화하는 방식으로 재정비돼야 한다.

'설계된 무시'도 있다

현장에서 경고음이 울려도 무시되는 경우는 결코 예외적 사건이 아니다. 예를 들어, 2021년 고용노동부의 감사를 통해 드러난 자료에 따르면, 전국 50인 이상 제조업 사업장 중 39.4%가 경고장치 작동 이후에도 정상 작동 여부 확인 없이 작업을 지속한 적이 있다고 응답했다. 이는 '경고를 무시해도 된다'는 문화가 시스템 내에 내재되어 있음을 보여준다. 장비 점검 기록이 매번 '이상 없음'으로 기입되는 현상도 마찬가지다. 2022년 한국산업안전보건공단의 분석에 따르면, 중대재해 발생 이전 3개월간의 설비 점검기록 중 실제 결함이 발견되어 수리된 비율은 8.7%에 불과했다. 이는 나머지 91.3%가 '기록상으론 정상이었으나, 실제로는 위험 요소가 잠재해 있었음'을 시사한다.

이처럼 시스템은 때로는 위험을 통제하기보다 은폐하는 방향으로 작동한다. 특히 위험을 제기한 직원이 외면당하는 경우는, 안전과 소통의 단절이 얼마나 깊은지를 보여준다. 2023년 한국노동안전보건연구소 보고서에 따르면, 산업현장에서 "위험을 제기했지만 묵살당한 경험이 있다"고 응답한 노동자는 전체의 41.6%, 그중 하청노동자는 58.2%에 달했다. 이는 작업자의 직감과 경고가 시스템에 반영되지 못하는 구조가 고착화되어 있다는 뜻이다. 조직은 겉으로는 "안전 최우선"을 외치지만, 실제로는 납기와 효율을 우선하고, 그에 불편한 정보는 묵살하거나 포장한다.

즉, 경고가 무시되고, 점검이 형식적으로 이뤄지고, 의견이 억눌리는 구조는 시스템 자체가 위험을 감추는 방식으로 설계되어 있다는 증거다.

건설업은 특히 다단계 하청 구조, 공기 압박, 단기 고용 등 구조적 위험 요소가 복합적으로 작용하는 산업이다. 위험 감지에 대한 무시는 안전의 문제는 물론이고 프로젝트 전체의 품질과 납기, 궁극적으로는 비용과 기업의 평판에까지 영향을 미친다. 산업재해는 단 한 건으로도 수십억 원의 직·간접 손실을 유발할 수 있으며, 이는 곧 경영 실패로 이어진다.

안전한 조직은 '위험이 없다고 말하는 곳'이 아니다. '위험을 인정하고 관리하는 능력이 있는 곳'이다. 반복되는 사고의 이면에는 언제나 경고가 있었다. 그 경고를 무시하도록 만든 것은 위험을 회피하고 침묵시키는 조직의 습관이었다.

해부의 결론: 시스템은 실패를 품고 있다

재해는 결국 사람이 일으킨다. 누군가 버튼을 잘못 눌렀고, 누군가는 보호장비를 착용하지 않았으며, 또 어떤 이는 안전 수칙을 잊었다. 그런데 그 실수 하나가 치명적인 결과로 이어진 이유는 무엇인가? 바로 시스템이 그 실수를 받아내지 못했기 때문이다. 인간은 실수한다는 사실은 전 세계 산업안전의 기본 전제다. 유럽안전청(EU-OSHA) 보고서에 따르면, 전체 산업재해의 88%는 사람의 실수로 촉발되지만, 그 중 92%는 시스템 차원에서 예방 가능했다고 분석된다. 이는 실수를 허용하지 않는 구조가 더 위험하다는 뜻이다.

대표적인 사례로, 국내 한 반도체 공장에서 작업자가 케이블 연결을 실수로 잘못 꽂았고, 그 결과 고압 전류가 흐르면서 감전사고가 발생했다. 그런데 조사 결과, 해당 패널은 설계상 커넥터가 뒤바뀌더라도 물리적으로 삽입이 가능했고, 잘못 연결해도 경고가 작동하지 않는 구조였다. 즉, 인간의 실수는 있었지만, 그것이 곧바로 사고로 이어지게 한 것은 장비와 설계의 허점이었다.

건설현장 역시 구조적 허약성으로 인해 동일한 사고를 반복한다. 고용노동부의 2023년 「중대산업재해 분석보고서」에 따르면, 건설업 사망자의 53.6%는 추락으로 발생했으며, 그 중 상당수가 '난간 미설치'나 '개구부 방치' 등 최소한의 물리적 보호조치 미비와 관련이 있었다. 추락사고는 작업자의 실수로 보이지만, '한 번의 발 디딤 실수'가 곧 치명적 사고로 이어지는 구조 자체가 진짜 문제다.

산업재해는 더 이상 단순히 "누가 잘못했는가"라는 질문에서 출발해선 안 된다. 진짜 중요한 질문은 "그 실수를 왜 막지 못했는가", "왜 한 번의 실수가 죽음으로 이어졌는가"다. 만약 기계가 자동으로 차단되었다면? 만약 인터페이스가 실수를 유도하지 않게 설계되어 있었다면? 만약 시스템이 그 실수를 감지하고 중단시켰다면? 그 결과는 달랐을 것이다.

미국 NASA는 챌린저호 폭발 사고 이후 모든 시스템 설계를 'Fail-safe'가 아닌 'Fail-tolerant(실수를 견디는 구조)'로 바꾸었다. 인간은 실수한다는 전제를 구조에 반영하고, 실수가 발생해도 치명적 결과로 연결되지 않도록 설계하는 방식이다. 반면, 국내 산업현장은 아직도 '사람이 조심해야 한다'는 접근에 머물러 있다.

우리는 산업재해를 이렇게 정의해야 한다:
사람의 실수했을 때, 그것이 곧바로 죽음으로 이어지는 구조 자체가 재해다.
실수를 줄이기 위한 교육과 훈련은 물론 중요하지만, 그보다 더 중요한 것은 실수를 견디는 시스템, 실수를 감지하고 중단할 수 있는 구조, 즉 사람을 보호하는 공학적·제도적 장치다. 그 구조가 없을 때, 실수는 곧 죽음이 된다. 산업재해의 본질은 '사고의 원인'이 아니라, '실수를 방치한 구조'에 있다.

산업재해의 해부학

재해로 본 인간, 시스템, 그리고 공학의 한계

2부

인간과 시스템, 무엇이 재해를 만드는가

07

제도는 충분했는가:

법과 관리의 구조적 맹점

"법은 있었다. 지침도 있었다. 그런데 왜 사람은 다쳤을까?"

산업안전보건법은 1981년 제정된 이후 수십 차례 개정을 거치며, 사업주는 근로자에게 안전한 작업환경을 제공할 의무를 명시해왔다. 2022년에는 중대재해처벌법이 시행되면서, 경영책임자에게까지 안전관리 의무가 확장되었다. 하지만 현실은 여전히 다르다. 고용노동부 통계에 따르면, 2023년 산업재해 사망자는 828명으로 전년 대비 소폭 감소했지만, 하루 평균 2.3명이 목숨을 잃고 있다. 제도가 실질적으로 작동하고 있다고 보기 어려운 수치다.

또한 2023년 안전보건공단의 현장 실태조사에서는, 50인 미만 사업장의 63.2%가 "위험성 평가를 서류용으로만 한다"고 답했으며, 42.7%는 "정기 안전교육을 형식적으로 진행한다"고 응답했다. 제도가 존재하더라도 그것이 현장에서 체감되지 않으면 실효성이 없다. 특히 중대재해처벌법 시행 이후에도, 전체 중대재해 중 하청업체나 50인 미만 사업장에서 발생한 비율은 80%를 웃돌았다. 이는 제도가 존재하는 '법적 틀'은 갖췄으나, 그 틀이 현장의 구조와 일치하지 않는다는 것을 보여준다.

결국 질문은 이렇게 바뀌어야 한다. "제도가 없었던 게 아니라, 제도가 현장에서 작동하지 않았던 것은 아닌가?" 안전은 법이 뿌리내리는 조직문화, 실행체계, 그리고 사람들의 태도에 의해 좌우된다. 제도는 선언일 뿐, 그 이행이 담보되지 않으면 안전은 실현되지 않는다.

중대재해처벌법 주요 적용 사례 및 시사점

#1. 아리셀 화재 사고 - 법 적용 최초 대표 구속 사례

2022년 일어난 경기 화성 일차전지 공장 화재로 23명이 사망한 사건에서, 해당 업체 대표 박순관이 처벌법 위반 혐의로 구속되었다. 이 사례는 중대재해가 발생했을 때 경영진의 안전조치 의무 이행 여부가 직접적 형사 책임으로 이어질 수 있음을 보여준다.

#2. 2022년 이후 대비 약 35건의 법원 판결 → 실형은 5건(약 14.3%)

2022년 1월 법 시행 이후 2025년 1월까지 36건의 판결 중, 실형 선고는 5건, 나머지는 집행유예 또는 벌금형이었다.
대표적 실형 사례로 울산 철강제조 공장에서 회사로부터 설비보수를 하도급 받은 수급인 소속 근로자가 방열판에 부딪혀 사망한 사고에 대해 중대재해처벌법위반죄를 인정하고, 대표에게 징역 2년 (법정 구속), 법인에 벌금 1억 5000만원이 선고되었다.

#3. 경영자가 중대재해처벌법상 안전보건관리체계 구축 의무를 지킴에도 무죄 인정된 사례

제25호 판결(대구지방법원 2024. 10. 16. 선고 2023고단226)의 경우, 일부 사고에서 대표가 절차를 마련하고 실행했음을 입증한 경우에는 기소되지 않거나 무죄 판결도 있었다.
대표가 산업재해에 대한 책임을 인정받는 기준에는 안전보건 관리 조직의 실질적 운영 여부, 위험성 평가와 작업자 참여 절차의 존재, 그리고 안전보건을 위한 예산과 인력 확보에 대한 구체적인 기록 여부 등이 포함된다.

#4. 법원 판결 동향과 의미

제1호 판결(2023년 의정부 지방재판소) 이후, 사고와 직접적 관련 없어 보이는 관리 체계 위반도 중대재해처벌법 위반으로 간주될 수 있음이 판례로 확립됨.
예컨대, 사고 당시 현장에 핵심 안전보건 절차가 없었거나, 반기 점검이 누락되었어도 법 위반 판정의 근거가 되고 있다.
또한, 대표뿐 아니라 안전보건책임자의 역할까지도 평가 대상이 되어, 조직 전체의 안전 의무 수행 여부가 형사 책임 판단 기준이 되고 있다.

법은 '존재'하는 것이 아니라 '작동'하는 것이다

산업안전보건법과 중대재해처벌법, 그리고 각종 고시는 겉보기에는 매우 촘촘해 보인다. 사업주에게 안전보건관리체계 구축을 요구하고, 교육·위험성평가·보고의무 등을 명시하고 있다. 그러나 정작 해당 조항들은 지나치게 포괄적이고 선언적이며, 현장에서 구체적인 행동으로 이어지지 않는 경우가 많다.

예를 들어 "안전보건관리체계를 구축할 것"이라는 법령 조항은 구체적인 행동 기준이나 책임 범위를 명확하게 제시하지 않는다. 시행령에는 '전문인력을 적정 규모로 배치하고', '예산을 충분히 편성'하라는 문구가 있으나, 이 역시 '적정', '충분', '충실' 등 모호한 표현이 다수 포함되어 있다. 실제로 산업안전보건법 시행령에 명시된 안전관리자·보건관리자의 선임 기준은 인원과 방식까지 세세히 정해져 있는 반면, 중대재해처벌법의 기준은 훨씬 추상적이라는 지적이 있다.

그 결과, 대부분의 사업장에서는 '구축'은 하지만 실제로는 서류 중심의 시스템 운영에 머무르게 된다. 안전보건관리책임자에 대한 평가 기준도 해당 법령에는 있으나, 현실에서는 실질적인 평가나 점검 없이 형식적으로 운영되는 경우가 대부분이다.

안전보건관리체계를 제대로 실행하지 않으면 중대재해가 발생했을 때 처벌 대상이 될 수 있지만, 구체적인 기준 없이 자율적 판단에만 맡겨진 모습이다. 예컨대 고용노동부의 판결에서는 "유해·위험요인 확인 및 개선절차"가 미흡하거나, "위험요인 발굴 창구"가 부재했던 점이 사고와 상당한 인과관계로 판단되어 책임이 인정되기도 했다.

특히 시행령 제4조가 요구하는 9개 핵심 요소(경영자 리더십, 인력·예산 확보, 위험성 평가, 도급 관리 등)가 실제로 얼마나 체계적·구체적으로 이행되고 있는지는 사업장의 재량에 맡겨진 경우가 많다. 대기업에는 독립적인 안전조직 설치 의무가 부여되지만, IT·서비스 기업 등 일부 업종에서는 과도한 규제라는 논란도 존재한다.

이처럼 법은 존재하지만 '법이 현장에서 작동하는 방식'은 구체적이지 않고, 전체적으로 해석과 판단의 여지가 크다. 심지어 위반 여부를 판단할 때에도, 실제 사고와의 인과관계보다는 절차·형식의 이행 여부로 판단하는 경우가 많다. 그로 인해 안전 시스템은 '조직 방어를 위한 시스템'이 될 뿐, 현장 안전을 보장하는 장치로는 작동하지 않는 경우가 빈번하다.

결국 핵심 질문은 다음과 같다:
"법은 있었지만, 그것이 현실에서 제대로 작동했는가?"
안전보건조치를 법적으로 정해 놓는 것만으로는 충분하지 않다. 이행의 세부 기준, 책임 주체, 평가의 구체성, 미이행의 결과 등이 모두 조직과 현장에 명확히 연결되어야 한다. 그렇지 않은 한, 제도가 존재하지만 무용지물인 상황이 반복될 뿐이다.

이러한 구조적 문제 인식 없이, 단지 법적 책임과 처벌을 강조하는 것은 한계가 있다. 제도가 진정으로 작동하려면, 법은 선언일 뿐이고, 실행은 조직문화, 관리 시스템, 사람의 태도로 구체화되어야만 한다. 그래야 비로소 산업재해를 예방하는 실질적인 '행동 체계'로 전환될 수 있다.

안전은 '문서로 존재'하고, '현장에 부재'한다

재해가 발생한 후 현장을 조사하면, 안전 점검표는 깔끔히 정리돼 있고, 주간 교육 기록도 빠짐없이 존재하며, 작업 절차서도 서류상 비치되어 있다. 그러나 작업자의 반응은 늘 동일하다. "이걸 누가 실제로 읽어봤나요?"라는 반문이다. 이것은 단순한 까다로움이나 비협조가 아니다. 제도와 문서가 존재한다고 해도, 그것이 실제 현장의 리듬, 시간, 작업 강도와 얼마나 일치하는지는 전혀 다른 문제다.

2022년 한국산업안전보건공단의 보고서에 따르면, 중대재해 발생 전 3개월간 작성된 장비 점검기록 가운데 실제 수리가 이뤄진 비율은 8.7%에 불과했다. 나머지 대부분은 '정상'이라는 한 줄로 마무리된 상태로, 그 밑에는 눈에 보이지 않는 결함이 존재할 수 있다.

또한 2023년 노동연구원 보고서는 건설 현장 등에서 활용되는 안전 점검표의 76%가 보고용 양식에 머무르고 있으며, 실제 점검 행동보다는 서류 체계 충족을 위한 도구로 전락했다고 지적한다. 이 경우, 안전 점검은 '형식적 절차'일 뿐, 조직 문화나 실행 체계와는 분리되어 있다.

게다가 점검표가 있다는 것만으로는 위험을 예방하기 어렵다. 산업현장은 예측 불가능한 변수가 넘쳐나고 시간도 부족하며, 서류는 현장의 실제 상황을 반영하지 못한다. 어떤 교체 부품이 필요한지, 어떤 장비가 소음이나 진동 이상을 보이는지 본질적 정보는 기록에서 제외되기 일쑤다. 이는 작업자들이 현실적으로 "서류상엔 이상 없지만 실제 작동은 다르다"고 진술하는 구조적 불신으로 이어진다.

심지어 안전교육도 표준 절차로 치부된다. 고용노동부 조사에 따르면, 50인 미만 사업장의 42.7%는 정기 안전교육을 형식적으로만 실시했으며, 내용 전달보다는 서명 위주로 진행되었다고 응답했다. 교육은 받았지만 실제로 기억에 남는 내용은 거의 없다는 것이다.

결국, 제도는 문서 속에서만 존재하며, 현장 실행 체계와 격리된 채 운영된다. '안전관리 체계가 구축되었다'는 말이 실제 행동으로 이어지지 않기에, 시스템은 허울뿐인 구조에 불과하다. 작업자가 묻는 질문으로 "이걸 누가 실제로 읽어봤나요?"와 같은 형식적 점검과 실제 행동 간의 단절을 절묘하게 함축한다.

안전은 말할 수 있고, 읽고 실행할 수 있으며, 개선할 수 있는 문화에서 살아 숨쉰다. 점검표가 정상으로 가득 차 있어도, 그것이 현장의 눈과 귀가 되어야 의미가 있다. 산업재해는 문서와 행동의 괴리가 만들어낸 빈틈 속에서 발생한다.

[산업안전관리 시스템 – 문서와 현실의 괴리 (Before/After)]

항목	Before (서류상 이상 없음)	After (재해 이후 드러난 현실)
안전 점검표	☑ 모든 항목 '이상 없음' 기재 ☑ 매주 점검기록 존재 ☑ 사진 첨부 완료	☒ 점검은 육안으로 5분 만에 마무리 ☒ 이상 소음, 진동 기록 없음 ☒ 결함 장비 그대로 사용
교육 기록	☑ 정기 안전교육 서명 완료 ☑ 하청 근로자 포함 기록 존재	☒ 하청 근로자 10분 약식 교육 ☒ 언어 장벽 있는 외국인 교육 미흡 ☒ 실제 작업 내용과 교육 내용 불일치

작업 절차서	☑ 작업장에 절차서 비치 ☑ '작업 전 확인 항목' 목록 있음	☒ 누구도 읽지 않음 ☒ 시간 부족으로 생략 관행 ☒ 작업 순서 무시하고 역순 수행
장비 점검기록	☑ 주간 점검기록 제출 ☑ 배전반·크레인 등 주요 설비 　 '정상' 표시	☒ 실사용자 의견 미반영 ☒ 실질적 조치 없이 '관리 강화'로 　 일괄 처리
의사소통 구조	☑ 작업별 위험요소 기재 ☑ 서명자 명단 존재	☒ 위험 제보 후 무시됨 ☒ 소통 창구 없음 (하청/일용직 배제)
관리자 책임구조	☑ 법적 책임 명시된 안전관리자 　 존재	☒ 실무 배제된 외부 위탁자 ☒ 현장 순회 한 달 1회 이하

책임은 어디에도 있고, 아무에게도 없다

산업재해가 발생하면 가장 먼저 작동하는 건 '책임의 이동'이다. 발주처는 "직접 고용하지 책임이 없다"고 말하며 하청업체에 책임을 넘기고, 하청은 다시 재하청에, 현장소장은 안전관리자에게, 결국 마지막에는 작업자 개인에게 책임이 귀결된다. 법은 명확히 규정하고 있다. 산업안전보건법 제29조에 따르면 사업주는 위험 예방을 위한 조치를 취할 의무가 있으며, 중대재해처벌법 또한 경영책임자의 책임을 규정하고 있다. 그러나 현실의 구조는 법의 취지와 다르다.

2022년 고용노동부가 발표한 「중대산업재해 발생 원인 분석 보고서」에 따르면, 전체 중대재해 중 67.4%가 '안전조치 미비 및 관리 부재'와 관련이 있었지만, 사건 조사 결과 실제로 경영 책임이 법적으로 입증된 비율은 28.6%에 불과했다. 이는 대부분의 사고에서 명확한 책

임이 추적되지 않았거나, '작업자 과실'이라는 결론으로 사건이 종결
됐다는 것을 의미한다.

특히 건설업에서는 재해자의 85% 이상이 하청 또는 재하청 노동자로
나타났으며(2023년 안전보건공단 통계), 원청이 계약 구조상 법적 책
임은 지지 않지만, 작업 환경과 납기 압박, 예산 통제 등 실질적인 지
배력을 행사한다는 점에서 '무형의 통제권'이 있음에도 불구하고 책
임에서는 비켜선다. 실제 2021년 서울의 한 대형 건설현장에서 발생
한 추락사고 사례에서도, 원청은 "안전관리 권한은 하청사에 있다"는
이유로 중대재해처벌법 적용 대상에서 제외되었고, 하청업체 대표만
약식기소에 그쳤다.

이러한 구조적 회피는 일종의 시스템이다. 발주처는 서류상 책임 회
피 조항을 계약서에 명시하고, 하청은 짧은 공사기간과 예산으로 인
해 안전관리에 충분한 인력을 투입하지 못한다. 안전관리자는 현장
전반에 대한 지휘권이 없고, 사고 발생 시 가장 손쉬운 설명은 "작업
자의 부주의"다. 이처럼 산업안전은 책임이 거꾸로 흐르고, 가장 취약
한 위치에 있는 작업자가 가장 큰 책임을 지는 구조 속에서 작동한다.

결국 법은 존재하지만, 그 법이 규정하는 '책임 구조'와 실제 산업현
장에서 작동하는 '책임 분산 시스템' 사이에는 깊은 괴리가 있다.

사고는 개인에게 일어나지만, 책임은 시스템에 있다.

행정은 '벌칙' 중심, 예방은 뒷전

산업안전보건법은 산업재해 예방을 위한 가장 기본적인 법적 틀이다. 그러나 그 집행 방식은 여전히 '사고 발생 이후'에 집중되어 있다. 대표적으로 사고 발생 후 실시되는 과태료 부과, 시정명령, 일정 기간 공사 중단 등은 모두 사후 조치에 불과하다. 문제는 이러한 사후 제재 방식이 현장의 구조적 위험 요인을 미리 제거하거나, 안전한 작업 환경을 적극적으로 조성하는 데 기여하지 못한다는 점이다.

고용노동부의 「산업재해 발생현황 분석」(2023)에 따르면, 산업재해 사망사고에 대한 사업장 감독 결과, 전체 감독 대상 중 64.7%가 산업안전보건법을 위반한 것으로 나타났다. 이는 재해가 발생한 사업장 대부분이 기본적인 안전조치 지키지 않았음을 의미하지만, 동시에 이러한 법 위반이 '사고 이전'에는 걸러지지 않았음을 드러낸다.

더욱이 법 위반에 따른 행정처분은 대부분 경미한 수준에 그친다. 고용노동부 자료에 따르면, 2022년 기준 산업안전보건법 위반으로 실제 과태료가 부과된 건수 중 300만 원 이하의 처분이 전체의 72%에 달했다. 이는 대형 건설사나 중견 제조업체 입장에서 충분히 감수할 수 있는 수준이며, 실질적인 억제 효과는 낮다.

이러한 사후적 제재 구조는 역설적으로 '사고를 숨기는 편이 더 낫다'는 왜곡된 유인을 만든다. 실제로 한국노동안전보건연구소가 조사한 산재 은폐 실태 보고서(2021)에 따르면, 응답자 중 38.2%가 과거에 재해를 당했지만 신고하지 않았다고 응답했으며, 그 이유로는 "회사 불이익 우려"(47.6%), "귀찮고 복잡한 절차"(29.1%) 등이 꼽혔다.

특히 하청, 비정규직, 외국인 노동자의 경우 재해 발생 시 본인의 귀책으로 몰릴 가능성이 높기 때문에, 산재 처리보다 '묵인하고 자비로 치료'하거나 '병가 처리'하는 경우가 많다. 이로 인해 실제 산업재해율은 정부 통계보다 훨씬 높을 수밖에 없다.

더 큰 문제는 제재의 단기성과 형식성이다. 사고 이후 내려지는 '작업 중지 명령'은 대체로 며칠에 불과하며, 시정조치 또한 대부분 서류 보완으로 갈음된다. 재해를 일으킨 근본 구조 즉, 과도한 공정 압박, 불완전한 설계, 부족한 인력 투입은 손대지 않은 채 "법적 조치 완료"라는 행정 기록만 남는다. 결국 제도는 사고 이후의 책임 회피용 문서로 기능하는 것이다.

산업재해를 줄이기 위해서는 법적 제재 방식 자체의 전환이 필요하다. 즉, 사고 전 위험요소 감지 및 개입 체계가 필요하다. 이를 위해 ▲익명 신고제 실질화 ▲무작위 현장 안전감독 확대 ▲사고 은폐 시 처벌 강화 등 '사전 예방 중심의 법 집행 체계'로의 전환이 논의되어야 한다.

[중대재해처벌법 vs 산업안전보건법 비교표]

항목	중대재해처벌법 (중대재해 처벌 등에 관한 법률)	산업안전보건법 (산업안전보건 기본법)
제정 목적	중대재해 예방과 경영책임자 처벌 강화	산업재해 예방 및 근로자 건강 보호
시행일	2022년 1월 27일	최초 제정: 1981년 (수차례 개정)
적용 대상	상시근로자 50인 이상 사업장 (2024년부터 5인 이상 확대)	모든 사업장 (규모와 무관)

주요 책임자	사업주 또는 경영책임자 등	사업주, 안전보건관리자, 작업 책임자 등
주요 의무	· 안전보건관리체계 구축 및 이행 · 유해·위험요인 점검 및 개선 · 재해 발생 시 보고 및 후속조치	· 안전보건교육 실시 · 보호구 지급 및 사용 · 위험성 평가 및 작업중지 권한 보장
처벌 요건	중대산업재해 발생 시 경영책임자가 예방의무를 다하지 않았을 경우	법 위반 자체만으로도 과태료 또는 형사처벌 가능
처벌 수위	· 사망자 발생 시: 1년 이상 징역 또는 10억 이하 벌금 · 법인: 최대 50억 원 벌금	· 사망사고 시: 7년 이하 징역 또는 1억 원 이하 벌금
중대 재해의 정의	사망 1인 이상, 6개월 이상 치료 2인 이상, 동일 질병자 3인 이상 발생	법적으로 '중대재해' 명시 없음. 사망 및 사고 통계로 구분
예외 및 논란	· 실질적 '경영책임자'의 정의가 모호 · 중소기업의 적용 유예 (5인 미만 미적용)	· 서류상 이행으로 형식화되기 쉬움 · 실효성 낮은 벌칙 규정

중대재해처벌법, 왜 기대만큼 작동하지 않는가?

2022년 1월 27일 시행된 중대재해처벌법은 "경영책임자에게 형사책임을 묻겠다"는 강력한 의지를 담고 출범했다. 반복되는 대형 참사에 대한 사회적 분노 속에서 탄생한 법이기에, 그 상징성과 파장은 컸다. 그러나 시행 1년이 지난 지금, 그 실효성에 대한 의문이 끊이지 않는다.

2023년 고용노동부 자료에 따르면, 시행 첫해 전국에서 총 916건의 중대산업재해가 발생했고, 이 중 중대재해처벌법 위반 혐의로 수사에 착수한 건수는 243건이었다. 그러나 실제 기소된 건은 단 26건(약 10.7%), 법정에서 형사처벌로 이어진 경우는 6건에 불과했다. 법이 존재함에도, 법이 작동하지 않는 구조가 고착화되어 있는 것이다.

왜 이런 결과가 반복될까? 첫째, '경영책임자'의 범위가 모호하다. 법은 "안전보건관리체계를 구축·운영할 의무가 있는 사람"이라고 명시하지만, 현실에서는 위임 구조와 복잡한 조직 체계로 인해 실제 책임 주체가 흐려진다. 둘째, "안전보건 확보의무"의 내용이 추상적이다. 예컨대 "유해위험요인 제거"나 "종사자 의견 청취" 등은 평가 기준이 불분명해, 관리자가 "노력했다"는 서류만으로도 책임 면피가 가능하다. 셋째, 법의 집행 방식이 '문서 중심'이라는 점도 큰 문제다. 2022년 산업안전보건공단 보고서에 따르면, 중대재해 사망 사고 현장의 74%가 "사고 이전에도 안전보건 관련 서류는 구비되어 있었음"에도 불구하고 실질적인 위험 요소는 방치되어 있었다. 이는 기업이 "서류상 책임 회피 구조"를 사전에 구축해두고 있다는 사실을 보여준다.

결국 이 법은 경영층에게 경고를 주기 위한 제도였지만, 정작 현장에는 책임을 회피하는 체계만 강화되고 있다. 실질적인 변화를 위해서는 책임의 범위를 명확히 하고, '조직이 실질적으로 안전을 관리했는가'를 판단하는 정성적 기준과 현장 기반의 수사 체계, 재해 이후의 처벌보다 사전 예방 중심의 관리 감독으로의 패러다임 전환이 필요하다.

[중대재해처벌법 vs 산업안전보건법 비교표]

중대산업재해 발생	중대재해처벌법 수사 착수	중대재해처벌법 기소	중대재해처벌법 유죄 판결
916건	243건	26건	6건

(2022년)

관리체계는 있지만, '시스템'은 없다

다수의 기업들이 안전보건경영체계로 ISO45001, KOSHA-MS, 그리고 자체적으로 개발한 SMS(Safety Management System) 등을 도입해왔다. 표면적으로는 산업재해 예방과 안전 문화 정착을 위한 '체계적 접근'으로 보이지만, 실제 운영 현황을 들여다보면 의외로 많은 시스템이 서류 중심 행정, 즉 '심사 통과용 시스템'으로 전락하고 있는 실정이다.

예를 들어, 한국산업안전보건공단이 발표한 2023년 안전보건경영시스템 실태조사에 따르면, ISO45001을 도입한 사업장 중 약 61.8%가 "실제 현장 위험요소 개선보다는 외부 인증을 위한 문서 작업에 집중한다"고 응답했다. 특히 50인 이상 사업장에서는 관리자급 직원이 '서류 준비'를 전담하는 경향이 높았고, 반대로 현장 작업자들은 시스템에 대해 "들어는 봤지만 어떻게 작동되는지는 잘 모른다"고 답하는 경우가 70%를 넘었다. 이는 '안전 시스템'이 실제 위험을 관리하기보다 '관리되고 있다는 느낌'을 주기 위한 형식적 장치로 기능하고 있다는 방증이다.

건설현장의 사례를 보자. 한 복합시설 공사 현장에서 작업 중이던 근로자가 전도된 크레인에 깔려 사망한 사고가 발생했는데, 해당 업체는 ISO45001 인증을 이미 보유하고 있었다. 그러나 사고 이후 조사 결과, 크레인 작업에 대한 작업허가 절차는 서류상으로만 존재했으며, 실제로는 현장에 어떤 허가도 이뤄지지 않은 채 작업이 이루어진 것으로 드러났다. 인증서는 있었지만, 시스템은 작동하지 않았다.KOSHA-MS(한국형 안전보건경영시스템) 역시 마찬가지다. 고용노동부가 2022년 시행한 자체 감사 보고서에 따르면, 인증을 획득한 150개 사업장 중 49%가 위험성 평가 결과를 실질 개선으로 연계하지 못한 채, 보고서 보관에 그쳤다고 적시했다. 특히 공공부문에서는 일정 기간마다 '지표'를 제출하는 데 급급해, 실제로는 위험에 대한 인식·조치·피드백이라는 시스템의 핵심 메커니즘이 생략되는 경우가 많았다.

이러한 현실은 시스템이 '사고 발생 시 책임 회피를 위한 문서 방패'로 전락하고 있다는 의미이기도 하다. 안전보건경영체계는 본래 다음과 같은 기능을 전제로 하며 체계적으로 발전시켜야 한다.

- 위험요인 사전 인식 및 개선
- 교육과 소통을 통한 예방 문화 정착
- 실시간 모니터링과 데이터 기반 피드백
- 전사적 의사결정에 안전 요소 반영

그러나 실무에서는 "일단 서류만 준비하자", "감사만 넘기면 된다"는 태도가 팽배하다. ISO 인증 기관이 실제 현장보다는 '표준화된 문서'에 의존해 심사를 진행하는 구조도 이 문제를 심화시킨다. 그 결과, 시스템은 위험을 '조치하는 구조'보다 '보관하는 구조'로 왜곡된다.

결국, 진짜 문제는 시스템의 부재가 아니다. 오히려 '존재하지만 작동하지 않는 시스템'이 훨씬 더 위험하다. 형식에 갇힌 안전 시스템은 현장의 실질적 위험 요소를 가리지 못한 채, 재해 발생 시 책임의 흔적만 남기게 된다. 이제는 인증서보다 '현장에서 위험이 어떻게 인식되고 조치되는가'를 중심으로 경영시스템을 재설계해야 할 때다.

해부의 결론: 제도는 완비되었지만, 구조는 붕괴돼 있다

법과 제도는 언제나 존재해왔다. 산업안전보건법은 1981년 제정 이후 수십 차례의 개정을 거쳤고, 2022년에는 중대재해처벌법까지 도입되며 사업장의 안전 책임을 제도적으로 강화해왔다. 고용노동부와 안전보건공단은 매년 수천 건의 점검과 처벌, 개선명령을 수행하고 있으며, 수많은 지침과 고시가 현장에 전달되고 있다.

그러나 산업재해는 여전히 반복되고 있다. 왜일까?

중요한 질문은 이제 "그 법은 제대로 작동하는가?", "누구에게는 작용하고 누구에게는 무력한가?"이다.

예컨대 산업안전보건법 제29조는 사업주에게 '근로자에게 적절한 안전보건 교육을 실시할 의무'를 명시하고 있지만, 한국노동안전보건연구소의 2023년 조사에 따르면, 하청·일용직 노동자 52.4%가 '입사 시 교육을 10분 이내로 받았다'고 응답했다. 법은 존재하지만, 그것이 '적용되는 범위'는 계층과 고용 형태에 따라 다르다.

또한 중대재해처벌법 제정으로 경영책임자에게 형사책임을 묻는 법적 기반이 마련되었지만, 실제 형사처벌이 이뤄진 사례는 드물다. 2023년 상반기 고용노동부 발표에 따르면, 중대재해처벌법 위반 혐의로 수사에 착수한 469건 중 기소된 건수는 4.9%에 불과했다. 이는 법이 '존재하는 것'과 '실제로 적용되어 작동하는 것' 사이에 커다란 괴리가 있음을 보여준다.

예를 들어, 한 복층 상가 신축 공사장에서 승강기 설치 작업 중 추락 사고로 인부가 사망한 사례가 있었다. 해당 현장은 중대재해처벌법 적용 대상이었지만, 사고 이후 수개월간 책임자 특정이 이뤄지지 않았고, 원청은 "안전조치와 교육은 하청 몫"이라는 입장을 고수했다. 법은 있었지만, 누구도 실질적 책임을 지지 않았다.

이처럼 법과 제도가 서류상 존재하되, 현실에서는 일부에게만 적용되거나 형식적으로 소화되는 경우, 제도는 오히려 위험을 가리는 장막으로 작용할 수 있다. 가령, "안전보건관리체계를 구축하라"는 조항은 추상적 기준에 머물러 있으며, 실제 현장에서는 해당 시스템이 누구에 의해, 어떤 방식으로 실행되고 있는지에 대한 점검이 없다. 따라서 많은 사업장은 서류상 안전관리자 지정, 문서 제출, 일회성 교육 시행만으로 제도 이행을 주장할 수 있다.

이 모든 구조는 하나의 질문으로 귀결된다.

"그 제도는 누구를 위한 것인가?"

고용형태가 안정적이고 원청에 가까운 인력에게는 법과 규정이 비교적 엄격히 작동한다. 반면, 하청, 재하청, 외국인 노동자, 일용직 근로자에게는 법의 테두리가 흐려진다. 이 격차는 제도가 '공정하게 작동한다'는 전제를 흔들고, 실제로는 위험의 전가와 책임 회피가 용인되는 구조를 정당화한다.

안전 제도는 '존재' 그 자체로 평가되어서는 안 된다. 그것이 얼마나 구체적이고, 누구에게 실질적으로 작동하며, 누가 그로부터 배제되고 있는가를 끊임없이 점검하고 수정할 수 있어야 한다. 그래야만 제도가 실효성을 갖고, 진정한 예방이 가능해진다. 산업안전은 제도의 유무보다 그 제도가 얼마나 '살아 있는가'에 달려 있다.

산업재해의 해부학

재해로 본 인간, 시스템, 그리고 공학의 한계

2부

인간과 시스템,
무엇이 재해를 만드는가

08
보건의 사각지대:
질병이 재해가 되기까지

산업재해라고 하면 많은 이들은 기계에 끼임, 고소작업 중 추락, 화학물질 폭발처럼 눈에 보이는 급성 사고를 먼저 떠올린다. 그러나 실제로 작업자의 몸은 그러한 사건이 발생하기 훨씬 전부터, 천천히, 그리고 조용히 무너진다. 근골격계 질환, 직업성 암, 호흡기 질환, 소음성 난청, 만성피로, 우울 및 불안 장애와 같은 '보이지 않는 재해'가 그것이다.

고용노동부의 2023년 산업재해 통계에 따르면, 전체 재해자 중 직업성 질병으로 인정된 사례는 약 15%에 달하며, 이 중 상당수가 만성적 요인에 의한 질환이었다. 특히 제조업과 건설업에서는 반복적인 중량물 취급, 부자연스러운 자세, 진동 공구 사용 등으로 인한 근골격계 질환 비율이 전체 질병의 43.8%를 차지했다. 하지만 이들은 사고로 분류되지 않기 때문에, 통계상 '줄어들고 있는 재해'라는 착시를 만든다.

문제는 이러한 위험이 '느리게' 누적되기에, 조직도 작업자도 경각심을 갖기 어렵다는 점이다. 하루 9시간 이상 반복되는 동일 작업, 비좁고 환기 안 되는 공간, 미세한 유해물질 흡입, 그리고 '쉬면 뒤처진다'는 분위기 속에서 수면 부족과 만성 피로가 이어진다. 한 작업자는 말한다. "기계에 손이 끼이면 뉴스 기사라도 나지만, 허리가 끊어질 듯 아픈 것은 아무도 모른다"고.

또한 정신적 위험도 간과되기 쉽다. 과도한 납기 압박, 안전 무시 분위기, 지속적 업무 스트레스는 우울증이나 자살 충동으로 이어질 수 있다. 한국산업안전보건연구원의 조사에서는 작업자 10명 중 4명이 '업무 관련 스트레스로 인한 심리적 어려움'을 겪고 있다고 응답했지만, 기업 차원에서 정신건강을 관리하는 경우는 극히 드물다.

이처럼 '보이지 않는 재해'는 통계에 잘 드러나지 않고, 보상 체계에서도 소외되기 쉽다. 증상이 명확하지 않고, 인과관계를 입증하기도 어렵기 때문이다. 그러나 이들의 축적은 결국 조직의 생산성과 생명력을 갉아먹는다. 산업안전을 진정으로 논하려면, 우리는 '몸이 망가지기 시작한 그 순간'부터 개입해야 한다. 이를 위해서는 재해의 정의 자체를 확장하고, 느리지만 치명적인 위험에 대한 인식을 제도와 설계에 반영해야 한다.

직업병은 산업재해다

산재보험법상 산업재해는 크게 두 가지로 분류된다. 하나는 갑작스러운 사고로 발생하는 사고성 재해, 다른 하나는 장기간 유해한 작업환경에 노출되어 서서히 누적되는 직업성 질병이다. 전자는 추락, 낙하, 협착, 감전 등의 형태로 비교적 분명한 인과관계와 시간적 구분이 가능해 산재로 인정받기 쉽다. 반면 후자인 직업성 질병은 그 원인과 시점이 불분명한 경우가 많아 제도적으로 인정받기 훨씬 어렵다.

고용노동부가 발표한 2023년 산업재해 통계에 따르면, 전체 산재 승인 건수 중 직업성 질병이 차지하는 비율은 17.8%에 그쳤다. 그러나 한국산업안전보건공단(KOSHA)이 별도로 수행한 설문조사에서는 응답자의 38.6%가 "직업 관련 질환을 경험했거나 경험 중"이라고 답했다. 즉, 많은 작업자가 실제로는 직업성 질환을 앓고 있음에도 불구하고 제도적 인정은 그 절반에도 못 미치는 실정이다.

이러한 격차의 핵심 원인은 '증명 책임'에 있다. 산재보험법은 직업성 질병을 인정하기 위해 질환과 업무 사이의 인과관계를 피해자가 입증하도록 요구한다. 하지만 근골격계 질환, 피부질환, 우울증, 불면증, 폐질환, 암과 같은 질환은 일상 질병과 겹치는 부분이 많고, 수년간 누적된 결과이기에 인과관계를 명확히 밝히는 것이 어렵다. 특히 5인 미만 사업장, 하청·일용직 노동자, 외국인 노동자는 진단서나 의학적 자료를 확보하기조차 쉽지 않다.

현장에서는 이러한 직업성 질환이 이미 광범위하게 퍼져 있다. 예컨대 건설업과 조선업 현장에서는 무거운 자재를 반복해서 들거나, 허리를 굽힌 채 장시간 작업하는 구조로 인해 요추디스크, 견관절염, 테니스엘보와 같은 근골격계 질환이 만연하다. 제조업의 용접·도장 작업자는 각종 유기용제, 분진, 금속 흄 등에 노출되어 호흡기 질환과 피부염을 겪는다. 최근엔 우울증, 불면, 번아웃 증후군 등 정신질환도 산업재해로 인정받는 사례가 조금씩 늘고 있지만, 여전히 전체 정신건강 관련 청구 건수 대비 승인율은 20% 미만에 머문다.

산업현장의 또 다른 사각지대는 '작업강도와 피로 누적'이다. 잔업과 철야가 일상화된 환경에서 수면 부족, 만성 통증, 위장 장애, 집중력 저하는 결국 더 큰 사고로 이어지기 쉽다. 그러나 이 역시 통계에는 잡히지 않는다. 재해는 그 결과와 함께 과정 속에 쌓이는 위험까지 봐야 하는 이유다.

산업재해를 진정으로 줄이기 위해서는 제도의 문턱을 낮춰야 한다. 작업환경과 질병의 상관관계를 사전 예방 중심으로 전환하고, 질병의 '직업성 여부'를 의심할 근거가 있다면 노동자에게 유리하게 해석하는 원칙(입증책임 전환)이 현실적으로 도입돼야 한다. 건강은 개인의 책임이 아니다. 특히 일터에서 시작된 고통이라면, 그 고통이 사회적으로 공유되고 보상되는 시스템이야말로 '사람이 일하는 사회'의 최소 조건일 것이다.

통증은 있지만, 기록은 없다

A씨는 12년간 용접 작업을 해오면서 점차 건강이 무너져갔다. 처음에는 단순한 기침으로 시작됐지만 시간이 지날수록 만성 피로, 호흡 곤란, 관절통이 뒤따랐다. 그의 증상은 전형적인 용접 작업자의 직업병 징후였다. 용접 시 발생하는 금속흄, 오존, 이산화질소 등은 국제암연구소(IARC)에 의해 1급 발암물질로 분류되며, 장기적으로 폐질환, 신경계 손상, 심혈관계 질환 등을 유발할 수 있다. 그럼에도 불구하고 A씨가 병원을 찾았을 때 돌아온 답은 "나이가 들어서 그렇다"거나 "체중이 원인일 수 있다"는 말뿐이었다.

그는 용기를 내어 산업재해로 신청했지만, 산업안전보건공단의 작업환경측정 결과는 기준 이내로 나왔다. 그리고 결정적인 판단은 "직접적인 인과성 부족"이라는 한 줄로 끝났다. 고용노동부에 따르면, 2022년 기준 전체 직업성 질병 신청 중 산재로 승인된 비율은 36.2%에 불과했다. 특히 A씨처럼 명확한 사고가 아니라 누적 노출에 의한 질환의 경우 승인율은 28.7%로 더 낮았다.

문제는 A씨의 질병이 의심받을 만큼 경미했거나 근거가 부족해서가 아니다. 오히려 그의 몸은 오랜 시간 동안 충분히 재해 신호를 보내고 있었다. 문제는 그 질병을 설명할 언어와 기록, 제도적 장치가 없었다는 점이다. 특히 용접 작업은 유해화학물질에 대한 노출이 많고, 다양한 금속 흄(크롬, 니켈, 망간 등)과 가스가 혼재되므로 정기적인 생체 노출지표 검사와 폐기능검사 등이 선제적으로 이루어져야 한다. 그러나 50인 미만 사업장의 경우, 이런 검사는 법적 의무에서 제외되거나 형식적으로만 시행되는 경우가 많다. 실제로 고용노동부의 「작업환경관리 실태조사」에 따르면, 중소사업장의 58.6%는 유해인자에 대한 정기 측정이 "1년에 1회 이하"에 그쳤고, 측정된 수치 역시 '현장 평균'만 반영해 개별 작업자의 위험도를 제대로 반영하지 못하는 구조였다.

또한, 의료기관 역시 직업성 질병에 대한 이해가 부족한 경우가 많다. 2021년 대한직업환경의학회 보고서에 따르면, 일반 내과 진료를 받는 환자 중 15% 이상이 직업 관련 질병이었음에도 불구하고, 그 중 70%가 "직업성 가능성에 대한 언급조차 없었다"고 응답했다. 이는 의료 시스템 내에서조차 작업자들이 처한 위험이 보이지 않으며, 위험이 질병으로 드러났을 때조차 그것이 '일터에서 비롯되었는가'를 묻지 않는 구조를 보여준다.

결국 A씨는 치료비와 휴직 손실을 모두 개인이 부담하게 되었고, 몸은 점점 더 망가져갔다. 이는 A씨 한 사람의 문제가 아니라, 한국 산업안전보건제도의 구조적 사각지대를 보여주는 대표적 사례다. 병명은 있지만, 업무 관련성이 인정되지 않으며, 노출은 있었지만 기준치는 넘지 않았고, 증상은 있지만 기록은 없다. 그 결과, 수많은 직업병이 '개인 건강 문제'로 전환되어 사회의 책임 밖으로 밀려난다.

산업재해란 기계에 끼이거나, 고소에서 추락하는 사건만이 아니다. 몸속에 누적된 미세한 손상, 보이지 않는 유해노출, 인식되지 않는 피로 역시 재해다. 진짜 문제는 A씨처럼 몸이 먼저 망가지고 나서야, 위험이 존재했음을 증명해야 하는 구조다. 그러나 질병은 증명보다 예방이 우선돼야 하며, 예방을 위해서는 기록과 감시, 그리고 '의심할 권리'가 현장에 보장되어야 한다.

산업재해의 정의는 이제 바뀌어야 한다.

보이는 사고만이 아니라, 보이지 않는 고통도 재해다.

질병은 누적된다, 관리 체계는 단절된다

직업성 질병은 한순간의 사고로 발생하지 않는다. 장기간에 걸쳐 누적된 화학물질 노출, 미세먼지, 고열, 소음 등 물리·화학적 인자에 지속적으로 노출된 결과다. 뿐만 아니라, 같은 자세로의 반복 작업, 교대근무와 같은 불규칙한 근무 패턴, 만성적인 수면 부족, 심리적 스트레스 역시 직업성 질병을 유발하는 주요 요인이다. 특히 제조업과 건설업, 물류 분야처럼 단순 반복 노동이 많은 현장일수록 근골격계 질환과 만성 피로, 우울증 등의 직업성 질환이 높게 나타난다.

예를 들어, 건설현장에서 콘크리트 타설이나 벽돌 쌓기 작업을 반복적으로 수행하던 한 노동자는 수년간 어깨 통증을 호소했지만, 단순한 근육통으로 방치되었다가 회전근개파열이라는 진단을 받았다. 그러나 회사는 "작업과의 인과성이 불분명하다"는 이유로 산업재해로 인정하지 않았다.

그럼에도 불구하고, 국내 대부분의 기업에서 시행하는 보건관리는 극히 형식적인 수준에 머무르고 있다. 2022년 고용노동부의 「산업보건지도 실태조사」에 따르면, 50인 미만 사업장의 73.4%가 보건관리를 외부 전문기관에 위탁하고 있었다. 즉, 사업장 내부에 상시적인 보건관리자가 없는 곳이 전체의 3/4에 달한다. 이 경우, 작업환경에 대한 실질적 관찰이나 작업자 개별 위험에 대한 선제적 파악이 사실상 불가능하다.

또한 보건관리의 주요 수단으로 활용되는 건강검진조차 충분하지 않다. 현행 법상 대부분의 사업장은 1년에 한 번 정기건강검진을 실시하지만, 이는 주로 일반 질병 조기 발견 목적의 혈액·소변 검사, 흉부 X-ray 등 기본 항목에 그치며, 직업적 노출을 고려한 특수검진 항목은 일부 유해작업자에게만 제한적으로 시행된다. 실제로 2021년 안전보건공단 보고서에 따르면, 특수건강검진 대상자 중 실제 검진을 받은 비율은 81.2%에 불과했고, 그마저도 검진 결과에 따른 사후 조치가 이뤄졌다는 응답은 28.5%에 그쳤다. 예방이 아닌 '기록용 검사'에 그치는 실정이다.

이런 상황에서 작업자가 건강 이상을 느껴도 대응은 전적으로 개인 책임이다. 예를 들어, 작업 중 생긴 손목 통증이나 수면장애가 있어도 회사는 '개인적인 문제'로 치부하고, 직업병으로 인정받지 못하면 치료비는 전적으로 개인 부담이다. 산업재해보상보험법상 직업병으로 인정받기 위해서는 질병과 작업환경 간의 '상관관계'를 입증해야 하는데, 이는 작업환경측정 데이터, 진료기록, 의학적 소견서 등을 스스로 수집해야 가능한 일이다. 이러한 구조는 취약계층 노동자일수록 직업병 신청 자체를 포기하게 만드는 장벽으로 작용한다.

또한, 누적 노출의 특성상 발병 시점과 원인 간의 시차가 존재하기 때문에, 현실적으로 인과관계 입증이 매우 어렵다. 대표적으로 근골격계 질환은 일반 인구에서도 많이 발생하는 질병이라는 이유로 업무 관련성을 부정당하기 쉽고, 정신적 질환은 개인 성격이나 가정환경 등 다른 요인으로 원인이 전가되기도 한다. 이런 문제로 인해, 실제 산업현장에서 발생하는 직업성 질병 중 공식적으로 산재로 인정받는 비율은 2022년 기준 36.2%에 그쳤다.

이렇듯 우리의 보건관리 시스템은 철저히 사후대응 중심이다. 질병이 발생하기 전에는 개입이 없고, 발생 이후에도 보상과 치료는 개인의 몫으로 전가된다. 이는 "산업재해는 사고만이 아니다"라는 인식이 여전히 현장에서 자리 잡지 못했음을 방증한다. 진정한 안전이란, 눈앞의 사고를 막는 것에서 더 나아가 매일 노출되고 반복되는 위험을 줄이는 것에서 시작된다. 예방 중심의 보건관리 체계, 특히 개별 작업자 맞춤형 위험평가와 조기 중재 시스템의 도입이 없다면, 우리는 여전히 건강을 잃은 후에야 문제를 인식하는 후진적인 산업보건의 틀 안에 머물 수밖에 없다.

□ 의학은 질병을 보지만, 산업보건은 환경을 본다

산업재해와 직업병을 다루는 과정에서 가장 근본적인 문제 중 하나는 의학과 산업보건 간의 단절이다. 의사는 개별 환자의 증상과 수치에 근거해 진단하고 치료를 하지만, 산업보건 전문가는 그보다 더 넓은 맥락인 작업 환경, 업무 방식, 노출 시간, 누적된 피로, 조직의 업무 구조까지 고려해야 한다. 그러나 이 두 체계는 현실적으로 긴밀히 연결되어 있지 않다. 환자의 몸은 아픈데, 그 원인을 설명하거나 책임질 수 있는 구조는 부재한 것이다.

2022년 고용노동부의 「산업보건지도 실태조사」에 따르면, 사업장의 72.6%는 보건관리자를 외부 기관에 위탁하고 있었고, 그 중 다수가 단 1년에 한 번 방문하거나 서면 조치만 하는 것으로 조사됐다. 즉, 산업보건 전문가는 현장의 '지속적 관찰자'보다 단속적 보고서 작성자로 기능하고 있다. 이로 인해 실제 근로자가 어떤 환경에 노출되어 있었는지, 어떤 방식으로 일을 수행했는지에 대한 의료적 정보가 축적되지 않는다.

예를 들어, 건설현장에서 철거 작업을 하던 한 노동자는 수년간 미세먼지와 석면에 노출되었지만, 정기 건강검진에서는 아무런 이상이 없다는 판정을 받았다. 하지만 그는 반복되는 기침과 가래, 호흡 곤란 증상을 느껴 병원을 찾았고, 폐기능 저하가 확인되었지만 의사는 "흡연 때문일 수 있다"며 직업과의 연관성은 언급하지 않았다. 작업환경 데이터는 병원에 전달되지 않았고, 그는 다시 현장으로 복귀할 수밖에 없었다.

한편, 병원을 찾은 근로자는 자신의 병이 '직업병'일 수 있다고 생각해도 그 가능성을 진단하는 의사는 현장을 보지 못한다. 의료기관에는 작업장의 공기 질, 소음, 진동, 자세 유지 시간, 교대근무 여부 등의 정보가 전달되지 않기 때문이다. 실제로 2021년 안전보건공단의 산업재해 인정률 통계에 따르면, 직업성 질병 신청 건 중 57.3%는 '직업 관련성 입증 부족'으로 불승인되었다. 이 수치는 질병 자체의 심각성이 아니라, 정보 단절로 인한 입증 불가의 결과임을 의미한다.

또한, 산업현장과 의료기관의 역할 인식 차이도 문제다. 산업현장은 병원 진단서를 "산재 신청용 서류"로만 간주하며, 실제 진단에 따른 조직 구조나 작업 방식 개선은 이루어지지 않는다. 반대로, 의료기관은 환자가 산업재해를 주장하면 '법률적 책임'을 피하기 위해 직업 관련성 판단을 유보하거나, 아예 진단서 작성 자체를 꺼리는 경우도 적지 않다. 실제로 산업재해를 입증하는 과정에서 의사 소견서가 없어 불승인된 사례가 전체 신청 중 14.2%에 달한다는 보고도 있다.

그 결과, A씨는 만성 기침과 요통으로 병원을 방문하지만 "흡연 때문", "나이 때문", "운동 부족 때문"이라는 말만 듣는다. 정작 10년 넘게 좁은 공간에서 유증기와 먼지에 노출된 작업 환경은 고려되지 않는다. 산재로 인정받지 못하면 치료비와 휴업손실은 고스란히 개인의 부담이다. 이처럼 의료적 진단과 산업적 맥락이 연결되지 않으면, 질병은 개인의 책임으로 전가된다.

이러한 단절은 예방의 사각지대를 만든다. 질병은 이미 발생한 뒤에야 인지되고, 재해가 나야 원인을 찾기 시작한다. 선진국의 사례를 보면, 미국 OSHA(산업안전보건청)는 직업병 감시 프로그램(Health Hazard Evaluation, HHE)을 통해, 특정 사업장에서 유사 질병이 반복 발생하면 즉시 현장 평가를 시행하고 역학조사와 의료연계를 병행한다. 우리나라 역시 이러한 통합적 체계 마련이 시급하다.

결국, 직업병을 줄이기 위해서는 의사와 산업보건 전문가, 현장 관리자 간의 정보 공유와 협력 구조가 필요하다. 작업환경 데이터는 병원 진료에 활용되어야 하며, 진료 결과는 현장의 구조 개선으로 이어져야 한다. 몸은 거짓말하지 않지만, 그 몸이 살아온 현장 이야기를 들어주는 구조가 없다면, 우리는 늘 "왜 아픈지도 모른 채 아픈" 산업사회를 반복하게 될 것이다.

여성, 고령자, 외국인: 더욱 보이지 않는 신체들

산업재해라고 하면 많은 이들이 기계 사고, 추락, 폭발과 같은 급성 사고를 떠올리지만, 그보다 더 많이 반복되고 은폐되는 재해는 제도에 '포착되지 않는 재해', 즉 제도 밖의 사람들에게 발생하는 만성적이고 구조적인 위험이다. 특히 여성 노동자, 고령 노동자, 외국인 노동자는 가장 쉽게 다치고, 가장 어렵게 인정받는 집단이다. 문제는 이들이 질병이나 사고를 겪었음에도 '산업재해'라는 이름 아래 보호받지 못한다는 점이다.

건설 현장에서 일하는 여성 조적공 보조 노동자 C씨는 하루 8시간 이상 손과 팔을 반복적으로 사용하고 무거운 장비를 들며, 허리 통증과 손목 저림을 호소했지만, 병원에서는 "가사노동의 연장일 수 있다"는 말만 들었다. 실제 한국산업안전보건연구원의 조사에 따르면, 여성은 손과 팔의 반복 사용 빈도가 남성보다 높고, 근골격계 통증을 더 자주 호소한다. 하지만 산업보건 기준은 대개 남성 신체 기준에 맞춰져 있어, 생리통이나 폐경, 임신 등 여성의 생물학적 특성은 작업장 설계나 보호구 기준에서 고려되지 않는다. 이로 인해 여성의 통증은 '개인 체질' 문제로 치부되거나 '나약함'으로 낙인찍히기 쉽고, 작업장 내 안전 조치나 병가 제도에서도 소외된다.

고령 노동자 D씨는 67세의 나이로 외벽 보강공사 현장에서 일하다 무릎 통증과 만성 요통을 호소했지만, "연령에 따른 퇴행성 변화"로 간주되어 산재 인정을 받지 못했다. 만 60세 이상의 취업자 수는 2023년 기준 562만 명에 달하며, 이들은 주로 단순·육체 노동에 종사하고 있다. 하지만 이들에게서 발생하는 통증과 질환은 쉽게 '노화'로 환원된다. 고령자의 근골격계 질환, 수면장애, 피로 누적은 작업환경과 무관하지 않음에도, 의학적 평가에서 업무 관련성을 입증하기 어렵다는 이유로 산재 인정이 기각되는 경우가 많다. 특히 노년층은 자신의 질환을 나이 탓으로 여기고 신고를 포기하거나, 진단을 받아도 증빙 서류를 제대로 갖추지 못해 제도적 보호로 이어지지 않는 경우가 빈번하다.

외국인 노동자 E씨는 비계 해체 작업 중 철근에 부딪혀 팔목 골절상을 입었지만, 작업 종료 후 이틀 동안 참았다가야 병원을 찾았다. 그는 고용계약 종료를 두려워했고, 산재 신청 절차는 전혀 알지 못했다. 병원에서는 통역이 없어 정확한 진료기록조차 남지 않았다. 2022년 기준 약 92만 명에 달하는 외국인 근로자들은 주로 건설업, 제조업, 물류업에 집중되어 있다. 이들은 내국인 대비 산업재해 발생률이 약 2.5~3배 높은 것으로 보고되지만, 실제 산재 신청은 턱없이 낮다. 언어 장벽, 제도 이해 부족, 고용 불안, 보복에 대한 두려움이 복합적으로 작용해 신고를 꺼리기 때문이다. 게다가 병원 방문조차 쉽지 않고, 의사소통의 어려움으로 인해 의료기록이 부실하거나 왜곡되어 남는 경우가 많아 산재 입증 자체가 어렵다.

이처럼 여성, 고령, 외국인 노동자는 신체적 위험과 함께 '제도 밖의 신체'로 취급되어 안전 제도에서 배제된다. 재해가 발생해도, 그 재해를 설명할 언어와 구조가 존재하지 않는다. 결국 '산재로 인정받지 못한 재해', '공식 기록에서 제외된 고통'이 누적되고 있는 것이다. 〈산업재해의 해부학〉이 지향해야 할 것은 제도적 정의 바깥에서 고통받는 이들의 목소리를 안전 개념 안으로 끌어들이는 일이다. 산업안전은 모두를 위한 시스템이어야 하며, 제도가 미치지 못한 곳을 드러내는 작업에서 진정한 예방이 시작된다.

해부의 결론: 질병은 침묵의 재해다

"산재는 사고이고, 질병은 개인의 몫"이라는 통념은 산업현장의 오래된 오해다. 그러나 실제 산업재해는 갑작스러운 사고와 함께, 시간을 두고 서서히 축적된 신체 손상도 포함한다. 법적으로도 『산재보험법』은 재해를 크게 두 가지로 구분한다. 하나는 작업 중 발생한 갑작스러운 외상, 즉 사고성 재해이며, 다른 하나는 반복적 노출이나 누적된 작업환경으로 인한 직업성 질병이다. 하지만 직업성 질병은 현장에서 제대로 인식되거나 보호받지 못하는 경우가 대부분이다.

2023년 근로복지공단의 통계에 따르면, 전체 산업재해 인정 건수 중 직업성 질병은 12.7%에 불과했다. 반면 OECD 주요국 평균은 30% 내외로, 한국의 직업병 인정 비율이 현저히 낮음을 보여준다. 이는 질병의 원인이 작업장에서 비롯되었다는 사실을 증명하기 어렵기 때문이다. 실제로 근골격계 질환, 호흡기 장애, 피부염, 스트레스성 질환, 이차적 우울증 등은 많은 작업환경에서 빈번하게 발생함에도 '일상적 질병'으로 간주되어 산재 범주에서 제외되곤 한다.

현장의 병은 느리게 시작된다. 용접공은 미세 금속입자에 수년간 노출되며 만성 기관지염이나 폐질환에 걸리고, 물류센터 노동자는 반복적인 중량물 취급으로 어깨 회전근개 파열과 요추 디스크에 시달린다. 조립공정에 있는 여성노동자는 손목 터널 증후군과 수지 관절염으로 정밀 작업이 힘들어지며, 콜센터와 같은 감정노동 직군에서는 수면장애와 외상 후 스트레스장애(PTSD)가 보고되고 있다. 하지만 이들의 증상은 대개 "직무 스트레스", "개인 건강 문제"로 축소되며, 직업과의 인과관계는 외면받는다.

더 큰 문제는 이 신체적 경고들을 기록하고 분석하는 시스템이 부재하다는 점이다. 건강검진은 1년에 한 번으로 제한되며, 대부분 이상 소견이 나와도 재검 권고에 그친다. 또한, 작업환경측정은 특정 시점의 평균치를 기준으로 하기 때문에, 실제 반복적 피로 누적이나 온도·소음 등의 간헐적 과부하는 반영되지 않는다. 이로 인해 아프지만 '정상 수치'로 기록된 노동자들은 제도적 사각지대에 놓인다.

결국 질병이 개인의 문제로 치부되는 순간, 조직은 책임에서 벗어난다. '산재는 사고'라는 협소한 정의는 예방을 방해하고, 산업보건을

'사후 보상' 중심으로 고정시킨다. 그러나 몸이 보내는 신호는 가장 정직한 경고다. 이 신호를 기록하고, 번역하고, 데이터화하여 조직이 개입 가능한 시스템으로 만들지 않으면, 우리는 늘 '눈에 띄는 재해'만 관리하고, 조용히 사라지는 병을 놓치게 된다. 산업재해는 몸의 변화와 고통을 이해하고 구조화하려는 의지에서 출발해야 한다. 그렇지 않다면, 진짜 위험은 기록되지 않으며, 예방 역시 가능하지 않다.

산업재해의 해부학

재해로 본 인간, 시스템, 그리고 공학의 한계

3부
해부하다:
재해 사례에서 배운다

09
[사례1] 건설현장 추락사고:
"추락은 항상 구조의 언어를 말한다"

추락은 단순한 실수나 순간적인 부주의로만 설명되지 않는다. 그것은 산업현장, 특히 건설현장이 품고 있던 다층적인 위험이 한순간에 드러난 결과다. 고용노동부가 발표한 「2023 산업재해 발생현황」에 따르면, 전체 사망 재해 중 49.3%가 '떨어짐'에 의한 것으로, 가장 큰 비중을 차지했다. 특히 건설업에서는 전체 사망자의 60% 이상이 추락으로 인한 것으로 보고된다. 이는 곧 "산업재해 = 추락재해"라는 등식을 만들 만큼, 추락은 반복적이고 구조적인 문제다.

그러나 추락은 단지 '높은 곳에서 작업했기 때문'만으로 설명되지 않는다. 안전난간 미설치, 발판 미고정, 안전벨트 미착용, 작업시간 압박, 야간작업, 경력 부족, 소통 단절 등 다양한 요소들이 동시에 작동한다. 게다가 하청과 일용직이 대부분을 차지하는 현장에서는 "위험을 지적할 수 없는 분위기"와 "급하게 끝내야 한다는 압박"이 항상 존재한다. 이로 인해, 잠시 벨트를 풀거나, 고소작업대를 정비 없이 쓰거나, 보호구 없이 작업하게 되는 일들이 반복된다.

또한, 고용노동부의 2022년 특별점검 결과에 따르면, 추락 위험 작업장 중 38.5%가 최소한의 추락방지 조치도 갖추지 않은 상태였다. 이는 교육이나 개인의 주의만으로는 추락을 막을 수 없다는 사실을 보여준다. 추락은 현장의 물리적 설계, 작업 방식, 시간적 압박, 조직의 안전문화, 책임 구조의 부재 등 여러 층위의 문제가 겹친 결과이며, 그 구조적 원인을 해체하지 않으면 어떤 기술도 이 재해를 막을 수 없다.

따라서 우리는 묻고, 다시 묻고, 시스템을 바꿔야 한다. 왜 그 작업자는 그 위치에 있었는가? 왜 난간은 없었는가? 왜 멈추지 못했는가? 추락은 하나의 실수가 아니다. 그것은 그 현장이 꾸준히 말하고 있었던 위험의 언어이며, 우리가 그 언어를 듣지 못했음을 드러내는 재해다.

사례: "그날, 발판이 없었다"

2023년 10월, 서울의 한 복합건물 신축 공사현장에서 도장작업 중이던 52세 A씨가 5층 높이에서 추락하여 사망하는 사고가 발생했다. A씨는 비계 구조물 위 작업발판에서 작업 중이었는데, 조사 결과 이 발판은 산업안전보건기준에 관한 규칙 제289조에 명시된 폭 40cm 이상, 견고한 고정 등의 기준을 충족하지 못했고, 추락 방지를 위한 개구부 차단 조치도 없었던 것으로 드러났다. 작업자는 안전벨트를 착용하지 않았고, 현장 안전관리자는 해당 구역을 그날 오전 점검하지 않은 채 다른 구역에 있었다.

이 사고는 수많은 '왜'를 남긴다. 왜 발판이 고정되지 않았는가? 왜 작업자는 안전벨트를 착용하지 않았는가? 왜 점검이 생략되었고, 그것이 아무도 이상하게 여기지 않았는가? 이러한 질문들은 개인의 부주의를 넘어서, 시스템적 결함을 가리킨다. 안전관리 기준은 존재했지만, 그 기준은 지켜지지 않았고, 지켜지지 않은 것을 이상하게 여기지 않는 문화와 구조가 있었던 것이다.

실제로 고용노동부의 「중대산업재해 분석보고서(2022)」에 따르면, 전체 추락 사망사고의 72%가 '비계, 발판 등 임시작업발판'에서 발생했다. 그중 다수가 안전난간 미설치, 발판 고정 미비, 안전장비 미착용 등의 복합적 원인에 의한 것이었으며, "안전수칙이 무력화된 환경"이 주된 배경으로 지목됐다. 현장의 안전관리자가 '그날 그 구역'에 없었던 것도 우연이 아니다. 한 명의 관리자가 수십 개 작업 구역을 담당해야 하는 구조에서, "일부 구역은 점검되지 않는 것"이 일상이 되어 있었다.

더 큰 문제는 이러한 위험이 사고가 일어나기 전까지는 정상처럼 작동했다는 점이다. 좁은 발판, 고정되지 않은 구조물, 차단되지 않은 개구부, 착용되지 않은 안전벨트. 이 모든 조건은 이전에도 수차례 반복되었고, 매번 무사히 지나갔다. 그리고 바로 그 '무사함'이 위험을 정상화하고 합리화하는 기제로 작용했다. "지금까지 괜찮았으니 이번에도 괜찮을 것"이라는 대표성 휴리스틱(heuristic)이 조직 전체를 관통하며, 사고의 전조를 무시하도록 만든 것이다.

결국 A씨의 추락은 단 한 사람의 실수로 설명되지 않는다. 그것은 현장의 물리적 구조, 점검 시스템, 안전 교육, 작업 문화, 책임의 분산 구조까지 포함한 복합적인 시스템 오류의 산물이다. "추락은 그날의 불운이 아니다. 오래전부터 예정된 결과였다"는 말이 더 정확할지 모른다. 〈산업재해의 해부학〉은 이처럼 하나의 사고가 어떤 구조적 맥락에서 발생했는지를 해부하고, 산업안전이란 의사결정과 조직문화의 총합임을 보여준다.

구조적 해부1. 설계와 장비

추락사고가 발생한 해당 구간은 벽체와 기둥 사이의 간격이 좁아, 산업안전보건기준에 명시된 폭 40cm 이상의 표준 작업발판을 설치하기 어려운 구조였다. 이처럼 물리적 구조 자체가 작업 여건을 제한하는 경우, 현장에서는 종종 임의의 방법으로 공간을 메우는 편법이 동원된다. 실제로 서울의 한 복합시설 건축현장에서 외벽 도장작업 중 발생한 사망사고에서도, 철제 지지대를 규격 이하로 줄이거나 절단해 발판을 임시 고정했고, 그 위에서 작업자는 몸을 비틀어 도장 작업을 수행해야 했다. 이는 설계 단계에서부터 안전이 고려되지 않았으며, 그러한 설계 결함이 현장 적응과정에서 '불완전하고 불안정한 작업환경'을 일상화시키는 구조적 메커니즘을 잘 보여준다.

산업안전보건기준에 관한 규칙 제289조에서는 "발판은 작업자가 안전하게 설 수 있도록 폭과 강도를 확보하고, 안전난간 등 추락방지조치를 병행해야 한다"고 명시하고 있지만, 이 조항은 구조적으로 설치 자체가 어려운 구간에서는 현실적으로 적용되지 못하는 경우가 많다. 국토교통부의 「건설공사 표준시방서」에 따르면, 도장작업을 위한 비계 구조는 설계도면에 명확히 반영되어야 하며, 공간 협소 구간에서는 대체 작업 방법이나 보조 장비의 사용 여부까지 미리 고려해야 한다고 규정되어 있다. 그러나 현실에서는 안전보다 공기(공사기간) 준수가 우선시되면서, 설계상 미비점이 발견되어도 현장에서는 그대로 작업을 진행하고 만다.

2022년 고용노동부의 '산업현장 위험요인 실태조사'에 따르면, 전체 추락 재해 중 약 31.8%가 '설계 부적합으로 인해 적절한 작업공간 확보가 불가능했던 경우'로 집계됐다. 이는 설계-시공-관리 단계의 연계 단절로 인한 구조적 문제임을 보여준다. 설계자가 현장의 실제 작업 조건을 고려하지 않고, 시공자는 공기를 맞추기 위해 편법을 쓰며, 감리나 안전관리자는 그 결과를 사후 점검하는 구조에서는 작업자의 신체가 '설계 오류의 완충장치'가 되는 상황이 반복된다.

더불어, 이렇게 구조적으로 왜곡된 공간에서의 작업은 단지 물리적 위험만 초래하는 것이 아니다. 몸을 비트는 비정상적 자세는 장시간 반복 시 근골격계 질환 발생률을 높이고, 불안정한 발판 위에서의 작업은 주의력 저하 및 인지 왜곡 현상을 유발한다. 즉, 사고는 한순간의 일이지만, 그 사고는 누적된 위험의 응축물로서, 시간과 공간 안에 구조화되어 있었다는 뜻이다.

〈산업재해의 해부학〉은 이를 통해 안전이란 설계 구조와 작업 조건이 어떻게 연결되어 있는가를 묻는 문제임을 강조한다. "왜 안전발판이 설치되지 않았는가?"라는 질문은 곧, "왜 그 구조는 작업자의 몸을 비틀게 만들었는가?"라는 질문으로 확장돼야 한다. 재해의 원인을 '현장 조치 미흡'에서만 찾는 한, 우리는 반복되는 비슷한 사고를 피할 수 없다. 진짜 원인은 현장보다 먼저 그려진 설계도면 속에 있을 수도 있기 때문이다.

구조적 해부2. 작업자의 행동

사고 당시 작업자는 현장 경험이 풍부한 중급 기능공이었다. 그는 10년 넘게 비계 작업과 외벽 도장 업무를 수행해온 베테랑이었으며, 사고 현장과 유사한 구조의 건설현장에서 수차례 작업을 진행한 바 있었다. 현장 조사 중 그는 "여기 발판은 원래 좀 좁아요. 항상 이 정도였어요"라고 진술했다. 그의 구조적으로 위험한 작업 환경이 반복되며 내면화된 작업 관행을 의미한다. 즉, 불완전한 상태가 그의 '기준'이 되었고, 그 기준은 아무도 이상하게 여기지 않는 '현장의 상식'으로 고착되어 있었다.

이러한 사례는 흔하다. 고용노동부의 『산업현장 사고사례 분석보고서(2023)』에 따르면, 건설업 추락 재해의 약 42.7%가 '위험 인식 부족 또는 익숙함에서 기인한 무감각'으로 인해 발생하며, 그중 63%는 5년 이상 경력을 가진 작업자에게서 발생했다. 경험이 많을수록 더 안전할 것이라는 통념과는 달리, 현실은 정반대의 양상을 보인다. 이유는 명확하다. 경험이 많을수록 '위험을 통과해 온 경험'이 축적되고, 이는 곧 '이번에도 괜찮을 것'이라는 인지적 착각으로 이어지기 때문이다. 심리학에서는 이를 정상화 편향(normalization of deviance)이라 부르며, 반복된 비정상 상황이 반복될수록 그것을 '정상'으로 받아들이게 되는 현상을 말한다.

해당 작업자의 경우, 안전벨트를 착용하지 않는 작업 습관도 문제였지만, 더 큰 문제는 그 행위가 동료들에게도 '익숙한 모습'으로 인식되고 있었다는 점이다. "저 분은 늘 저렇게 하셨어요", "위험한 작업은 아니었어요"라는 동료들의 증언은, 위험이 '조용히 사회화되는 과정'을 보여준다. 이는 단지 개인의 문제로 치부할 수 없다. 안전에 대한 경고를 보내는 조직의 감각기관이 마비되어 있었다는 방증이다.

더욱 심각한 것은 현장 관리자의 판단이었다. 그는 해당 구역을 "위험하지 않다"고 보고, 그날 아침의 점검 루틴에서도 제외시켰다. 이는 관리자가 현장의 물리적 구조나 행동 패턴을 객관적으로 재점검하는 감시자 역할을 수행하지 못했음을 뜻한다. 한국산업안전보건공단(KOSHA)의 2022년 분석에 따르면, 건설현장 추락사고의 약 35%는 점검 또는 위험성 평가가 부실하거나 생략된 날 발생한 것으로 나타났다. 이 역시 구조화된 시스템보다 사람의 '직감'과 '습관'에 의존하는 안전관리의 허점을 보여준다.

〈산업재해의 해부학〉은 이 사례를 통해 한 가지 중요한 질문을 던진다. "경험이 안전을 보장하는가?" 아니다. 오히려 경험이 위험을 무디게 만들 수 있으며, 특히 조직 내에서 그 위험이 반복되고 묵인되면, 그것은 '제2의 설계도'가 되어 현장을 지배하게 된다. 안전은 규정이 아니라 감각이며, 감각은 '익숙함'을 경계해야 유지될 수 있다. 결국 사고란 매일 반복된 위험의 언어가 마침내 문장을 완성한 순간일 뿐이다.

구조적 해부3. 관리와 감시의 실패

해당 추락 사고는 단지 한 사람의 실수나 순간의 부주의로 설명될 수 없다. 사고가 발생한 현장은 다단계 하도급 구조 속에서 점검이 생략되고, 작업자가 위험 정보를 제대로 전달받지 못한 전형적인 사례였다. 우선, 오전 점검이 생략된 이유는 '작업 일정이 급하다'는 판단 때문이었다. 그러나 안전 점검은 작업 속도를 늦추는 요소가 아니다. 재해를 방지함으로써 오히려 공정을 보호하는 핵심 절차다. 한국산업안전보건공단(KOSHA)의 '건설업 재해 사례 분석'에 따르면, 사고가 발생한 날에 작업 전 점검이 생략되거나 축소된 사례가 전체의 약 32.8%에 달한다. 특히 추락사고에서는 그 비율이 더욱 높다. 이는 작업 전 점검이 실제로는 재해 방지의 가장 기본이자 효과적인 수단임을 방증한다.

또한 A씨는 원청의 안전 지침이 제대로 전달되지 않은 하청 3차 업체 소속 작업자였다. 하청 구조는 정보 전달의 왜곡과 지연을 유발한다. 중간 단계에서 책임은 희석되고, 현장의 위험에 대한 실질적 대응 능력은 떨어진다. 실제로 고용노동부 '산재 사망 사고 분석 보고서 (2023)'에 따르면, 사망 사고의 64%는 하청노동자에게 집중되어 있으며, 이 중 약 70%는 '작업 지시의 명확성 부족', '안전 교육 미흡', '원청의 감시 미비'를 주요 원인으로 꼽고 있다. 이는 명백히 구조적 문제이며, 위험 정보를 독점하거나 방치한 결과라고 할 수 있다.

사고 당일, 현장 관리자는 도장 작업이 '위험성이 낮다'고 간주해 우선 점검 대상에서 제외했다. 하지만 페인트 도장 작업은 비계 위에서 몸을 비틀며 수행되는 고소작업으로, 추락의 위험성이 내재된 작업이다. 안전보건공단의 『도장작업 위험성 평가 가이드(2022)』에서도 도장 공정 중 추락 위험이 있는 구간은 반드시 작업 전 점검과 추락 방지 조치를 취해야 한다고 명시하고 있다. 위험성 판단이 왜 기본 절차가 생략되었는지 질문하지 않을 수 없다.

가장 충격적인 사실은, 사고 이후에 작성된 점검 기록이 '정상'으로 기재되어 있었다는 점이다. 이 기록은 수기로 작성되었으며, 작업자 사망 이후 행정적 정리를 위해 거짓 작성된 것으로 확인되었다. 이는 현장에서의 '문서상 안전'이 실제 위험을 은폐하거나 무력화시키는 도구로 전락했다는 사실을 보여준다. 고용노동부는 2023년 이후 사고 발생 사업장의 안전관리 서류 위조 및 허위 작성 비율이 26%에 달한다고 보고한 바 있다. 이는 현장의 실질적 안전과 문서상 '적합' 사이의 괴리(gap)가 여전히 심각하다는 것을 보여준다.

이 사례는 〈산업재해의 해부학〉이 강조하는 "형식과 실질의 간극", "종이 위 안전과 몸으로 겪는 위험의 차이"를 극명하게 보여준다. 진짜 점검은 '수기 기록'이 아닌, 작업자가 안전하게 설 수 있는가라는 질문에서 출발해야 하며, 안전은 언제나 행동과 감각, 구조의 문제다. 시스템은 말로 된 지침보다, 제때 점검하고 멈출 수 있는 권한이 하청 작업자에게까지 닿는 구조로 재설계되어야 한다. 재해는 무언가를 하지 않아서가 아니다. '하고 있는 척'하며 넘긴 것들에서 시작된다.

해부의 결론: 추락은 구조의 언어다

서울의 복합건물 신축현장에서 발생한 추락 사망사고는 단일한 원인으로 설명될 수 없다. 이 사고는 공학적 결함, 장비의 불완전성, 조직적 압박, 안전문화의 부재가 순차적으로 작용한 결과이며, 결국 이 모든 요소가 한 사람의 목숨을 앗아갔다. 무엇보다 구조적 설계의 문제는 작업환경 전반을 왜곡시킨다. 해당 구간은 벽체와 기둥 간 간격이 비표준 규격으로 좁아, 통상적인 발판 설치가 물리적으로 어려웠다. 이로 인해 지지대를 임의 축소하거나 구조물을 변형해 설치해야 했고, 이는 비계의 강도와 안정성을 현격히 저하시켰다. 안전보건공단(KOSHA)의 2022년 자료에 따르면, 비정형 구조 구간에서 임의 구조물로 대체 설치된 경우 추락사고 발생률이 4.6배 높게 나타났다.

이와 함께 장비의 불완전성이 작업자의 위험 습관으로 이어지는 과정은 더욱 위험하다. 발판이 불안정한 것을 아는 작업자들은 안전벨트 착용보다 작업 편의성을 우선시하는 경향을 보인다. 이는 안전장비가 오히려 작업을 어렵게 만드는 구조적 조건에서 비롯된다. 실제로 고용노동부의 '산재 조사 사례집'에 따르면, 추락 사망 사고 중 58.7%는 안전벨트를 미착용했으며, 이 중 41.3%는 "작업이 불편하다"는 이유를 응답으로 기록했다. 이처럼 장비의 실질적 활용성이 낮다면, 장비 지급이나 착용 의무 자체가 무력화될 수밖에 없다.

조직의 일정 압박은 이러한 위험 조건들을 방치하게 만든다. 현장에서 도장 작업이 '위험성이 낮다'는 판단 하에 점검이 생략된 것은, 일정 단축과 비용 절감의 논리에 기반한 '현장 효율 우선' 사고방식을 보여준다. 안전보다 일정이 우선되면, 위험은 보이지 않는 곳으로 밀려난다. 실제로 2023년 고용노동부 산업재해 조사보고서에서는 일정 압박이 있는 공정에서의 재해 발생률이 평균 공정보다 2.8배 높다고 보고되었다. 이는 일정이 곧 위험의 전조임을 방증한다.

여기에 더해, 현장의 안전문화 부재는 경고음을 무력하게 만든다. 이 사고 이후 조사된 점검표는 수기로 '정상'으로 기재되어 있었고, 작업자 역시 "여기 발판은 원래 좀 좁다"고 말할 만큼 위험이 '일상화'된 상태였다. 이는 조직 내 위험의 체념적 수용과 무감각화가 얼마나 깊이 내면화되어 있는지를 보여준다. 경고음이 울려도 누구도 듣지 않고, 점검이 생략되어도 아무도 이상하게 여기지 않는 문화는 재해를 필연으로 만든다. 2021년 산업안전보건연구원 보고서에 따르면, 고위험군 작업장의 경고 무시율이 39.2%, 그중 '반복적이어서 무시했다'는 응답이 전체의 72.4%에 달했다.

이 사고는 단순히 한 사람이 위에서 아래로 떨어졌다는 사실이 아니다. 그것은 안전 시스템이 위로부터 아래까지 작동하지 않았음을 의미한다. 설계 단계의 불완전성이 시작점이라면, 작업자의 습관화된 위험, 관리자 판단의 오류, 조직 구조의 회피성까지 모든 요소가 복합적으로 작동한 결과다. 추락은 위험이 축적된 구조의 무너짐이며, 시스템 전체가 붕괴하는 방식의 표현이다.

〈산업재해의 해부학〉이 지적하듯, "재해는 수직적 위계 속에서 위험이 아래로 흘러내리는 과정"이다. A씨의 죽음은 단지 그가 발을 헛디려 발생한 것이 아니다. 그것은 위험이 이미 발밑까지 도달해 있었음을 보여주는 증거이며, 우리에게 "무엇이 진짜 위험이었는가?"라는 질문을 던지게 한다. 진짜 추락은 그날이 아니라, 그 이전부터 이미 시작된 시스템의 붕괴였던 것이다.

산업재해의 해부학

재해로 본 인간, 시스템, 그리고 공학의 한계

3부
해부하다:
재해 사례에서 배운다

10
[사례2] 유해화학물질 중독:
"수치는 정상이었는데 왜 죽었나"

"모든 수치가 기준 이내였다. 그러나 그는 병원에서 깨어나지 못했다." 이 말은 산업보건의 구조적 맹점을 날카롭게 드러낸다. 산업안전보건법 제125조에 따라 사업장은 주기적으로 작업환경측정을 실시해야 하며, 해당 수치가 법정 기준치 이하일 경우 '위험이 없다'고 판단된다. 하지만 이는 현실의 복잡성과 인간의 신체 반응을 지나치게 단순화한 평가다.

2019년 경기도의 한 자동차 부품공장. 근무 중 화학물질에 노출된 30대 작업자 A씨는 갑작스런 의식 저하로 쓰러졌고, 병원 이송 후 끝내 회복하지 못했다. 해당 공정에서는 톨루엔, 자일렌 등의 유기용제가 사용되었고, 사후 조사 결과 톨루엔의 공기 중 농도는 10시간 TWA 기준인 50ppm보다 낮은 47ppm으로 측정되었다. 그러나 문제는 바로 여기에 있었다. 수치는 기준 이내였지만, 밀폐된 공간에서 국소배기장치가 미흡했고, 환기 주기도 불충분했으며, A씨는 연속 야간작업으로 인해 누적 피로 상태에 있었다. 유해물질은 체내 축적되는 특성을 가지고 있으며, 개인의 건강 상태, 체질, 작업 강도, 수면 부족 등 복합 요인이 중독 위험을 가중시킨다.

산업안전보건연구원(KOSHA)의 2021년 보고서에 따르면, 전체 화학물질 노출 사고의 32.4%는 기준치 이하의 환경에서 발생했으며, 그 중 다수는 국소 환기 미비, 작업자의 과로, 보호구 미착용과 관련이 있었다. 다시 말해, 기준치는 평균적 조건 하의 참고 지점일 뿐, 개별 작업자의 실제 노출과 반응을 설명하기엔 턱없이 부족한 수치다.

산업보건은 더 이상 '기준 이하니까 괜찮다'는 방식으로 접근할 수 없다. 〈산업재해의 해부학〉은 이 장에서 수치의 착시, 평균의 함정, 그리고 실질적 작업환경의 맥락을 통합적으로 분석하며, "재해는 수치 사이의 공백에서 발생한다"는 교훈을 전하고자 한다. 중독 사고는 현장 전체를 들여다봐야 예방할 수 있다.

사례: "메틸렌 클로라이드, 침묵의 살인자"

경기 남부의 한 금속 부품 세척업체. 20년 경력의 숙련 작업자 B씨는 익숙한 작업 루틴대로 메틸렌 클로라이드(염화메틸렌, Dichloromethane) 용액을 사용해 부품을 세척하고 있었다. 메틸렌 클로라이드는 국제암연구소(IARC) 기준 1급 발암물질(Group 1)로 분류되며, 간독성과 중추신경계 억제 작용, 그리고 급성 흡입 시 혼수상태를 유발할 수 있는 급성 독성 물질이다. 특히 밀폐되거나 환기가 미흡한 공간에서는 단시간 노출만으로도 생명을 위협할 수 있다.

해당 사고가 발생한 공간은 면적 9평 남짓의 창고형 작업장이었고, 설치된 환기장치는 노후되어 정상 작동하지 않은 상태였다. 국소배기장치는 부품 탕전조의 후면에만 설치되어 있었고, 작업자는 유기화합물 전용 방독마스크가 아닌 일반 면마스크만을 착용하고 있었다. 그날, B씨는 무더운 날씨에도 에어컨 대신 팬을 틀어놓고 2시간 연속 세척작업을 진행했으며, 작업장 문은 닫힌 채였다. 이후 퇴근길에 극심한 두통, 어지럼증, 구토를 호소했고, 귀가 직후 혼수상태에 빠져 병원에 이송되었다. 병원에서는 염화메틸렌에 의한 급성중독으로 진단하였으며, 5일간의 집중 치료 끝에 다발성 장기부전(Multiple Organ Failure)으로 사망 판정을 받았다.

중대재해처벌법에 따라 관할 고용노동부는 해당 업체를 조사했고, 결과는 다음과 같았다. 작업환경측정 당시의 메틸렌 클로라이드 농도는 44ppm으로, 법정 TWA(8시간 평균노출기준)인 50ppm 이하였기에 '기준치 이내'로 판단되었다. 하지만 중요한 것은 실제 측정은 사고 발생 후 실시되었으며, 측정 지점은 국소배기장치가 켜진 상태의 위치였다. 또한, 메틸렌 클로라이드는 노출 기준이 존재함에도 불구하고, 단기고농도 노출(STEL)에 대한 별도 감시 체계는 없었고, 사업장의 화학물질 관리대장에도 사고 발생일 작업이력은 누락되어 있었다.

2022년 고용노동부 통계에 따르면, 전체 유해화학물질 중독 사고 103건 중 38건(약 37%)이 법적 기준 이내에서 발생했으며, 이 중 절반 이상이 환기 부족 및 보호구 부적절로 확인됐다. 이는 법적 수치 준수가 곧 안전을 담보하지 않음을 시사한다.

B씨는 그날도 늘 하던 대로 작업했다. 하지만 "늘 하던 대로"의 환경이 이미 유해한 구조였고, 시스템은 그 구조를 보완하지도, 경고하지도 않았다. 〈산업재해의 해부학〉은 이 사례를 통해 화학물질 중독의 위험은 공간, 장비, 휴식, 보건교육, 의사결정 구조의 총체적 상호작용에서 비롯됨을 강조하고자 한다. 기준치는 존재했지만, 그 기준이 생명을 지켜주지는 못했다. 이 한 문장이 한국 산업안전의 오늘을 증언하고 있다.

지표적 해부1. 측정값은 모두 기준 이내였다

경기 남부의 한 금속부품 세척업체에서 발생한 메틸렌 클로라이드 중독 사망 사고. 사고 후 고용노동부와 한국산업안전보건공단의 조사 결과는 모든 법적 기준이 충족되었다는 점을 강조했다. 작업환경측정 결과, 해당 작업장 평균 농도는 19ppm으로, 「화학물질의 노출기준 설정 등에 관한 고시」상 8시간 TWA(Time-Weighted Average) 기준인 50ppm 이하를 충족했다. 또한 환기 설비는 정상 작동 상태로 보고되었으며, 작업자 보호구 착용 여부도 확인되었다. 사고 당시 기록 상으로는 '법적 미비점 없음'이라는 결과가 도출된 것이다.

하지만 이 사고는 산업안전의 핵심을 찌르는 질문을 던진다. "기준을 지켰는데 왜 사람이 죽었는가?"

여기에는 산업보건이 처한 구조적 한계가 있다. 먼저, 작업환경측정은 일반적으로 연 1~2회 시행되며, 8시간 평균값(TWA)만을 기준으로 판단한다. 그러나 사고 당시 B씨는 약 2시간 동안 연속 작업을 수행했으며, 폐쇄된 공간에서 급성 고농도 노출 가능성이 매우 높았다. 메틸렌 클로라이드는 중추신경계 억제 작용과 간 독성을 지닌 1급 발암물질로, 단시간 내 1,000ppm 이상 노출 시 급성 혼수상태를 유발할 수 있다는 연구 결과가 존재한다(미국 NIOSH 기준). 그러나 기존 측정 방식은 이러한 단기 고농도 노출(Short-Term Exposure Limit, STEL)을 감지할 수 없다.

실제로 2022년 고용노동부 발표 자료에 따르면, 화학물질 중독 사고 127건 중 41건(약 32%)이 '기준 이내'에서 발생했다. 즉, 기준 이내라는 판단은 결코 무사함을 의미하지 않는다. 특히 메틸렌 클로라이드처럼 증기 밀도가 공기보다 높아 바닥 근처에 머무르기 쉬운 물질의 경우, 작업자의 호흡 위치에서의 실제 노출 농도는 평균치보다 훨씬 높을 수 있다.

더불어, 작업자가 착용한 보호구 역시 '기록상 착용'으로만 판단된다. 하지만 어떤 종류의 마스크였는지, 적절히 밀착되어 있었는지, 해당 화학물질에 적합한 필터가 장착되어 있었는지 등 실질적 보호 효과를 검증하는 시스템은 미비하다. 또한, 보호구 착용을 문서로만 판단할 경우, 실제 현장의 보호 수준과 괴리가 생길 수밖에 없다.

이 사고는 수치와 기록이라는 정적(靜的) 지표가 현장의 동적(動的) 위험을 얼마나 놓칠 수 있는지를 명확히 보여준다. 〈산업재해의 해부학〉은 이 사례를 통해 산업보건 시스템이 법적 수치와 서류 중심에서 실시간 감지, 현장 밀착, 행동 기반 평가체계로 전환되어야 함을 강조한다. 결국, 사람을 지키는 건 숫자가 놓치고 있는 순간의 현실을 읽는 시스템이다.

의학적 해부: "기준치는 집단 평균, 중독은 개인의 생리"

산업보건에서 사용하는 작업환경 기준치는 일반적으로 집단 통계에 기반한 평균값이다. 예를 들어, 8시간 노출 평균치(TWA: Time-Weighted Average)는 한 작업자가 하루 동안 평균적으로 노출될 수 있는 물질의 농도를 의미하며, 단시간 허용농도(STEL: Short-Term

Exposure Limit)는 보통 15분간 노출 시 안전하다고 여겨지는 최대 치를 제시한다. 이러한 기준은 집단 실험자료, 동물실험, 역학조사 등을 기반으로 설정되며, "대부분의 건강한 성인 근로자가 이 범위 내에서는 건강에 해를 입지 않는다"는 가정 아래 만들어진다.

그러나 실제 산업현장은 그렇게 단순하지 않다. 사람마다 나이, 성별, 체질, 체중, 간 대사 효소 활성도, 기존 질환 유무 등 생리학적 조건이 다르며, 같은 농도에 노출되더라도 그 영향은 천차만별이다. 2022년 경기 남부의 한 금속 부품 세척업체에서 발생한 염화메틸렌(메틸렌 클로라이드, Dichloromethane) 중독 사고는 이러한 현실의 단면을 적나라하게 보여준다.

당시 사망한 B씨는 비만 체형(체질량지수 30 이상)으로, 의무기록상 지방간 진단을 받은 이력이 있었으며, 가족력이 있는 경도 간기능 저하 상태였다. 메틸렌 클로라이드는 지방조직에 높은 친화도를 가지며, 노출 시 지방에 축적되었다가 천천히 대사되는데, 간 대사 효소인 CYP2E1 경로를 통해 대사되는 과정에서 독성 중간물질이 생성될 수 있다. 특히 지방간이 있는 경우 해당 대사 경로가 비효율적이며, 중간 대사물이 축적되어 급성 독성을 유발할 가능성이 높아진다.

즉, B씨는 기준치 이내의 노출 환경에서도 고위험군에 해당되었지만, 현장의 기준은 그런 '개인 차'를 반영하지 않았다. 그는 작업환경측정 결과가 기준치(50ppm) 이하인 19ppm이라는 이유로 '안전'하다고 간주된 공간에서 일했고, 보호구 착용 여부도 단지 체크리스트로만 관리되었다. 그러나 현장에는 환기 부족과 국소 고농도 누적, 개인 체질에 따른 대사 이상이라는 복합 요인이 작동하고 있었고, 이는 끝내 급성 중독→장기부전→사망으로 이어졌다.

2023년 고용노동부 통계에 따르면, 산업재해로 인정된 직업성 중독 질환 중 27.4%는 기준치 이하 환경에서 발생했으며, 그중 60% 이상이 '건강 취약자군'이었다. 이처럼 법적 기준은 "평균적인 사람에게 평균적인 환경에서 적용되는 것"일 뿐, 특정 개인에게는 전혀 다른 의미를 가질 수 있다.

〈산업재해의 해부학〉에서는 이 지점을 강조한다.

"수치는 평균을 말하고, 중독은 개인을 고통스럽게 한다."

산업보건은 '수치 준수'에 머물러서는 안 되며, 사람을 기준으로 설계된 실질적인 보호 시스템이어야 한다. 특정 고위험군 작업자에게는 추가 보호구 지급, 근무시간 단축, 더 정밀한 노출 감지 센서 적용 등 맞춤형 대책이 수반되어야 하며, 다른 위험을 가진 사람들에게는 다른 방식의 보호를 제공하는 '형평성 기반 안전관리'로 나아가야 한다. 그렇게 할 때 비로소 '기준의 보호'가 아닌 '사람의 보호'가 실현된다.

시스템 해부: '관리'는 있었지만 '감시'는 없었다

2022년 경기 남부의 한 금속 세척 공장에서 발생한 염화메틸렌 중독 사고는 산업보건 관리체계가 실시간 위험 감지에 얼마나 취약한지를 보여주는 대표 사례다. 당시 작업자 B씨는 보호구를 착용했으며, 환기 장치도 가동 중이었다. 사고 후 진행된 조사에서도 작업환경측정 결과는 기준치(50ppm 이하)를 충족한 19ppm으로 확인되었다. 겉으로 보기엔 모든 것이 '기준대로'였다.

그러나 사고 이후 하나둘 밝혀진 사실들은 시스템의 맹점을 드러낸다. 첫째, 작업환경측정은 분기마다 1회 정기 측정으로 진행되었고, 측정 당시 특정 시간대의 평균값만 기록되어 있었다. 즉, 사고 당일, 사고 직전의 순간적인 고농도 노출이나 국소적 환기 불량 상태는 반영되지 않았다. 이런 방식의 정적 측정은 동적 위험을 감지하기 어렵다. 특히 염화메틸렌(Dichloromethane)과 같이 중앙신경 억제와 간 독성을 동시에 유발하는 휘발성 물질의 경우, 단시간 고농도 노출이 치명적일 수 있음에도, 기준치는 시간 가중 평균값(TWA)에만 초점을 맞추고 있다.

둘째, 환기 설비 점검표는 매일 '정상'으로 기재되었지만, 실제로 해당 설비는 지난 6개월간 필터 교체 이력이 없었으며, 점검 담당자 역시 "그 구역은 항상 무탈했기 때문에 별도 점검은 안 했다"고 진술했다. 이는 형식적 문서화가 실질적 점검으로 이어지지 않는 산업현장의 현실을 반영한다. 고용노동부의 2023년 작업환경 점검 이행률 조사에 따르면, 설비 점검표상 '정상'이라 기재된 항목 중 실제 결함이 발견된 비율은 18.2%에 달했다. 이처럼 점검은 존재하지만, 위험은 '기록되지 않은 방식'으로 남아 있었다.

셋째, 작업자 B씨는 사고 당일 오전 식사 도중 음주를 한 것으로 확인되었으며, 보호구인 반면형 방진마스크를 입만 가린 채 착용하고 있었다. 이는 착용 기록상 '보호구 착용 완료'로 처리되었지만, 실제로는 유해물질 흡입을 차단하지 못한 상태였다. 더욱이 염화메틸렌은 지방 조직에 축적되며, 간 기능 저하 및 음주 상태에서는 그 대사가 더욱 느려져 독성 반응이 증폭될 수 있다. 국립산업안전보건연구원의 보고서에 따르면, 중독 사고자 중 36.5%는 보호구 착용 이력이 있음에도, 착용 부주의 또는 보호구의 불완전한 적합성으로 인해 효과를 보지 못했다.

결국, 이 사고는 시스템이 '위험의 신호'를 감지하고 중재할 수 없었던 구조적 한계에서 발생했다. 모든 관리 조치는 존재했다. 그러나 그것들은 실시간 정보 수집과 분석, 경고, 차단 기능을 포함하지 않은 '정지된 시스템'이었다. 산업보건은 이제 동적이고 감응적인 안전 인프라 구축으로 전환되어야 한다. 예를 들어, 작업자 개인 주변의 실시간 유해물질 농도를 감지하는 웨어러블 센서, 환기 설비의 가동 상태를 자동 기록하는 모니터링 장치, 보호구 착용의 밀착 여부를 인식하는 스마트 기기 등이 요구된다.

〈산업재해의 해부학〉은 말한다. 위험은 언제나 있었고, 실수도 일어날 수 있었다. 그러나 문제는 시스템이 그 위험을 감지하지도, 경고하지도, 차단하지도 못했다는 점이다. 안전은 '존재 여부'가 아니라 '작동 여부'로 측정되어야 한다. 지금 이 순간, 우리의 시스템은 작동하고 있는가?

제도적 해부: 수치는 명령이 아니라 참고치다

산업안전보건 현장에서 자주 들리는 말 중 하나는 "기준 이내니까 괜찮다"는 표현이다. 이는 언뜻 과학적이고 합리적인 판단처럼 들리지만, 실제로는 중대한 착각과 오해를 내포하고 있다. 산업안전 기준이란 본래 '이 수치를 넘으면 통계적으로 위험성이 유의미하게 증가한다'는 것을 의미한다. 다시 말해, 기준치는 위험의 하한선이 아닌, 정치적·기술적·사회적 타협에 의해 설정된 한계선에 가깝다. 이를 절대적 안전의 기준으로 오인하는 것은 심각한 오류다.

산업안전보건공단(KOSHA)의 '작업환경측정 제도 분석 보고서(2023)'에 따르면, 측정 결과가 기준 이내였던 사업장의 17.6%에서 중독성 유해사고가 발생한 사례가 보고되었고, 특히 화학물질을 사용하는 작업장에서는 기준치를 초과하지 않아도 반복 노출된 작업자에게 만성질환이 발생하는 사례가 지속적으로 보고되었다. 예를 들어, 벤젠(Benzene)은 발암물질 1군으로 지정되어 있으며, 해당 물질의 노출기준은 0.5ppm(8시간 시간가중평균, TWA)이다. 그러나 국제암연구소(IARC)는 0.1ppm 이하에서도 백혈병 발생률이 통계적으로 유의미하게 증가할 수 있음을 경고한다. 다시 말해, '기준 이내'라고 해서 무조건 안전하다고 말할 수 없는 것이다.

이와 같은 문제는 특히 지속 축적형 독성 물질이나 생체감응성 유해인자에 두드러진다. 예컨대, 염화비닐(Vinyl Chloride)은 간암과 관련이 있으며, 단기 노출 시에는 별다른 자각 증상이 없지만, 장기간 낮은 농도의 노출이 누적되면 간 혈관육종이라는 치명적인 질환을 유발할 수 있다. 이런 물질의 경우 기준치 이하라도 반복 노출이나 개인 체질에 따라 위험성이 급격히 증가할 수 있다.

또한 기준치는 개별 작업자의 특성을 반영하지 못한다. 기준치는 대체로 건강한 성인 남성을 기준으로 설정되며, 여성, 고령자, 기저질환자, 이주 노동자 등 다양한 작업자군의 생리적 특성과 건강 조건을 고려하지 않는다. 실제로, 고용노동부의 '산업재해 발생 현황 통계 (2022)'에 따르면, 40대 이상 고령 작업자의 산재 치사율은 20대의 3.8배에 달했다. 그럼에도 불구하고, 현장에서는 이질적인 신체 조건을 가진 이들에게도 동일한 기준을 적용하고 있다.

무엇보다도 문제는, 이러한 '기준 이내'라는 표현이 현장에서 위험 인식 자체를 무디게 만드는 허위의 안전감(false sense of safety)으로 작용한다는 점이다. 사고가 발생한 뒤에도 "측정 결과는 이상 없었다", "서류상 보호구는 착용되었다"는 진술만으로 조직의 책임이 희석되는 구조가 반복된다. 예컨대 2022년 경기도 모 금속세척공장 염화메틸렌 중독 사고에서도, 측정 농도는 19ppm으로 기준(50ppm) 이내였지만, 작업자 B씨는 중추신경계 억제로 인한 혼수상태에 빠졌고 결국 사망에 이르렀다. 이는 정적 수치가 동적 상황을 반영하지 못한 대표 사례이며, 기준치의 한계가 어떻게 생명을 위협하는지를 극명하게 보여준다.

〈산업재해의 해부학〉은 말한다. 기준이 존재한다고 해서 그 기준이 곧 안전을 보장하지 않는다. 안전은 수치가 실제 현장의 리듬과 생리적 반응, 작업자의 경험과 맥락 속에서 어떻게 '작동'하고 있는지를 보는 것이다. '기준 이내'라는 말에 안주하는 조직은, 오히려 가장 위험한 착각 속에 있는 것이다. 진정한 안전은 기준을 준수하는 것에서 멈추지 않고, 그 기준이 과연 지금 이 작업자에게도 '유효한가'를 끊임없이 되묻는 태도에서 시작된다.

해부의 결론: 안전은 숫자가 아니다

B씨는 통계상 '안전한 환경'에서 일하고 있었다. 메틸렌 클로라이드(염화메틸렌)의 8시간 노출 허용 기준은 50ppm, 해당 사업장의 작업환경측정 결과는 평균 19ppm이었다. 보호구는 지급되었고, 환기설비는 가동 중이었다. 문서상으론 안전이 확보된 상태였다. 하지만 B씨는 작업 중 급성 중독 증세를 보였고, 병원 이송 5일 만에 사망했다. 수치는 아무것도 말해주지 못했다.

문제는 측정 방식과 해석 구조에 있었다. 산업안전보건법에 따른 작업환경측정은 보통 분기별 1회, 작업장 평균값 중심으로 수행된다. 이는 순간 고농도 노출을 포착하지 못한다. B씨는 밀폐된 공간에서, 냄새가 나지 않는 약제에 반복적으로 노출되었으며, 오전 내내 단독 작업을 수행했다. 환기 덕트는 설치되어 있었지만 흡입 위치와 효과는 미비했고, 당일 작업자의 머리 높이에서의 노출 농도는 측정되지 않았다.

더구나 B씨는 지방간 진단을 받은 중년 남성이었다. 메틸렌 클로라이드는 지방 조직에 축적되기 쉬우며, 간 대사 효소와 중추신경계 억제를 통해 인체에 치명적인 영향을 미칠 수 있다. 이런 체질적 요인은 작업환경 기준이 고려하지 않는 부분이다. 기준치는 평균을 말하지만, 중독은 '개인'을 향해 작용한다.

작업 강도 역시 변수였다. B씨는 시간당 생산량을 맞추기 위해 장갑을 갈아끼지 못한 채 고속 작업을 반복했고, 휴식 시간 없이 2시간 연속 유기용제에 노출되었다. 관리자의 일일 점검표는 형식적으로 작성

됐고, 고장 이력도 누락되었다. 보호구는 지급되었으나 코를 덮지 않은 채 착용되었고, 마스크 성능 역시 유지되지 않았다.

결국 이 사고는 '기준 이하'라는 안전 신화의 허구를 증명한다. 기준은 위험을 관리하는 하나의 장치일 뿐, 그 자체가 안전을 보장하지 않는다. 특히 발암성 물질이나 중추신경계 억제 물질처럼 단기 고농도 노출이 치명적인 경우, 평균값은 사고의 진실을 은폐하는 수치가 되기 쉽다. 더구나 1회성 측정과 문서화 중심의 관리는 실제 작업자의 생리적 상태, 일상적 피로, 누적된 노출, 반복된 작업 패턴 등 '동적 위험'을 감지할 수 없다.

B씨는 '안전'하다는 이름 아래 서서히 위험에 노출되어 있었다. 환기 설비는 있었지만 충분하지 않았고, 보호구는 존재했지만 착용 실태는 다르며, 점검은 있었지만 감시는 없었다. 수치는 평균값만 말했고, 관리체계는 서류상 조치를 진짜 안전으로 착각했다. 이처럼 '모든 수치가 기준 이내였다'는 문장은, 오히려 사고 가능성을 은폐하는 문장이기도 하다.

산업보건에서 가장 경계해야 할 문장은 "기준 이하니까 괜찮다"는 말이다. 이 문장이 만들어낸 허위의 안전감이, B씨의 죽음을 불러온 또 다른 원인이었다. 안전은 평균이 아니라, 그날, 그 자리, 그 사람에게 작동할 수 있어야 한다.

산업재해의 해부학

재해로 본 인간, 시스템, 그리고 공학의 한계

3부

해부하다:

재해 사례에서 배운다

11

[사례3] 크레인 전도사고:

"순간이 아니라 프로세스의 실패"

"크레인이 넘어지는 데는 5초면 충분했다. 하지만 그 사고는 5개월 전부터 예정돼 있었다."

2021년 3월, 경기도 의정부의 한 공공주택 건설현장에서 발생한 타워크레인 전도사고는 바로 그런 사례였다. 텔레스코핑 작업 중 중심을 잃은 크레인의 지브가 꺼지면서 전도되었고, 작업자 1명이 사망하고 장비 파손 및 주변 구조물 붕괴로 약 5억 원대의 피해가 발생했다.

해당 사고는 단일한 부주의로 설명되지 않는다. 사고 조사 결과 설치 시 장착된 앵커 볼트 일부가 이완되어 있었고, 고정부 철판은 설계 기준보다 얇은 비규격 자재였으며, 볼트 점검 표기는 반복적으로 '시공 완료'로만 되어 있었다. 현장에서는 수개월 전부터 진동 이상을 작업자들이 인지했지만 공식 건의는 없었다. 하청 기사들은 "예전에도 그랬다"고 했고, 원청 관리자들은 "공정이 중요하다"며 문제를 묵살했다. 여기서 5개월간의 위험 누적이 이미 시스템 안에서 진행되고 있었음을 알 수 있다.

통계도 이를 뒷받침한다. 한국산업안전보건공단이 2012~2020년 접수한 타워크레인 사고 260건을 분석한 결과, 인양 작업에서 사고 비율이 45.3%, 추락·전도 사고가 전체의 35.8%로 가장 많았다. 사고 원인으로는 '작업방법 불량'이 전체의 38.8%로 가장 높게 나타났다.

또한, 최근 4년간 크레인 관련 중대 재해 사례(2016~2019년)를 분석한 결과, 타워크레인은 전체 사고 중 약 20~42%를 차지했고, 사망자 수 기준으로는 기종별 타워크레인 사고가 전체 사망자의 최대 63%에 이르렀다. 이는 타워크레인이 특히 치명적 사고와 연결되는 핵심 위험 지점임을 의미한다.

이 장에서는 단 하나의 사고를 매개로 위험이 왜 어떻게 사전 경고 없이 쌓이는지, 그리고 그 위험을 시스템이 어떻게 외면하거나 방치하는지를 해부한다. 설계 결함, 감리 형식화, 점검 생략, 감각의 마비, 공정 압박—이 모든 요인이 중심을 잃고 무너지는 구조적 사고이다.

결국, 타워크레인이 일순간 기울어진 5초의 순간은 어떤 우연이 아니다. 그것은 5개월간 반복되어 온 시스템 오류의 종착점이다. 이처럼 중대재해는 "구조가 무너지는 방식"이며, 산업안전은 그 근본적 구조를 무시하는 시스템 전체의 문제를 들여다보는 일이어야 한다.

[각 연도별 사고 건수, 부상자 수 및 사망자 수]

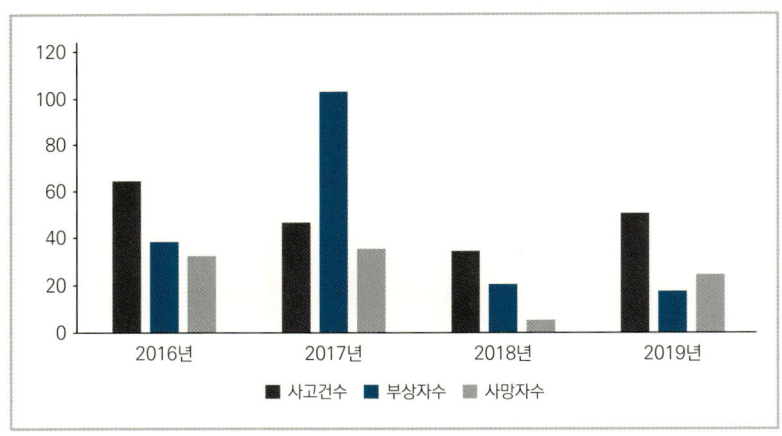

사례: "한쪽만 기울었던 이유"

경기도의 한 물류창고 신축현장에서 발생한 타워크레인 전도 사고는 외형상 '모든 기준을 지킨 현장'에서 발생했다는 점에서 주목할 만하다. 사고 당시 풍속은 4.5m/s로 「산업안전보건기준에 관한 규칙」 제158조(타워크레인의 설치·해체·작업기준)에 명시된 작업 가능 풍속 10m/s 이내였으며, 운전자는 정규직이자 해당 장비의 유효 자격증을 소지한 숙련자였다. 장비 또한 정기점검이 완료되어 있었고, 작동 이력에도 특이사항은 없었다. 하지만 크레인은 지면으로 전도되었고, 조종실에 있던 운전자가 현장에서 즉사했으며, 지상에서 자재를 정리하던 근로자 1명도 중상을 입었다. 문제의 원인은 타워크레인의 하부 지지 장치인 '아웃리거(outrigger)'의 비정상 작동이었다.

사고 감정 결과, 아웃리거 한쪽이 설치된 지반이 고르지 않았고, 강우 이후 토사의 미세한 침하가 있었던 것으로 추정되었다. 이로 인해 전체 크레인 구조물의 수직하중이 불균형하게 분산되었고, 하중 중심의 편향이 누적되어 전도 위험이 커진 것이다. 특히, 사고 발생 일주일 전부터 '기울기 감지 센서'가 3회 경고를 발생시킨 것으로 로그 기록에 나타났지만, 해당 알람은 "작업에는 큰 지장이 없다"는 판단 아래 무시되거나 단순 초기화 처리되었다. 이는 '장비가 경고를 보냈지만, 시스템과 조직이 그 신호를 번역하고 대응하지 못했다'는 점에서 구조적 결함을 드러낸다.

실제 고용노동부가 2020년 발표한 『타워크레인 중대재해 원인 분석 보고서』에 따르면, 타워크레인 사고 중 약 41.7%가 '지반 불안정 및 기초 구조 미비'에 기인하며, 이 중 절반 이상은 사전 알람이나 징후가 존재했음에도 적절한 대응이 이루어지지 않은 경우였다. 특히, 크레인 설치 이후 지반 침하나 경사 변화는 초기 정적 점검만으로는 감지하기 어렵고, 작업 환경의 변화를 반영한 지속적인 모니터링이 필요함에도 불구하고, 많은 현장이 일회성 검사에 의존하고 있는 것이 문제로 지적된다.

해당 사고에서 드러난 핵심은 세 가지다. 첫째, 설계 및 설치 단계에서의 미세한 구조적 오차가 고중량 장비에서는 치명적인 균형 붕괴로 이어질 수 있다는 점. 둘째, 감지 시스템이 경고를 보냈음에도 이를 조직이 무시하거나 인지하지 못하는 '경고의 사일런싱(silencing)' 현상이 여전히 존재한다는 점. 셋째, 현장 관리자와 운전자가 각각의 위치에서 위험의 실체를 공유할 수 있는 '경고 해석 체계'의 부재가 재해로 연결되었다는 사실이다.

요약하자면, 타워크레인 전도는 단 5초 만에 발생했지만, 그 원인은 이미 수일 전부터 장비와 지반, 조직 안에 누적되어 있었다. 위험은 우연히 생기지 않는다. 그것은 언제나 구조와 무시, 그리고 체계의 피로가 만든 예고된 결과다.

인지적 해부: 누적된 무시

경기도의 한 물류창고 신축현장에서 발생한 타워크레인 전도 사고는 흔히 예상되는 '조작 미숙'이나 '기상 악화', '기계 결함' 때문이 아니었다. 모든 외형적 조건은 작업을 수행하기에 '문제없다'는 판단이 가능할 정도였다. 그러나 실제로 사고의 원인은 훨씬 이전부터 현장에 내재되어 있었다. 사고 당시 작업자는 국가공인 자격을 갖춘 경력자였고, 당일 풍속은 4.5m/s로 「산업안전보건기준에 관한 규칙」에서 제시하는 타워크레인 작업 제한 기준인 10m/s를 훨씬 밑도는 수준이었다. 또한 장비의 정기 점검도 완료되어 있었으며, 기계적인 결함은 감정 결과에서 확인되지 않았다.

문제는 눈에 보이는 수치가 아닌, 그 수치를 둘러싼 관리 체계의 무기력에 있었다. 첫째, 사고가 발생한 지점의 지반은 이미 2개월 전부터 미세 침하 현상이 관찰되었고, 현장 관리팀에 의해 수차례 보고되었지만 "작업엔 큰 지장이 없다"는 판단 아래 보수는 이뤄지지 않았다. 둘째, 해당 작업일에는 정식 안전관리자가 현장에 없었고, 대리 인력 없이 크레인 작업이 강행되었다. 이는 「산업안전보건법」 제66조(안전관리자의 배치)에 명백히 위배되는 사항이다. 셋째, 매일 아침 작성되어야 할 작업 전 자체 점검표는 서류상 '정상'으로 처리되었지만, 실제로는 전도 직전까지 기울기 경고가 3회 발생한 기록이 장비 내부 기록장치에 남아 있었다. 그럼에도 불구하고 작업자와 관리자 모두 해당 경고음을 무시했거나, '오작동이 많다'며 해제한 것으로 확인되었다.

이 사고는 '감지된 위험에 대한 무반응'이 만든 구조적 재해다. 고용노동부 산업재해조사 분석보고서(2021)에 따르면, 타워크레인 사고 중 38.2%는 설치 이후 장비나 지반에 이상 징후가 있었음에도 불구하고, 현장이 이를 '정상'으로 간주하거나 대응하지 않았던 사례로 밝혀졌다. 특히 지반 침하나 하중 불균형과 같은 구조적 신호는 계측 장비를 통해 일정 수준 감지 가능하지만, 실제 작동 여부는 '관리자의 해석과 조직의 대응 체계'에 달려 있다. 해당 현장은 경고음을 단순

오작동으로 치부하고 경고 시스템을 해제한 상태였으며, 감지 센서의 반복된 알림이 더 이상 경고로 작동하지 못한 것이다.

더불어 작업 전 점검표가 매뉴얼에 따라 철저히 이행되지 않고 단순 확인 서명으로만 이뤄졌다는 사실은 '문서상 안전'이 실제 안전을 보장하지 못함을 보여준다. 이는 조직이 위험의 신호를 일상화하여 무력화한 구조적 부패를 의미한다. 종합하면, 이 사고는 단순한 실수나 단일 요인의 문제가 아니다. 오히려 시스템 전체가 "위험을 경고했지만 반응하지 않는 조직적 무감각"을 드러낸 것이다. 기술은 경고했지만, 사람과 조직은 그 경고를 해석하고 대응하는 데 실패했다.

산업안전에서 진정 중요한 질문은 "경고가 있었는가?"가 아니라, "경고에 어떻게 반응했는가?"이다.

시스템은 감지한 위험을 '의사결정과 행동'으로 연결하는 유기체여야 한다.

타워크레인은 5초 만에 쓰러졌지만, 그 위험은 수개월간 누적된 무시와 방치의 결과였다. 시스템은 말하고 있었다. 문제는 그 말을 아무도 듣지 않았다는 점이다.

공학적 해부: 구조적 불안정을 인식하고도 무시

경기도 물류창고 신축현장에서 발생한 타워크레인 전도사고는 단순한 현장 실수의 결과가 아니었다. 그 사고는 설계, 시공, 유지보수의 모든 과정에서 축적된 위험이 하나의 '결과'로 터져 나온 것이었다. 사고 발생 직후 감정서에는 다음과 같은 사실들이 드러났다. 첫째, 현장 지반은 비가 오는 날 침하 가능성이 높은 토질이었다. 이는 과거 시추조사에서도 드러난 바 있으나, 기초 설계단계에서 특별한 보강 없이 '사용 가능' 판정을 받았다. 둘째, 타워크레인이 설치된 위치는 초기 설치 당시부터 지반 레벨링(수평 정렬)이 완벽하지 않았으며, 일부 현장 기술자는 레벨 차이 보정을 위해 보조 받침대를 추가로 사용해야 했다고 진술했다.

셋째, 사고 이후 정밀 조사에서 확인된 크레인 하부 고정 볼트 12개 중 3개는 부식된 상태였고, 1개는 체결 토크 기준(산업안전보건공단 권고 기준치 450Nm)에 미달되는 수준으로 고정돼 있었다. 이는 안전 설비 유지관리 기준(산안법 제32조, 산업안전보건기준에 관한 규칙 제225조)에 위배되는 사항이다. 그러나 당시 작업 일지는 해당 부품에 대해 "이상 없음"으로 서명돼 있었으며, 유지보수 점검 주기는 월 1회로 돼 있었으나 실제 점검은 2개월에 한 번 꼴로 이뤄진 것으로 드러났다.

중요한 것은 이러한 위험 신호들이 사고 이전부터 존재했음에도 불구하고 모두 '현장 조정'이라는 이름으로 무마되었다는 점이다. 즉, 타워크레인의 안전성을 보완해야 할 위험 요소들이 반복적으로 보고되었지만, 예산과 공정 압박이라는 현실적 제약 속에서 "지금 당장 공사를 멈출 수 없다"는 판단이 우선되었다. 이러한 판단은 단일 관리자나 엔지니어의 문제가 아닌, 조직 전반에 퍼진 '위험 수용 문화'의 결과다.

한국산업안전보건공단이 2019년 발표한 「건설현장 타워크레인 사고 분석보고서」에 따르면, 전도 사고의 68%가 설치·해체·운영 중 구조물 고정 결함에서 비롯되며, 그중 절반 이상은 이미 설치 당시 위험 요소가 존재했음에도 불구하고, 후속 점검이나 보강 조치를 시행하지 않아 사고로 이어졌다. 특히 보고서는 지반 보강 미흡, 고정 상태 불량, 수평 정렬 실패 등을 "전도 사고의 전조 증상"으로 지적하고 있다.

이번 사고에서도 그 전조는 분명 존재했다. 그러나 시스템은 그것을 감지한 후에도 대응하지 않았다. 수치는 항상 '기준 이내'였고, 작업자는 늘 '문서상 정상'이었다. 그러나 바로 그 문서들이 위험을 은폐하거나 축소하는 도구로 작동했다. 설계 당시 지반 보강이 빠졌고, 설치 당시 레벨링이 조정되지 않았고, 유지보수 단계에서는 부식과 토크 미달이 누락되었으며, 그 모든 문제를 덮은 것은 "공정 차질을 피하라"는 현장의 압박이었다.

결국 이 사고는 단순한 한순간의 구조적 붕괴가 아니다. 그것은 위험을 축적하고 감내하고 외면해온 시스템 전체의 붕괴였다. 재해는 종종 가장 약한 고리에서 발생하지만, 그 고리를 약하게 만든 것은 항상 전체 구조의 무시와 방치다. 우리는 이 사고를 통해 물어야 한다. "이 고정 볼트는 왜 녹슬었는가?"가 아니라, "그 부식을 누가, 언제, 왜 지나쳤는가?"를. 그렇게 묻는 태도 없이는, 다음 붕괴도 이미 예정되어 있을 것이다.

절차적 해부: '정상성 편향'의 반복

경고는 울렸다. 그러나 그것은 아무 일도 일으키지 않았다. 타워크레인 사고 당시, 지반 기울기에 대한 경고음은 최소 3회 이상 울렸고, 이는 크레인 조종석 디지털 판넬에 기록으로 남아 있었다. 그럼에도 불구하고, 조치된 것은 없었다. "늘 있는 일이다", "지금까지 별일 없었다", "오작동일 수 있다"는 말은 현장의 기본 반응이었다. 이와 같은 인식은 정상성 편향(Normalization of Deviance)이라 불리는 심리적 현상이다. 즉, 명백한 이상 징후가 반복되다 보면 오히려 '그런 일은 항상 있는 것'으로 받아들이는 심리적 무감각 상태를 말한다.

이 사고의 핵심은 바로 여기에 있다. 위험 신호가 있었음에도, 그것이 더 이상 '위험'으로 인식되지 않은 시스템의 구조. 실제로 사고 전 1개월간 디지털 기록을 확인한 결과, 크레인 기울기 경고는 3차례 이상 발생했고, 경고 발생 시간도 평균 5분 이상 지속되었다. 그러나 사후 점검 보고서에는 이 경고 기록을 근거로 한 기술적 점검이나 정비 이력은 존재하지 않았다. 또한, 경고음 해제 버튼은 관리자가 수동으로 끌 수 있도록 설정되어 있었고, 사고 당일 오전에도 해제 설정이 되어 있었던 것으로 나타났다.

2021년 한국산업안전보건공단의 [건설중장비 안전관리 실태 보고서]에 따르면, 타워크레인 관련 중대재해의 약 22.6%가 '사전 경고 무시 또는 대응 미흡'으로 발생한 것으로 나타났다. 특히 기계적 경고 시스템을 '오작동 가능성' 또는 '작업 지연 요인'으로 간주해 무시하거나 비활성화하는 사례가 다수 보고됐다. 이러한 행태는 대부분 작업자가 경고에 익숙해진 상태에서 비롯되며, 현장 관리자조차 "이 정도 경고는 항상 있다"고 인식하는 경향이 높다.

경고가 무시되는 구조는 두 가지 조건이 맞물려 있을 때 더욱 강화된다. 첫째, 이전에도 유사한 경고가 있었지만 실제 사고로 이어지지 않았다는 경험. 둘째, 경고에 따라 조치를 취할 경우 공정 지연, 비용 증가 등 실질적 불이익이 따른다는 인식이다. 이 두 조건은 현장의 심리적 판단 기준을 왜곡시키고, 결국 '경고는 울려도 무시한다'는 일상적 행위를 낳는다. 실제로 사고 직후 수거된 크레인 점검일지에는 "전일 이상 없음"이라는 기재만 반복되어 있었고, 경고 발생 시간과 일치하는 조치 내역은 존재하지 않았다.

또한, 크레인 자체의 진동 기록 데이터를 분석한 결과, 사고 전 3일간 진동 수치가 평소 대비 평균 1.7배 증가해 있었으며, 이는 하부 구조의 미세한 불안정성을 나타내는 정량적 지표였다. 하지만 이 데이터를 실시간으로 모니터링하거나 기술적으로 해석한 이도, 정비한 이도 없었다. 이는 측정의 기술은 있었지만, 해석과 대응의 시스템이 부재했다는 점을 시사한다.

이러한 정상성 편향은 타워크레인에만 국한된 문제가 아니다. 많은 산업재해 현장에서 반복적으로 드러나는 공통된 구조이다. 경고가 반복되면, 경고는 더 이상 경고가 아니다. 시스템은 위험을 알려주었지만, 조직은 그 위험을 무시하거나 방치했다. 결국 크레인이 넘어지는 그날, 시스템은 마지막 경고를 했다. 하지만 그 경고를 들을 준비가 된 사람은 아무도 없었다. 그리고 한 명이 사망했고, 한 명이 중상을 입었다.

이 사고는 묻는다. "경고는 왜 무시되었는가?"라는 질문에서 멈추지 말아야 한다. 우리는 더 깊이 물어야 한다. "그 경고를 무시해도 되는 환경은 어떻게 만들어졌는가?"라고. 그것이야말로 이 장에서 우리가 해부하고자 하는 진짜 '시스템의 실패'다.

책임의 해부: 시스템은 분산되어 있었고, 책임도 마찬가지였다

사고를 둘러싼 모든 절차는 존재했다. 크레인 설치는 하청업체가 맡았고, 지반 점검은 별도의 계약업체에서 수행했으며, 작업계획은 원청이 수립했다. 안전 점검은 타 부서 소속 관리자가 담당했고, 운전자는 본사에서 일괄 교육을 수료한 자격자였다. 서류상으로는 체계가 갖춰져 있었고, 관련 법령과 안전관리 규정에 따른 역할 분담도 완료되어 있었다. 그러나 사고는 발생했고, 그 피해는 치명적이었다. 이 사고의 본질은 '책임의 분절'이었다.

경기도의 한 물류창고 신축현장에서 발생한 타워크레인 전도 사고는, 30미터 높이의 장비가 기울어지며 조종사 1명이 사망하고 자재 정리 중이던 작업자 1명이 중상을 입은 사건이었다. 당시 모든 업무는 분업되어 있었고, 각 부문은 자신이 맡은 역할만 수행하고 있었다. 문제는 위험을 감지한 사람과 조치를 할 수 있는 사람 사이에 단절이 있었다는 점이다.

예컨대, 지반 침하 조짐은 크레인 설치 이후부터 이미 현장에서 보고되었지만, 해당 정보를 접한 하청 작업자는 이를 보고했을 뿐 지반 보강을 직접 지시할 권한은 없었다. 안전 점검 담당자는 타 부서 소속으로 현장 작업의 세부적 맥락을 충분히 파악하지 못한 채, 형식적 점검표만 확인했다. 작업계획을 수립한 원청은 지반 상태나 설치 위치와의 정합성을 직접 확인하지 않았고, 크레인 운전자는 교육을 받았지만, 경고음을 반복적으로 무시할 경우 장비를 중지시킬 권한이 없었다. "모두가 각자의 일은 했다. 그러나 전체는 책임지지 않았다."

2022년 고용노동부의 [중대재해 사고조사 보고서]에 따르면, 최근 3년간 발생한 타워크레인 전도 사고 중 약 67%가 '다수 주체 간 책임 미분명'으로 인해 사전 조치가 누락된 것으로 드러났다. 특히 '위험 요소를 인지했으나 관련 부서가 아니어서 보고만 한 경우', '조치 권한이 없는 위치에 있는 담당자가 위험을 방치한 사례'가 가장 많은 유형으로 지적되었다.

이러한 구조는 시스템 내의 의사결정권과 위험 감지 간의 단절을 보여준다. 즉, 실질적으로 위험을 마주하는 작업자나 현장 관리자에게는 경고음을 듣고도 작업을 중단시킬 수 있는 조직적 권한이나 재량이 부여되지 않은 채, 오로지 위에서 결정된 절차만을 수행하는 수동적 구조에 놓여 있다. 이는 '책임은 나눠졌지만, 권한은 집중된 구조'이며, 결국 안전은 모두가 나누지만 아무도 지키지 않는 영역이 된다.

특히 대규모 건설현장의 다단계 하청 구조는 책임 분절의 대표적 예다. 크레인 사고 당시, 현장에는 원청, 1차 하청, 2차 설치업체, 3차 철골 보강업체가 동시에 작업 중이었고, 각 업체는 자신들의 작업 일정에만 집중하고 있었다. 현장의 전체 위험 상황을 통합적으로 볼 수 있는 위치에 있는 사람은 없었다.

결국 이 사고는 보여준다. 절차는 존재했지만, 실질적인 '책임-권한 일치 구조'가 부재했을 때 시스템은 무력해진다. 다시 말해, 위험을 알아채는 사람과 그것을 바로잡을 수 있는 사람이 동일하지 않다면, 시스템은 정보를 감지하더라도 반응하지 못한다. 이는 기술이나 교육의 문제를 떠나, 조직 설계의 실패이다.

이러한 구조는 특정 현장의 문제가 아니다. 오늘날 많은 산업 현장에서 비슷한 구조적 문제를 안고 있으며, '업무는 나눴지만, 책임은 나누지 않는' 체계가 안전관리의 가장 큰 맹점으로 작용하고 있다. 산업 재해는 절차가 없는 데서 생기지 않는다. 절차는 있지만, 그 절차가 서로 연결되지 않을 때, 우리는 같은 재해를 되풀이하게 된다. 이 장은 바로 그런 연결되지 않은 안전관리 구조를 해부한다.

해부의 결론: 크레인은 순간에 넘어졌지만, 시스템은 오래전부터 기울고 있었다

"작업 중 조작 실수로 크레인이 전도되었다." 우리는 산업재해를 이렇게 단순화하곤 한다. 그러나 이 문장은 진실을 축소하고, 책임의 구조를 흐리는 방식이다. 크레인 전도는 단지 장비 하나가 넘어졌다는 물리적 현상이 아니다. 그것은 절차의 누락, 경고의 무시, 책임의 회피,

권한의 분절이 하나의 사고로 응축되어 쓰러지는 과정이다. 다시 말해, 전도란 시스템 전체의 붕괴다.

2021년 고용노동부 산업재해조사 결과에 따르면, 타워크레인 사고의 직접 원인 중 조작 실수는 전체의 약 18.2%에 불과했다. 반면 점검 미비, 지반 상태 불량, 유지보수 결함, 안전규정 미이행 등 시스템적 요인은 67.5%에 달했다. 그럼에도 불구하고 많은 사고 보고서와 언론 보도는 여전히 '조종사의 실수'나 '작업자 과실'로 귀결시키는 경향이 있다. 이러한 해석은 조직의 구조적 책임을 개인의 행동으로 전가하는 방식이다.

특히 타워크레인과 같은 대형 장비는 단순한 조작 실수로 전도되기 어렵다. 크레인 자체는 설계 기준상 지면과의 고정, 바람 저항력, 하중 분산력 등을 감안해 다중 안전장치를 갖추고 있기 때문이다. 그럼에도 전도 사고가 발생한다면, 그것은 이미 수주 전, 수개월 전부터 시스템 안에 누적되어 있던 위험 신호들이 무시되었기 때문이다.

예를 들어, 한 현장에서는 크레인 전도 2개월 전부터 지반 침하가 관측되었지만 보강이 이뤄지지 않았고, 사고 직전 일주일 동안 '기울기 경고'가 세 차례 발생했으나 무시되었다. 점검표는 매일 작성되었지만 실질적인 확인은 없었고, 운전자는 경고음을 장비 오작동으로 인식해 알람을 해제한 상태였다. 다시 말해, "사고는 이미 예정된 일이었다."

또한, 절차는 존재했지만 권한은 분절되어 있었다. 설치는 하청, 유지보수는 제3의 계약업체, 안전점검은 본사 소속 관리자, 운전자는 현장 외 위탁교육 수료자였다. 각자의 역할은 명확했으나, 위험 요소가 발견됐을 때 이를 바로잡을 수 있는 조치 권한을 가진 사람은 부재했다. 조직 내에서 경고를 가장 먼저 인식하는 사람은 하위 실무자이지만, 구조적으로 가장 적은 권한을 가진 사람이기도 하다. 이처럼 정보와 권한이 분리되어 있을 때, 우리는 사고를 미리 '알았지만, 아무도 멈추지 않은' 비극으로 마주하게 된다.

이러한 구조는 정상성 편향(normalization of deviance)이라는 심리현상으로도 설명된다. 즉, 이상 징후가 반복되면 오히려 그것이 정상처럼 받아들여지는 현상이다. 크레인의 소음, 경고음, 진동이 반복되면 어느 순간 누구도 그것을 '위험'으로 인식하지 않는다. 이는 미국의 우주왕복선 챌린저호 폭발 사고에서도 지적된 바 있는 시스템 리스크의 본질적 패턴이다.

결국, 크레인이 전도된다는 것은 단지 쇠로 된 구조물이 무너졌다는 뜻이 아니다. 그것은 위험 신호를 무시한 문화, 조치를 지연시킨 절차, 책임을 미루는 구조, 그리고 안전보다 공정을 우선시한 의사결정 체계 전체가 함께 쓰러졌다는 의미다. 이러한 사고는 결코 '한 사람의 실수'로 환원될 수 없다.

우리가 산업재해를 분석할 때, "왜 그것이 가능했는가"를 물어야 한다. 전도 사고는 경고를 무시하고도 작업이 계속되도록 허용한 시스템의 총합적 실패다. 따라서 이 책에서는 그 구조의 흐름을 해부하고, 어떤 설계가 사람을 지키지 못했는가를 집요하게 추적한다. 산업재해의 해석은 이제 시스템의 언어로 말해야 할 때다.

산업재해의 해부학

재해로 본 인간, 시스템, 그리고 공학의 한계

3부
해부하다:
재해 사례에서 배운다

12

[사례4] 열사병과 작업강도:
"근로시간, 누구의 계산인가"

2023년 8월, 체감온도 38도를 넘긴 오후 2시. 충청북도의 한 태양광 발전설비 설치 현장에서 60대 작업자 C씨가 쓰러졌다. 고개를 들 힘도 없이 주저앉은 그는 구토와 어지럼증을 호소했고, 30분 후 심정지 상태로 병원에 이송됐으나 끝내 사망했다. 사망진단은 '열사병'. 문제는 이 사고가 전혀 예외적이지 않았다는 데 있다. 기후위기와 폭염이 일상이 된 지금, 산업 현장에서 열사병은 반복되는 '예고된 재해'로 자리 잡았다.

고용노동부에 따르면, 2021년부터 2023년까지 3년간 온열질환으로 인한 산업재해 사망자는 총 48명, 이 중 85%가 7~8월 사이 건설·물류 등 실외 고온 작업에 종사한 노동자였다. 그 중 절반 이상이 60세 이상 고령자였고, 다수는 일용직 혹은 하청 노동자였다. 사고가 발생한 날, 현장의 기온은 영상 34도였고, 습도는 70%에 육박했다. WBGT(습구흑구온도지수)는 30.4로, 이는 미국 산업위생전문가협회(ACGIH)가 정한 고강도 노동 시 작업 중지 권고 기준치(29.5)를 초과한 수치였다. 하지만 현장은 공정 일정에 쫓겨 작업을 중단하지 않았고, 휴식 시간은 '현장 여건에 따라 탄력적으로 조정'한다는 사내 지침이 명목상의 안전조치였다.

C씨는 마실 물을 마련하지 못했고, 현장에는 얼음 조끼나 그늘막도 부족했다. 작업 전 교육은 있었지만 '폭염 시 위험 경고' 수준의 문서 교육이었고, 열사병 초기 증상 인지나 응급 대응에 대한 실질적 훈련은 없었다. 결과적으로 그는 체내 온도 40도를 넘긴 상태에서 열에 의한 중추신경계 이상으로 의식을 잃었고, 적절한 응급처치의 부재는 치명적 결과로 이어졌다.

폭염은 기후 현상이지만, 그것이 '재해'가 되는 순간은 사람을 보호할 수 있는 시스템이 없을 때다. 열을 견디는 것은 사회가 설계한 작업 구조와 보호 체계의 문제다. 하지만 한국의 산업현장은 아직까지도 폭염을 작업 중단 사유가 아닌, 일정 지연의 변수로 취급하는 경향이 강하다.

이 장에서는 C씨의 사고를 단순한 '무더위에 쓰러진 사건'으로 보지 않는다. 그것은 기온의 상승보다, 무대응의 축적이 만든 결과다. 앞으로 기후위기 시대의 산업재해를 다룰 때, 우리는 '날씨'만 보아선 안 된다. '열을 재해로 만드는 시스템'—그 구조를 함께 보아야 한다.

사례: "땀을 너무 많이 흘리던 사람"

2023년 8월 중순, 경남의 한 태양광 발전소 건설현장에서 만 59세의 하청 노동자 C씨가 사망했다. 그는 당일 오전부터 자재 운반 작업을 반복했으며, 오후 3시경 작업 도중 쓰러진 채 발견되었다. 병원으로 긴급 이송되었지만, 도착 당시 C씨의 심부 체온은 41.2도, 사망 원인은 열사병으로 판명되었다. 외부 기온은 섭씨 34도, 체감온도는 이를 훨씬 웃도는 상황이었다. C씨는 긴팔·긴바지의 작업복을 입고, 4시간 이상 연속적으로 작업한 것으로 확인되었다.

문제는 표면적으로는 아무 문제도 없어 보이는 문서들이다. 사고 후 제출된 현장 관리자 보고서에는 "지시된 적절한 휴식시간은 보장되었음"이라는 문구가 기재되어 있었다. 그러나 유족과 동료 진술에 따르면 C씨는 점심 이후 단 한 번도 작업 구역을 이탈하지 않았고, 기록된 '휴식시간'은 실제 휴식보다 단순 물류 대기 시간에 불과했다. 그늘막이나 냉방 설비는 현장에 설치되어 있지 않았으며, 휴게 장소는 작업 구간에서 도보로 7분 이상 떨어진 임시 컨테이너였다. 실질적인 휴식을 취하기 어렵다는 점은 누구나 알고 있었지만, 그날의 작업량은 예정된 공정 진도율을 맞추기 위해 축소 없이 진행되었다.

고용노동부 산업재해 통계에 따르면, 2022년 기준 온열질환에 의한 산업재해 사망자는 24명이며, 이 중 70% 이상이 60세 전후의 고령 근로자였다. 특히 건설업종 하청노동자가 다수를 차지하고 있으며, 기온 33도 이상에서 장시간 외부작업 시 열사병 위험이 급격히 증가한다는 것은 이미 여러 국외 산업보건 연구에서 반복적으로 입증된 사실이다. 미국 NIOSH(국립직업안전보건연구소)는 WBGT(습구흑구온도지수) 30.0 이상 시 중간 작업 강도의 야외 작업을 중단할 것을 권고하고 있고, 한국산업안전보건공단(KOSHA)도 기온 33도 이상 시 작업시간 단축과 1시간당 최소 10~15분의 휴식, 냉방 설비 보조 장비 제공을 명시한 바 있다. 그러나 C씨의 사고 현장에서는 이런 권고 기준이 단 한 항목도 실효적으로 적용되지 않았다.

게다가 '지시된 조치는 있었다'는 서류상 안전조치는 실질적인 예방 시스템의 부재를 감추는 기능을 하고 있었다. 관리자는 "휴식시간은 존재했다"고 기록했지만, 실제로 그것이 실행되었는지, 충분했는지, 관리·감독되었는지는 확인되지 않았다. 이는 한국 산업현장에서 흔히 나타나는 '형식적 안전 관리'의 대표적인 사례.

이 사고는 한 사람의 건강 문제도, 일시적 더위의 문제도 아니었다. 고령 하청노동자, 무리한 연속작업, 열악한 작업복, 형식적인 보고체계, 공정 압박으로 인한 휴식 실질화 실패. 이 모든 요소는 '폭염 속 재해'가 아닌, 구조적으로 예정된 죽음이었다. 열사병은 고온 환경에서의 신체 반응이지만, 그것을 제어하거나 예방하지 못한 조직의 태만이 곧 재해의 실체다.

산업재해란 사람의 실수가 '죽음'으로 이어지도록 구조화된 시스템 때문이다. C씨의 사망은 "사람을 보호하지 않았다"는 사회 시스템의 실패였다. 그리고 그 실패는 앞으로도 기후위기의 일상화 속에서 반복될 위험을 내포하고 있다.

시간적 해부: 누구의 '표준 시간'인가?

관리자는 말했다.
"근무시간은 8시간이고, 2시간마다 휴식 15분을 제공했습니다."
그러나 고(故) C씨는 그 휴식시간을 실제로 사용하지 못했다. 표면적으로는 법적 기준을 충족했을지 모르지만, 실제 현장의 시간은 다르게 흘렀다.

당일 C씨가 작업한 현장은 공정 진도율이 일정에 미달되어 있었고, 관리자 측은 점심시간 이전까지 특정 자재 정리를 마무리하라고 지시했다. 이로 인해 휴식보다는 '작업을 끝내야 한다'는 압박감이 더 크게 작용했다. 더욱이 해당 구역은 인력 배치가 불균형하여, 동일 작업량을 혼자 수행해야 했던 상황이었다. 당시 C씨는 만 59세, 고령자였음에도 불구하고 고강도 반복 작업을 4시간 이상 단절 없이 수행했다.

한국산업안전보건공단의 '고온환경 근로자 건강보호 가이드'에 따르면, WBGT(습구흑구온도지수)가 30을 초과하면 1시간 작업 후 15분 이상 휴식, 33도를 초과하면 중간 강도 작업 자체를 금지하거나 대체할 것을 권고하고 있다. 또한 고령 근로자의 경우 심혈관계 부담이 더 크기 때문에, 일반 기준보다 더 강화된 관리가 필요하다고 명시돼 있다. 하지만 사고 당시 C씨는 기온 34도, 체감온도 38도 이상의 조건에서 장시간 무휴 작업을 강요받은 셈이다.

또한 현장의 휴식공간은 실제로 작업 장소에서 도보로 5~7분 이상 떨어진 컨테이너, 음료나 냉방 설비는 충분히 제공되지 않았다. 이처럼 휴식장소의 접근성, 환경의 적절성, 실제 사용 가능성이 확보되지 않는다면 법적으로 '제공된 휴식시간'은 실질적 무의미해진다. 현장의 동료들은 "누가 먼저 쉴 수 있는 구조가 아니었다"며, 나이 많은 작업자일수록 스스로 더 조심하며 쉬지 못했다고 증언했다.

이처럼 작업자의 입장에서의 '시간'과 관리자의 입장에서의 '시간'은 다르다. 관리자는 제공했다고 말하고, 문서에는 남아 있지만, 작업자가 실제로 쓸 수 없는 시간은 존재하지 않은 시간과 같다. 이는 작업강도를 판단할 때 단순히 작업량과 작업시간만을 기준으로 삼는 현 산업계 관행의 위험성을 드러낸다. '작업강도'란 일의 양과 함께 그것을 수행하는 작업자의 신체 조건, 연령, 환경, 주어진 휴식 시간의 질과 실효성 등 복합적 요소가 반영되어야 한다.

고용노동부의 2023년 통계에 따르면, 폭염으로 인한 온열질환자 중 65% 이상이 휴식 부족을 주요 원인으로 꼽았고, 특히 60세 이상 고령 노동자의 피해율은 전체 대비 1.8배 높았다. 또한 사망 사례 중 약 72%는 휴식 제공 기록이 있었지만, 실효성은 낮았던 것으로 확인되었다.

즉, "휴식시간을 제공했다"는 진술은 사실일 수 있으나, 진실은 아닐 수 있다.

관리의 책무는 시간을 할당하는 것에서 더 나아가, 그 시간을 쓸 수 있는 조건을 마련하는 것이다. 노동자의 몸은 근무표대로 움직이지 않는다. 결국 C씨의 사망은 '제공된 휴식'이 아닌 '사용할 수 없는 구조'의 결과였으며, 이는 산업 시스템이 작업자의 현실을 고려하지 않았다는 증거다.

산업재해란 주어진 규정이 작업자의 생존조건과 맞지 않을 때 비로소 발생한다. 작업강도는 작업의 양을 견딜 수 있는 사람의 조건을 함께 고려할 때 비로소 안전해진다.

의학적 해부: '열'은 조직하지 않으면 사람을 죽인다

열사병은 그 병리 구조가 단순하고 명확하다.

첫째, 외부 고온 환경에서의 작업은 체온 상승을 유발한다. 여기에 둘째, 체열을 효과적으로 발산하지 못하는 조건이 결합되면(예: 고습도,

통풍 불량, 두꺼운 작업복, 지속적인 육체 활동), 체내 열 축적은 급격히 가속화된다. 셋째, 충분한 수분 섭취가 이뤄지지 않거나 탈수가 진행될 경우, 혈액 순환이 느려지고, 체온 조절 시스템이 마비된다. 이로 인해 체온이 섭씨 40도를 초과하면 중추신경계 기능이 저하되고, 다발성 장기부전(multiple organ failure)으로 이어진다.

이는 세계보건기구(WHO)와 미국질병통제예방센터(CDC) 모두 열사병의 대표적인 기전을 같은 방식으로 정의한다.

그러나 이렇게 명확한 생리학적 경로에도 불구하고, 사고가 발생하면 조직은 책임을 개인에게 전가한다.

대표적인 반응이 "쉬라고 했는데 왜 안 쉬었냐"는 것이다. 이 문장은 작업자의 자율성만을 강조하는 것이 아니라, 생리적 반응조차 개인의 판단 문제로 축소시키는 문화적 프레임을 반영한다.

이런 관행은 '구조적 요인'을 제거하지 않고, 개인의 선택만 문제 삼는 방식이다. 하지만 현실은 어떠한가?

근로복지공단이 2022년에 발표한 '온열질환 산재신청 분석'에 따르면, 열사병 등 온열질환 산재 승인 건수 중 79.1%는 고령자(만 55세 이상)였으며, 이들 중 상당수가 휴식시간은 제공됐지만 실질적으로 사용하지 못한 경우였다.

또한, 한국산업안전보건연구원의 2023년 보고서에서는 폭염 시 작업자가 실제 사용할 수 있었던 휴식시간이 제시된 휴식시간의 60% 이하였던 현장이 전체의 63%를 차지했다.

왜 이러한 괴리가 생길까?

- "팀 분위기가 쉬는 걸 눈치 주는 분위기였다"

- "작업 지시가 '이거 끝내고 쉬자'였다"

- "쉬는 공간이 멀고 더워서 차라리 일하는 게 나았다"

실제 현장 인터뷰에서 도출된 응답들이다.

즉, '쉬라고 했는데 왜 안 쉬었냐'는 말은 현실을 외면한 문장이며, 실질적인 맥락을 무시하고 결과만 개인의 탓으로 돌리는 서사다.

게다가 열사병은 발현 속도가 빠르다.

심부 체온이 40도 이상 올라가면 15~30분 내에 의식 저하와 신경계 이상이 발생하며, 1시간 이내에 적절한 조치가 없다면 사망률은 70% 이상으로 급상승한다.

이러한 급성 증상은 개인의 의지로 조절할 수 있는 것이 아니다. '그전에 쉬었다면 괜찮았을 것'이라는 판단은 결과론적 오류이며, 실제로는 열이 오르는 순간부터 판단력과 운동 조절 능력이 동시에 무너지기 시작한다.

또한 노동자들은 작업 중 생기는 이상 증상을 명확하게 자각하지 못하거나 무시하도록 훈련되어 있다. "땀이 안 나기 시작했어요", "현기증이 잠깐 있었는데 무시했어요" 등의 증언은 생리적 신호에 대한 자기 인식이 낮은 상태를 보여준다.

이는 조직 전체가 생리적 경고에 반응하지 않도록 사회화되어 있다는 증거다.

따라서 열사병 예방은 '더위에 조심하라'는 교육이나, 표준화된 휴식 시간 제공만으로는 불충분하다.

조직 구조적으로 누구나 경고를 제기할 수 있고, 누군가의 증상이 나타났을 때 즉시 작업이 중단될 수 있으며, 정해진 시간 외에도 작업자가 스스로 신체 이상을 판단해 쉬어도 눈치 받지 않는 문화가 필요하다.

또한 휴식 공간의 온도와 접근성, 냉방 장비의 상태, 수분 섭취 체계, 조기증상 교육 등 '쉬는 것' 자체가 실현 가능하도록 설계되어야 한다.

열사병은 예외가 아니다. 그리고 개인의 책임도 아니다.

그것은 조직이 생리학을 무시할 때 생기는 사회적 병리이며, 우리가 산업재해를 구조적으로 바라봐야 할 이유다.

제도적 해부: 보호구가 오히려 위험을 키우는 아이러니

"안전을 위한 복장이 오히려 위험을 키우는가?" 이는 폭염 속 산업현장에서 반복되는 아이러니다. 실제로 59세의 건설 노동자 C씨는 안전화를 신고, 헬멧을 쓰고, 방진 마스크에 긴팔 작업복까지 착용한 채 자재 운반 작업에 임했다. 표준적 보호구 착용 기준을 완벽히 지킨 셈이다. 하지만 그날 C씨는 심부 체온 41.2도, 열사병으로 쓰러졌고, 끝내 사망에 이르렀다.

즉, 그는 모든 '안전 기준'을 따랐지만, 그 기준이 열사병을 막지는 못했다.

여기서 중요한 점은, 보호구(PPE: Personal Protective Equipment)의 '기능'과 '현장 조건' 간 괴리다.

산업안전보건법 시행규칙 제40조는 "작업장 유해요인에 따른 적절한 보호구 착용"을 의무화하고 있으며, 건설업기초안전보건교육 매뉴얼도 기본적으로 긴팔, 긴바지, 마스크, 안전화를 권장하고 있다. 그러나 보호구는 유해물질·낙하물·분진·충격 등 특정 위험요소로부터의 보호를 목적으로 설계된 장비이며, 체온 조절이나 열 발산을 고려한 설계는 거의 이루어지지 않는다.

실제로 한국산업안전보건연구원(KOSHA)의 2022년 '폭염 대응 근로자 건강보호 지침'에 따르면, 헬멧은 착용 시 두피 온도를 약 1.5~2.3℃ 상승시키며, 방진 마스크는 호흡 저항 증가로 인해 체온 조절에 큰 부담을 준다고 분석되어 있다. 특히 마스크와 긴팔 작업복을 착용한 상태에서는 열 발산율이 최대 30% 감소할 수 있으며, 땀의 증발 효율도 떨어진다. 이러한 조건에서 격한 작업을 지속하면 체내 열 축적은 급속히 진행되고, 짧은 시간 내 체온이 섭씨 40도를 넘을 수 있다.

이처럼 보호구는 분명히 필수적이다. 그러나 그것이 착용된 조건이 기온, 습도, 작업 강도와 맞물려 어떻게 작용하는지에 대한 고려 없이 일률적으로 적용될 경우, 본래의 목적과 달리 '2차 위험 요소'로 작용할 수 있다.

게다가 현장에서는 보호구를 벗거나 조정하기 어렵다. 왜냐하면 보호구 미착용 시 벌점 또는 제재, '작업 중 안전 불감증'으로 낙인, 관리자 점검에서 지적당할 가능성 등 이 모든 구조가 '정해진 보호구는 무조건 착용해야 한다'는 압박을 만든다.

이러한 배경 아래, C씨가 땀이 증발되지 않는 작업복을 입고, 마스크로 코까지 덮고, 햇볕 아래서 반복 노동을 이어갔다는 것은 단지 개인의 문제가 아니다. 그것은 '기준은 있으나 예외는 허용되지 않는 제도'의 구조적 한계다.

게다가 이 현장은 "휴식 시간은 제공되었고, 보호구는 적절히 지급되었다"고 서류상 문제없음을 주장했다. 하지만 실제 체감온도는 38도였고, C씨는 연속 4시간 이상 작업했으며, 보호구 착용 상태는 체온 발산을 억제하고 탈수를 가속시켰다.
이는 서류상 '충분한 조치'가 현장에서는 '누적된 부담'으로 작용할 수 있음을 보여준다.

결국 보호구는 안전의 마지막 방어선이지만, 그것만으로는 완전하지 않다.
보호구 사용 기준은 반드시 환경적 조건(기온·습도·작업강도)에 따라 유연하게 설계되어야 하며, 폭염 시에는 '경량형 보호구' 개발·보급, 작업 시간 단축과 교대근무 확대, 보호구 착용 시간에 따른 주기적 쿨링 타임 부여 같은 체계적 대응이 필요하다.

'잘 착용했는가'에서 그치지 않고, '그 착용이 실제로 안전했는가'를 묻는 관점이 필요하다.

'보호구는 착용했지만, 그것이 재해를 막지 못한 사례'를 통해, 우리는 산업안전에서 가장 근본적인 질문을 다시 던지게 된다.
"기준을 지킨다고, 모두 안전한가?"

수치적 해부: '합리적인' 근무 시간이라는 환상

"8시간 근무, 1시간 휴식"이라는 표준은 산업현장에서 보편적인 노동 조건으로 자리잡았다. 고용노동부의 「근로기준법 시행령」 제53조는 일일 8시간, 주 40시간 근로를 기본으로 하며, 4시간 이상 근무 시 30분 이상, 8시간 이상 근무 시 1시간 이상의 휴게시간을 부여하도록 규정한다. 그러나 이 기준은 어디까지나 '최소한의 법적 조건'이며, 모든 작업자에게 동일한 안전을 보장하지는 않는다.

특히 외부 현장, 고온 다습 환경, 반복적 육체노동, 단독작업 환경에서는 이 표준이 오히려 '리스크'가 된다. 고령 노동자, 기저질환자, 심혈관계 민감군에게 8시간 근무는 물리적 피로 누적과 함께 생리적 한계를 초과하는 시간일 수 있다. 예를 들어, 대한직업환경의학회와 산업안전보건연구원의 2022년 공동 보고서에 따르면, 만 60세 이상 노동자 중 47.8%가 "표준 근무시간에도 지속적인 피로를 호소"하며, 이들의 심박수 상승률은 젊은 층에 비해 평균 18~23% 더 높게 나타났다.

더욱이 고온 환경에서의 반복 작업은 휴식의 질을 저하시키며, 회복 시간 자체를 연장시킨다. KOSHA의 '폭염 대응 매뉴얼'은 WBGT(습구흑구온도) 지수가 30을 초과하는 환경에서 15~20분 작업 후 최소 10분 이상의 쿨링 타임을 반복해야 한다고 제시한다. 하지만 많은 현장에서는 "2시간마다 15분", 혹은 "점심시간 전까지 집중작업"이라는 일률적인 방식을 고수한다. 이 시간 기준은 젊고 건강한 근로자에게도 무리가 될 수 있으며, 고령자나 약자에게는 실질적인 위험으로 작용한다.

실제 2023년 여름, 경남지역 한 폐기물 처리장에서 일하던 63세 D씨는, 폭염 속 오전 9시부터 3시간 이상 작업 후 쓰러졌다. 그는 고혈압약을 복용 중이었고, 일일 정기 휴식 시간은 지켜졌지만, 기온 33도, 체감온도 37도에서 진행된 단독 작업이었다. 조사 결과, 관리자들은 "법정 휴식시간은 제공되었고, D씨도 별다른 이상을 말하지 않았다"고 진술했다. 그러나 사망 직전 혈중 전해질 농도와 체온은 급격한 탈수·열중증의 전형을 보여주었다.

이 사례는 "정해진 시간"과 "필요한 시간" 사이의 괴리를 보여준다. 노동의 '표준화'는 효율성과 계약의 명확성을 위해 필요하지만, 생리적 반응과 건강 조건은 사람마다 다르며 환경에 따라 변한다. 동일한 8시간이 한 사람에게는 견딜 수 있는 시간이지만, 다른 사람에겐 재해를 유발하는 과로가 될 수 있다는 사실은 여전히 제도적으로 충분히 반영되지 않고 있다.

근무시간의 기준은 물리적 시간과 함께 작업자의 생리적 복원력과 환경적 리스크 요인을 함께 고려해야 한다. 이를 위해 다음과 같은 보완이 필요하다:

- 연령대별, 질환 이력별 맞춤 작업시간 조정 권고안 마련
- 폭염 · 한랭 · 고소작업 등 위험 환경에서는 '가변적 근무제' 도입
- 작업 전 건강 확인 및 심박 · 체온 실시간 모니터링 시스템 구축
- '표준시간'이 아닌 '적정 노동 설계'에 기반한 안전 가이드라인 제정

8시간 노동이 모든 사람에게 '정상'일 수는 없다. 우리가 기준이라고 믿는 시간이 누구에게는 위험이 될 수 있다는 사실을 인식하는 것, 그

것이 산업재해 예방의 시작이다. 표준이란 안전을 보장할 수 있는 '최소한의 배려'가 되어야 한다.

시스템 해부: 시간은 있었지만 '쓸 수 없었다'

2023년 여름, 고온경보가 반복되던 경남의 한 태양광 발전소 건설현장에서, 만 59세 하청노동자 C씨는 작업 도중 열사병으로 사망했다. 당시 기온은 34도, 체감온도는 38도에 육박했으며, C씨의 심부체온은 병원 이송 시점에 41.2도로 측정되었다. 공식 사인은 열사병이었지만, 이 사고를 "더운 날씨 탓"으로만 돌릴 수는 없다. C씨가 처한 환경과 작업 구조는, 단순히 기온이 아니라 '열을 견딜 수 없도록 설계된 구조'였기 때문이다.

표면적으로는 안전 지침이 존재했다. 해당 업체는 「폭염 시 작업자 보호지침」에 따라 2시간 작업 후 15분 휴식, 작업 중 수분 섭취 권장, 작업복 기준 준수 등을 명시해 두었다. 관리자 진술서에도 "지침에 따라 근무시간 및 휴식시간은 운영되었다"고 기재되어 있었다. 그러나 실제 작업현장은 이와 거리가 멀었다.

첫째, 쉴 수 있는 그늘이 없었다. C씨가 작업한 구간은 산간지역 야외로, 임시 쉼터조차 설치되지 않았고, 이동거리도 멀어 실질적인 '휴식'은 불가능했다.

둘째, 수분 섭취 접근성 문제가 있었다. 냉장된 물과 이온음료는 컨테이너 내 공용으로 보관되어 있었으며, 자재 적재지에서 이 장소까지는 200m 이상 떨어져 있었다. 특히 고령의 작업자들이 자주 이동하기 어려운 거리였다.

셋째, 조직 내부의 눈치와 압박이 작용했다. 같은 하청팀의 동료는 "C씨가 쉬겠다고 말한 적은 한 번도 없었다"며 "항상 먼저 끝내자고 했다"고 진술했다. 하지만 이는 다음과 같은 환경적 압박 때문이었다.

- "점심 전까지 마무리해달라"는 상급자의 일정 압박
- 고령자에 대한 무의식적인 차별("일이 느리다"는 인식)
- 관리자 부재 시 동료끼리 교대로 쉬는 '비공식 룰'

넷째, 관리자 부재 시 쉬는 문화가 오히려 시스템을 왜곡했다. 작업자는 공식적으로 쉬는 시간보다, '관리자가 현장에 없을 때'를 더 자연스러운 휴식 시간으로 인식하고 있었다. 이는 감시의 시선 아래에서만 노동이 '진짜 노동'으로 인정된다는 구조적인 압박을 드러낸다.

대한산업안전협회의 2022년 보고서에 따르면, 폭염 노출 현장에서 온열질환 사고가 발생한 경우, 68.7%가 '지침은 존재했으나 실질적으로 작동하지 않았다'고 분석되었다. 또한, 동일 보고서에서는 열사병 사망자의 52%가 60세 이상, 사고 시간대는 주로 오후 2~4시 사이로 집중되어 있음을 보여준다. 이 수치는 '지침'보다 '실행 가능성'이 무엇보다 중요함을 말해준다.

결국 C씨의 죽음은 휴식은 있으되 휴식할 수 없는 구조, 보호구는 있으되 체온 발산을 차단하는 복장, 수분은 있으되 접근이 어려운 환경, 지시는 있으되 존중받지 못한 개인의 선택이 중첩된 결과다.

열사병은 생리학적으로는 단순하다. 고온, 탈수, 혈압 저하, 장기 부전이라는 명확한 경로를 따른다. 그러나 그 경로는 현장 구조와 결합되며 비극을 낳는다. 우리는 이 사고를 통해 깨달아야 한다: 이 사람은 '열' 때문에 죽은 것이 아니다. '열을 무시하도록 설계된 구조'에서 죽었다.

산업재해는 언제나 물리적 원인과 사회적 구조가 교차하는 지점에서 발생한다. 진정한 예방은 '그 지침이 작동했는가, 그 작동이 인간의 몸과 시간에 닿았는가'를 묻는 것에서 시작된다. 그리고 이 질문은, 우리의 산업현장이 진정으로 안전한가를 가늠하는 바로미터다.

해부의 결론: 온도는 숫자지만, 사람은 감각이다

2023년 여름, 기상청 발표에 따르면 해당일의 공식 기온은 34도, 체감온도는 38도였고, 열대야 및 폭염특보는 발령되지 않았다. 그러나 바로 그날, 경남의 한 태양광 발전소 건설현장에서 59세 하청 노동자 C씨는 열사병으로 쓰러졌고, 병원 도착 시 심부체온 41.2도, 최종 사인은 다발성 장기부전으로 확인되었다. 이처럼 기상청의 수치가 '기준치 이내'라고 해도, 그것이 곧 '위험하지 않은 날'은 아니라는 사실이 다시 한 번 입증되었다.

기상청의 폭염 특보 발령 기준은 일최고기온 33도 이상이 2일 이상 지속될 것으로 예상될 때이며, 이는 지역 평균 기온에 근거한다. 하지만 건설현장, 아스팔트 위, 조립식 구조물 내부와 같은 작업 환경은 이러한 평균값보다 현저히 높은 실측 온도를 보이는 경우가 많다. 고용노동부 산업안전보건연구원에 따르면, 실제 작업장 표면 온도는 45도 이상까지 상승할 수 있으며, 헬멧 내부 온도는 50도를 넘는 사례도 있다.

문제는 이처럼 실질적인 고온 노출이 작업자의 체감에는 반영되지만, 공식 문서와 관리체계에는 반영되지 않는다는 점이다. C씨의 사고 당일, 관리자 보고서에는 "기상청 기준상 작업 가능한 날"이라는 문구가 포함되어 있었고, 현장에는 별도 고온 알림이 전달되지 않았다. 즉, 시스템은 '수치'를 기준 삼아 판단했지만, 작업자는 그 수치를 '몸'으로 먼저 경험하고 있었다.

노동자 A씨는 사고 전 인터뷰에서 "작업복 안이 쪄서 속옷까지 젖고, 어지러울 정도였다"고 진술한 바 있다. 그러나 이런 증상은 작업 일지나 위험요인 보고서에 기록되지 않았고, 관리자 역시 이를 주관적 피로로 간주했다. 이는 산업현장에서 "정량화되지 않은 위험은 존재하지 않는 것으로 취급"되는 구조를 드러낸다.

현행 산업안전보건기준에 따르면, 폭염 시 고위험 작업자는 하루 4시간 이상 연속 작업을 제한해야 하며, 열쾌적 환경 제공 및 즉각적 조치를 취해야 한다. 그러나 이 조항은 '폭염 특보'가 전제되어야 가동된다. 즉, 기상청 기준이라는 '외부 수치'에 의해 작업자의 안전이 정당화되거나 무시되는 구조가 반복되고 있는 것이다.

이러한 구조적 맹점은 2022년 고용노동부가 발표한 '폭염 관련 산업 재해 분석 보고서'에서도 확인된다. 보고서에 따르면, 열사병으로 인한 사망 사고 17건 중 11건이 폭염 특보 미발령일에 발생했고, 이들 대부분은 공사 현장 및 야외작업 환경에서 발생했다. 또한 사망자의 76%는 50세 이상 고령 노동자였으며, 이들의 사고 시간은 주로 오후 1시~4시 사이로 집중되었다.

결국 우리가 직면한 문제는 '기준을 넘지 않았으니 괜찮다'는 착각이다. 산업안전에서의 기준치란 "이 수치를 넘으면 위험하다"는 뜻이지, "이 수치 이하면 무조건 안전하다"는 뜻이 아니다. 특히 열, 소음, 독성물질처럼 생체 반응이 다양하게 나타나는 요인에 대해서는 작업자의 주관적 감각이 가장 초기 경고이며, 가장 정직한 신호다.

하지만 지금의 산업안전 체계는 그 감각을 측정하거나 문서화하지 않고, 오히려 무시하거나 "개인 건강 문제"로 돌리는 경향이 있다. 이러한 관성은 관리 시스템의 구조적 무능을 감춘 채, 결과적으로 죽음을 개인의 책임으로 귀속시키는 문화로 이어진다.

C씨가 열을 견디다 쓰러졌을 때, 시스템은 이미 여러 번 경고를 받았던 셈이다. 하지만 그 신호는 작업자의 땀과 숨, 피로 속에만 존재했을 뿐, 문서와 관리표에는 존재하지 않았다. 산업재해를 줄이기 위해 필요한 것은 작업자의 감각을 위험 인지의 중요한 척도로 삼는 문화와 구조의 변화다.

그렇지 않다면, 위험은 계속해서 수치 '이내'에 머물 것이고, 우리는 그 수치가 아닌 사망진단서에서만 그 위험을 발견하게 될 것이다. 이것이 바로 '보이지 않는 열'이 만든, 너무나 뚜렷한 비극이다.

산업재해의 해부학

재해로 본 인간, 시스템, 그리고 공학의 한계

3부
해부하다:
재해 사례에서 배운다

13
[사례5] 출퇴근 재해:
"재해의 경계는 누가 그리는가?"

2018년 산업재해보상보험법 제5조 제2호가 개정되면서, '통상적인 경로와 방법에 의한 출퇴근 중 발생한 사고'도 산업재해로 인정받을 수 있게 되었다. 이는 이전까지 "업무 수행 중 발생한 사고"만을 산재로 인정하던 좁은 해석에서 벗어나, 노동자의 일상적 이동 또한 노동의 연장선상에 있음을 법적으로 승인한 변화였다. 그러나 이 조항이 현실에 적용되는 과정에서는 여전히 많은 경계가 모호하게 설정되고 있다.

서울의 한 식당에서 일하던 여성 노동자 D씨는 2021년 12월, 새벽 5시 첫차를 타고 출근하던 중 교통사고를 당해 사망했다. D씨는 자택에서 1.5km 떨어진 정류장까지 도보로 이동했으며, 사고는 횡단보도에서 발생했다. 유족은 산업재해 신청을 했고, 1심에서는 '통상적인 출퇴근 경로이며, 사고 당시 업무 외 다른 목적이 없었다'는 점에서 산재로 인정되었다. 그러나 사용자인 식당 측은 "근무 시간이 유동적이고, 해당 시간은 통상적인 출근 시간으로 보기 어렵다"며 항소했고, 2심에서는 "개인의 생활 경로인지, 업무 목적의 이동인지 불명확하다"는 이유로 기각되었다.

이처럼 같은 사고에도 판결은 엇갈리고, 결국 재해의 인정 여부는 노동자의 사망 이후 그 동선에 대한 문서와 진술에 따라 달라진다. 고용노동부 산업재해 인정현황에 따르면, 2022년 출퇴근 재해 신청 8,943건 중 6,712건(약 75%)이 인정되었지만, 나머지 2,231건은 '경로 이탈', '개인 목적', '중간 경유지 이용' 등의 이유로 불승인되었다. 이는 곧 출퇴근 재해가 법적으로 열려 있음에도 불구하고, 여전히 노동자의 동선 하나하나가 해명되어야만 권리를 인정받는 구조임을 보여준다.

특히 여성 노동자의 경우, 아이 등원, 장보기, 부모 병문안 등 다양한 일상 활동이 경로에 섞여 있기 때문에, "업무 목적의 이동"이라는 단일 기준을 충족시키기 더 어렵다. 실제로 고용노동부 2020년 통계에 따르면, 출퇴근 재해 신청자 중 여성의 불승인율은 남성보다 1.8배 높게 나타났다. 이는 노동 외적 삶의 시간과 공간이 '노동자의 이동'에서 배제되는 구조를 반영한다.

결국, "재해냐 아니냐"를 가르는 기준은 단순하지 않다. 법 조항은 열려 있지만, 그 문턱은 여전히 노동자에게만 해명을 요구하는 구조로 작동한다. 누구에게는 "당연한 출근길"이, 누구에게는 "개인 사정으로 인한 이동"으로 간주된다면, 그 기준은 법보다 사회적 통념과 해석자(기업, 공단, 판결)의 권한에 의해 좌우되는 셈이다.

D씨가 넘어진 곳은 횡단보도였지만, 그 사고가 산재로 인정받을 수 있는지 여부는 법보다 사회가 가진 노동의 인식 수준을 반영한다. 재해는 늘 경계에서 발생하며, 그 경계의 위치는 권력과 해석이 만드는 선이라는 사실을 우리는 잊지 말아야 한다.

사례: "그날, 돌아오는 길이었다"

서울 외곽에 거주하던 D씨는 경기도 화성에 위치한 한 식품가공공장에서 일하던 일용직 여성 노동자였다. 하루 평균 근무시간은 10시간 이상, 퇴근 시간은 밤 10시 30분이었다. 평일 대부분을 공장과 집, 그리고 회사 셔틀버스에 의존해 이동하던 그는, 사고 당일은 막차 셔틀이 끊긴 후 도보로 정류장까지 이동해야 하는 상황에 놓여 있었다. D씨는 시내버스를 타기 위해 공장에서 약 1.2km 떨어진 정류장까지 15분간 걸어서 이동 중, 횡단보도에서 음주운전 차량에 치여 현장에서 사망했다.

유족은 산업재해보상보험법 제5조 제2호에 따라 '통상적인 출퇴근 경로' 중 발생한 사고로 보고 산재를 신청했다. 그러나 회사는 해당 경로가 셔틀 이용이 아닌 도보 이동이므로 '통상적 경로'에 해당하지 않으며, 근로시간 이후의 개인 시간에 발생한 사고이기 때문에 산재 요건을 충족하지 않는다는 입장을 고수했다. 즉, 같은 이동이라도 교통수단에 따라 '업무와의 연관성'이 달라진다는 주장이었다.

그러나 산업재해보상보험공단의 통계에 따르면, 2022년 기준 출퇴근 중 발생한 재해 신청은 총 8,943건이며, 이 중 약 75.1%인 6,712건이 산업재해로 인정되었다. 이 가운데 도보 이동 중 사고 역시 포함되어 있으며, 사고 당시 경로가 업무를 마친 후 귀가를 위한 이동 중이었다면, 원칙적으로 산재 인정 대상에 해당한다. 실제로 대법원 2019두57252 판결에서도 "출퇴근 경로가 다소 유동적이라 하더라도, 그 목적이 일관되고 합리적인 범위 내라면 산재로 인정할 수 있다"고 판시한 바 있다.

D씨의 경우에도 막차가 끊긴 후 대체 이동수단으로 도보를 선택한 것이며, 이는 불가피한 근무 환경과 연장된 업무 시간에 기인한 합리적 행위였다. 그런데도 회사는 해당 사고가 "통상 경로가 아니다"라는 형

식 논리로 피해자의 책임을 강조했다. 이러한 입장은 특히 비정규직·여성 노동자에게 불리하게 작용하는 시스템의 단면을 보여준다. D씨처럼 저임금 장시간 노동을 감내하며, 교통편이 제한된 외곽 지역에서 일하는 노동자일수록 '통상적 경로'에 대한 자율성이 적고, 오히려 사고 위험에 더 자주 노출된다.

게다가 사고는 횡단보도 위에서 발생했으며, 운전자는 혈중알코올농도 0.12%의 면허취소 수준의 음주 상태였다. 이는 도로교통법상 100% 가해자 과실 사고에 해당하며, 피해자가 자신의 신체를 보호할 수 없는 시간대와 장소에서 발생했다는 점에서 산재로서의 정당성이 명확하다.

하지만 산재 인정의 구조는 여전히 '서류 중심의 판단 체계'로 운영되며, 특히 일용직이나 하청 노동자의 경우 근무기록이 불완전하거나 출퇴근 경로가 정형화되어 있지 않다는 이유로 불리한 판정을 받는 경우가 적지 않다. 실제로 2020년 기준, 여성 노동자의 출퇴근 산재 신청 대비 불승인율은 남성보다 약 1.8배 높은 수준이었다는 고용노동부 통계는 이를 방증한다.

D씨의 죽음은 단순한 교통사고가 아니다. 그것은 일터에서 집으로 돌아가는 길이 여전히 노동의 연장선임을 사회가 인정하지 않는 구조의 문제다. 산재는 현장 안에서만 일어나지 않는다. 일의 시간과 공간이 확장된 오늘날, 산재의 기준 역시 확장되어야 한다. 법은 존재하지만, 그 법이 누구를 위한 것인지, 누구에게 작용하지 않는지를 끊임없이 묻지 않으면, 우리는 또 다른 D씨를 잃게 될 것이다.

제도적 해부: '통상적인 경로'라는 말의 모순

현행 산업재해보상보험법은 2018년 개정을 통해, 통상적인 출퇴근 중 발생한 사고를 산재로 인정하도록 명시하고 있다. 하지만 그 전제에는 반드시 '통상적인 경로와 방법'이라는 조건이 따른다. 이 조항은 보호의 기준이라기보다는 해석의 여지를 만들어내는 경계선이 된다. 실제 현장에서는 이 조건이 산재 인정 여부를 가르는 잣대로 작용하며, 때로는 피해자를 제도 밖으로 밀어내는 수단이 되기도 한다.

경기도 화성의 식품가공공장에서 일하던 일용직 여성노동자 D씨의 사례는 그 대표적인 예다. D씨는 밤 10시 30분, 막차 셔틀 운행이 종료된 후, 자택으로 돌아가기 위해 1.2km를 도보로 이동하던 중 횡단보도에서 음주운전 차량에 치여 사망했다. 사고 발생 시간, 장소, 동선 모두가 근무 직후의 '귀가 경로'에 해당하지만, 회사는 이를 '통상적인 방법이 아니다'라며 산재 신청을 부정했다.

고용노동부가 2022년 발표한 '출퇴근재해 인정 현황'에 따르면, 출퇴근 중 재해 신청은 연 8,943건, 이 중 약 75.1%인 6,712건이 산재로 인정되었다. 그럼에도 불구하고, 출퇴근 도보 사고처럼 비정형 경로에 속하는 경우에는 불승인율이 상대적으로 높다. 특히 여성 노동자와 일용직, 하청 노동자의 경우, 고정된 근로지시서나 GPS 기록 등이 없어, '경로 입증'의 책임이 피해자에게 전가되는 구조가 반복되고 있다.

D씨는 직전까지의 근무기록이 존재했고, 대체 이동수단이 없는 상황에서 도보 이동을 선택했으며, 사고의 직접 원인 또한 외부 음주운전자에게 있었음에도 불구하고, 산재 인정은 이루어지지 않았다. 이 사

건은 결국, "통상적인 경로"라는 문구가 제도의 보호선이 아니라 배제선으로 작동하고 있음을 보여준다.

이는 법의 적용이 현장의 다양성과 노동자의 개별 사정을 고려하지 못할 때 발생하는 전형적인 왜곡이다. 특히 공장이 도심 외곽에 위치해 대중교통 접근성이 떨어지는 구조, 하루 10시간이 넘는 장시간 노동, 비정규직이라는 고용 불안정성, 여성이라는 사회적 취약성까지 고려하면, 이 사고는 구조적 배제의 결과라 할 수 있다.

산재는 사고의 원인만으로 정의되지 않는다. 사고를 어디까지 보호할 것인가, 어떤 해석을 허용할 것인가에 따라 재해의 의미는 달라진다. 통상성이라는 조건이 피해자의 현실을 따르지 못할 때, 법은 존재하되 작동하지 않는 장치로 전락하게 된다.

산업재해보상보험법은 '노동자의 보호'를 목적으로 하지만, 현실의 해석은 여전히 사용자 중심, 혹은 기준 중심의 문서 해석에 머물러 있다. D씨의 사고는 우리에게 묻는다. "법이 존재했는가?"보다는 "그 법은 누구에게 작용하고, 누구에겐 무력했는가"를. 우리가 바꿔야 할 것은 법의 문장을 해석하는 방식이다. 누구를 품고 누구를 밀어내는지를 성찰하는 방식이다.

판례 근거

#1. 출퇴근재해 통계와 제도적 현황

- 2018년 개정된 산업재해보상보험법 제37조에서 '통상적인 경로와 방법으로 출퇴근하는 중 발생한 사고'를 업무상 재해로 명시하고 있으나 이후에도 해당 조항이 "통상성 여부"라는 해석의 여지를 남기는 경계선으로 작동해 왔습니다.

- 고용노동부 자료에 따르면 2022년 출퇴근 재해 신청 건수는 총 8,943건, 그 중 약 75.1%인 6,712건이 산업재해로 인정됨. 하지만 도보 이동 등 비정형 경로의 경우 불승인 비율이 높고, 특히 비정규직·여성 노동자 경우 인정률이 낮은 편입니다.

#2. 법원과 헌법재판소 판례 사례

- 대법원 1999. 9. 3. 선고 99다24744 판결은, 사용자가 사실상 출근 수단으로 제공한 차량을 근로자가 이용해 사고가 발생한 경우 업무상 재해로 인정된 사례입니다. 사용자의 지배·관리 아래 출퇴근이 이루어졌다는 점이 중요한 판단 근거로 작용했습니다.
- 서울행정법원 2017구단59751 판결은, "통상적인 경로와 방법"이란 사회통념상 '합리적으로 이용될 수 있는 경로'를 의미하며, 특별한 사적 우회가 아닌 일상생활에 필수적인 이동은 통상범위에 포함될 수 있다고 판단했습니다.
- 헌법재판소 2019헌바218 결정에서는, 개정법의 적용을 개시 시점 이후로만 한 부칙 조항이 헌법에 위반된다며 소급적용이 필요하다고 판단했습니다.

#3. 통계 해석 오류의 유형

항목	근거	내용
출퇴근 인정률	고용노동부, 2022년 산업재해 현황	총 8,943건 신청 중 75.1% 인정 (6,712건) jipyong.com+9moel.go.kr+9index.go.kr+9
대법원 사례	99다24744 판결	사용자가 제공한 차량 이용 중 사고 → 업무상 재해 인정
서울행정 판결	2017구단59751 판결	사회통념상 합리적인 경로는 통상성 인정 가능
헌법재판소 결정	2019헌바218 결정	개정법 부칙에 대한 소급 적용 필요성 인정

구조적 해부: 출퇴근은 업무인가, 사생활인가?

서울 외곽에 거주하던 D씨는 경기도 화성의 식품가공공장에서 일용직으로 일하던 50대 여성 노동자였다. 당시 그는 하루 평균 10시간 이상을 서서 일하는 중량물 반복 작업에 종사했고, 교대 근무로 인해 퇴근 시간이 매번 불규칙했다. 사건 당일인 8월의 늦은 밤, 회사 셔틀 운행은 이미 종료된 상태였고, 대체 교통수단은 없어 D씨는 도보로 약 15분 거리의 시내버스 정류장까지 이동하던 중 음주운전 차량에 치여 현장에서 사망했다. 이 사고는 기업의 운영 구조와 교통 지원 시스템의 부재가 초래한 구조적 재해였다.

산업재해보상보험법 제37조는 2018년 개정을 통해 '통상적인 경로와 방법으로 출퇴근 중 발생한 사고'를 산재로 인정하기 시작했다. 하지만 여전히 "통상성"에 대한 해석은 불명확하다. D씨의 경우, 실질적으로 회사 업무 종료 후 귀가 수단이 셔틀 외에는 없었고, 이는 경로 선택의 자율성이 아니라 구조적 강제였다. 더욱이 사고 시각 직전까지의 근무 기록이 존재하며, 대체 경로가 없음에도 불구하고 회사 측은 "개인 귀가 중 사고"라는 입장을 고수했다.

고용노동부의 2022년 산업재해 통계에 따르면 출퇴근 중 사고에 대한 산재 신청은 총 8,943건, 그 중 약 75.1%인 6,712건이 승인되었으나, 도보 이동과 대중교통 중 사고의 경우 여전히 불승인률이 높다. 특히 일용직, 여성, 교대 근무자의 경우 '통상성 불충분'을 이유로 산재로 인정받지 못하는 사례가 반복되고 있다. 이는 법의 기준이 실제 근로조건의 다층적 현실을 충분히 반영하지 못하고 있음을 보여준다.

또한 법원은 유사한 사례에서 "출퇴근이 사용자의 지배·관리 하에 이루어진 것이라면 업무상 재해로 인정할 수 있다"는 판례(대법원 99다24744 판결 등)를 남겼다. 그러나 이런 원칙은 현실에서는 자주 무시된다. 특히 기업이 셔틀을 일정 시각까지만 운영하면서 이후 시간대에는 별도의 교통 대책을 마련하지 않는 경우, 해당 귀가 행위는 근로자의 자발적 이동이 아니라 '업무 시스템이 유도한 귀가'로 볼 수 있다.

D씨는 회사가 제공하지 않은 경로를 스스로 마련해야 했고, 그 과정에서 목숨을 잃었다. 회사는 "업무는 끝났다"고 주장했지만, D씨의 귀가는 여전히 그 업무의 '책임을 전제한 이동'이었다. 우리는 이 사례를 통해 산업재해의 범위를 다시 질문해야 한다. 업무 시간의 경계를 무엇으로 정할 것인가? 근로자가 감내하는 이동의 책임은 누구에게 있는가? 산업재해란 현장안 사고에서 확장되어 그 현장을 가능하게 만든 구조 전체를 통틀어 발생하는 결과임을 잊지 말아야 한다.

수치적 해부: '경계의 애매함'은 책임 회피의 수단이 된다

산업재해보상보험법은 2018년 개정을 통해 출퇴근 중 사고도 일정 조건 하에 '업무상 재해'로 인정하고 있으나, 실제 현장에서는 여전히 다수의 사건이 산재로 인정되지 못하고 있다. 그 이유는 판단 기준이 여전히 '명확한 법 조항'보다는 모호한 해석 기준에 좌우되기 때문이다. 산재 인정 여부를 가르는 세 가지 핵심 기준—통상성, 목적성, 제

3자 개입 여부—는 겉으로 보기에는 객관적으로 보이지만, 실제 적용되는 순간 조직과 기관의 해석 프레임에 따라 결과가 달라진다.

예를 들어, 통상성은 '일반적으로 이용하는 경로와 방법'이라는 기준을 따르지만, 이는 출퇴근 경로의 다양성과 지역별 교통 환경, 개인사정(셔틀 운행 여부, 대중교통 단절 시간 등)을 충분히 반영하지 못한다. 2021년 근로복지공단이 발표한 출퇴근 산재 신청 9,228건 중 2,312건(약 25.1%)이 불승인되었는데, 그 주요 사유가 '통상적인 경로에서 벗어났다'는 것이었다. 그러나 이들 중 상당수는 야간 교대 근무자, 일용직, 여성 고령 노동자 등 교통 인프라에서 소외된 집단이었다.

목적성 기준 역시 문제를 안고 있다. "업무와 관련된 목적 하의 이동"인지 여부를 판단할 때, 그 목적의 해석 권한은 조직(회사 또는 공단)에 있다. 예컨대 '퇴근 후 저녁 식사를 위해 경유한 경우'나 '다른 교대자와 차량 동승을 위해 우회한 경우'는 목적성이 불분명하다고 판단되어 산재로 인정되지 않는 사례가 반복되고 있다. 그러나 현실에서는 이 모든 활동이 일상적인 노동을 전제로 한 행동이며, 회사의 운영 방식과도 밀접히 연관돼 있다.

제3자 개입 여부 또한 쟁점이다. 예를 들어 출퇴근 중 음주운전 차량에 의한 교통사고의 경우, 명백한 피해자임에도 불구하고 가해자가 '제3자'라는 이유로 산재가 아닌 민사적 보상으로 전가되는 경우가 존재한다. 2020년 고용노동부 사례 분석에 따르면, 출퇴근 교통사고 중 제3자 개입 사고의 약 18.7%가 민형사 사건으로 이탈되었다.

이러한 구조는 다음과 같은 역전 현상을 만든다. 피해자의 행위(경로, 시간, 목적)는 이미 발생했고 기록되었지만, 그 행위가 '재해'로 인정받을 수 있는지는 조직과 제도의 해석에 달려 있다. 즉, "재해로 인정할 수 있느냐?"가 쟁점이 된다. 이는 법과 제도가 재해의 실체를 파악하기보다, 조직의 문서 논리와 행정 해석에 맞춰 '인정 가능한 재해'만을 수용하는 구조라는 비판을 낳는다.

그 결과, 같은 사건도 노동자의 지위, 고용형태, 지역, 근무 시간대, 진술의 정확성 등 외부 요인에 따라 산재 인정 여부가 달라지는 사례가 빈번하다. 산업재해의 본질은 위험의 실현과 손상의 발생임에도 불구하고, 제도는 여전히 그것을 문서로 입증 가능한가, 정형화된 프레임에 부합하는가로 판단하고 있다.

산재 판단의 기준은 "인정의 가능성"으로 전환되고 있다. 이 구조는 피해자의 고통을 제도의 판단 대상으로 전락시키며, 산업재해의 실질적 예방과 보상이라는 제도의 원래 목적을 희석시킨다. 제도는 현장의 실체에 반응해야 한다. 그렇지 않으면 수많은 '존재하는 재해'가 '인정되지 않는 재해'로 남게 된다.

문화적 해부: 제도는 인정했지만, 문화는 수용하지 않는다

산업재해보상보험법은 2018년 개정을 통해 출퇴근 재해를 명시적으로 포함시켰다. 이에 따라 통상적인 경로와 방법으로 출퇴근 중 발생한 사고도 '업무상 재해'로 인정될 수 있게 되었지만, 법적 인정과 사회적 수용 사이에는 여전히 커다란 간극이 존재한다. 현장 관리자, 기업, 동료, 심지어 사회 전반의 시선은 출퇴근 재해를 여전히 "개인의 문제"로 간주하는 경향이 강하다.

우선, 현장 관리자는 출퇴근 중 사고를 조직 책임으로 보기보다 개인의 일상생활 중 사고로 치부하는 경우가 많다. "출근길에 사고 난 건 회사 일이 아니다", "업무 시간 외인데 왜 회사가 책임을 져야 하느냐"는 인식이 여전하다. 실제로 고용노동부와 근로복지공단의 2022년 통계에 따르면, 출퇴근 재해 신청 9,600건 중 약 27.4%인 2,630건이 불승인되었고, 이 중 상당수가 회사의 반대 의견이 주요 사유였다.

기업 역시 출퇴근 재해가 산재로 인정될 경우, 산재보험료율 상승, 이미지 하락, 행정처리 비용 증가 등을 우려한다. 특히 중소기업의 경우에는 출퇴근 재해조차 산재로 인정되면 조직 전체에 '불이익'이 될 수 있다는 공포가 크다. 이 때문에 기업은 출퇴근 재해 신청에 대해 간접적인 압박을 행사하거나, 신청 자체를 만류하는 관행이 존재한다는 지적도 있다.

가장 안타까운 지점은 노동자 동료들마저 이를 "그 사람 개인의 일이었다"고 거리 두는 현상이다. "어차피 그건 회사 앞에서 난 것도 아니고", "지나치게 보상을 요구하는 것 아니냐"는 반응은 유족들에게 2차적인 고통을 안긴다. 결국 산재 인정 이전에 유족이 마주하는 것은 법률적 벽보다도 사회적 무관심과 판단의 시선이다.

2021년 한 통계조사에 따르면, 출퇴근 재해 유족의 45.2%가 "가장 힘들었던 점"으로 주변의 차가운 시선과 무관심을 꼽았다. 이는 법이 바뀌어도 인식은 쉽게 바뀌지 않는다는 사실을 방증한다. 특히 일용직, 여성, 고령 노동자의 경우, 사회적으로 취약한 위치에 있기 때문에 산재로서 인정받기 위한 과정에서도 보다 큰 설명 부담과 편견에 대한 대응이 요구된다.

이러한 구조는 결국 "산재가 있었는가"의 문제에서 "산재로 받아들여질 수 있는가"라는 사회적 수용의 문제로 전환된다. 출퇴근 사고는 개인의 일상이자 노동의 연장이며, 사회 시스템의 일부로서 발생한 재해임에도 불구하고, 현실에서는 여전히 "회사 밖에서 일어난 일", "개인이 감수해야 할 위험"으로 분리되는 경향이 강하다.

법적 인정은 제도의 문을 열었지만, 사회적 인식은 그 문을 닫고 있다. 이처럼 출퇴근 재해는 법률의 영역을 넘어, 노동과 일상, 책임과 공감의 경계를 묻는 질문이다. 진정한 산재보상의 실현은 현장에서의 수용과 공감, 그리고 재해를 보는 시선의 변화 없이는 완성될 수 없다. "산재는 아니잖아요"라는 말이 무의식적으로 던져지는 한, 그 어떤 제도도 유족의 고통을 온전히 덜어주지는 못할 것이다.

해부의 결론: 재해의 경계는 권력의 언어로 그려진다

D씨는 근무를 마친 후 귀가하던 중 횡단보도에서 음주운전 차량에 의해 사망했다. 그날은 경기도 화성의 식품가공공장에서 일용직으로 10시간의 근무를 마친 뒤, 회사 셔틀이 끊긴 밤 10시 30분이었다. 유일한 대중교통 수단인 시내버스를 타기 위해 정류장까지 도보로 이동하

던 중 사고를 당했다. 사고 발생 시점은 근무 종료 직후였고, 사고 경로 또한 D씨가 반복적으로 이용하던 '통상 경로'였다.

산업재해보상보험법 제37조 제1항 제8호는 "통상적인 경로와 방법에 의해 출퇴근 중 발생한 사고"를 산재로 인정하고 있으며, 2018년 1월부터 개정된 이 조항은 출퇴근 재해의 인정 범위를 명확히 넓혔다. 고용노동부는 같은 해 보도자료를 통해 "대중교통, 도보, 자가용 등 통상의 수단으로 귀가 중 발생한 사고는 원칙적으로 산재로 인정 가능하다"고 밝힌 바 있다. 실제로 근로복지공단의 2021년 통계에 따르면, 출퇴근 재해로 인정된 건수는 11,459건으로 전체 산재 인정 건수의 약 6.7%를 차지했다.

그러나 D씨의 사례는 단순한 수치의 문제가 아니었다. 회사는 "업무 종료 이후 발생한 사고"이며 "셔틀 이외의 경로는 비통상적"이라는 논리로 산재 신청에 반대했다. 결국, 재해 발생 사실 자체는 명확하지만, 그것이 '산업재해'로 공식화되느냐는 해석과 판단의 영역에 놓이게 된다. 같은 사고라도, '어디서', '어떻게', '누구의 시선으로' 발생했느냐에 따라 인정 여부가 달라지는 것이다.

산재로 인정받기 위해서는 출퇴근 경로의 통상성과 목적성, 제3자 개입 여부 등 복합적인 요소가 고려된다. 그러나 이러한 기준은 종종 애매하고, 노동자의 통제 밖에 있다. 특히 D씨처럼 일용직 여성 노동자의 경우, 교통수단의 유무나 시간대, 근무 특성으로 인해 통상의 개념 자체가 유동적일 수밖에 없다. 실제로 여성가족부와 노동부가 공동 발표한 2022년 보고서에 따르면, 비정규직 여성 노동자의 출퇴근 재해 인정률은 전체 평균보다 18.6% 낮은 수준으로 나타났다.

이러한 현실은 산재가 그 사고를 둘러싼 권력의 해석 구조 속에 놓여 있다는 사실을 드러낸다. 재해는 법적으로는 존재하지만, 조직과 제도가 그것을 받아들이지 않는다면, '산재'는 존재하지 않는 것으로 간주된다. 즉, 재해는 물리적 사건이자, 동시에 사회적 선택의 결과인 것이다.

D씨의 죽음은 누가 책임져야 하는가를 두고 벌어지는 제도와 조직의 줄다리기 속에 놓여 있었다. 법은 가능성을 열었지만, 조직은 그 문을 닫았고, 결국 유족은 법과 조직 사이에서 방치되는 현실에 마주하게 된다. 이러한 사례는 산업재해가 단지 현장에서의 사고만을 의미하지 않으며, 그것을 '산재'로 명명하고 책임지는 주체의 존재 없이는 아무리 명확한 사고라도 제도적으로는 인정받지 못할 수 있다는 구조적 모순을 보여준다.

즉, D씨의 죽음은 "산재였느냐 아니었느냐"보다 "그 사고를 어떻게 해석할 것인가", "누가 책임을 질 것인가"를 둘러싼 사회적 질문이자 판단이었다. 이 장면은 산업재해가 의료적 사건에서 더 나아가 사회적 정의와 해석의 문제임을 드러낸다.

산업재해의 해부학

재해로 본 인간, 시스템, 그리고 공학의 한계

4부
무엇이 달라져야 하는가

14
산업보건과 의학의 교차점:
'몸'은 현장보다 먼저 반응한다

재해는 사고만의 문제가 아니다. 그것은 어느 날 갑자기 발생한 사건이자, 동시에 오랜 시간 누적된 노출의 결과로 나타나는 병이기도 하다. 산업재해는 외상의 형태로도, 만성질환의 형태로도 나타난다. 그래서 재해는 '의학'과 '공학'의 교차점에서 해석되어야 한다. 손가락을 절단한 사고는 공학적 방호 실패이자, 수술과 재활이 필요한 의학적 문제이며, 유기용제에 의한 신경독성은 화학물질 관리체계의 붕괴이자, 장기적인 치료와 추적이 필요한 임상의학적 사안이다.

그러나 현장의 몸과 진료실의 진단 사이에는 뚜렷한 간극이 존재한다. 산업보건은 작업환경, 노출 강도, 누적 시간, 공정 구조를 본다. 반면 임상의학은 체내 수치, 영상 소견, 병리적 증거를 중심으로 판단한다. 예컨대 '만성 중금속 중독' 환자가 피로, 두통, 신경통을 호소해도, 혈중 수치가 기준 이하이면 임상에서는 진단이 유보된다. 반대로, 작업환경 측정에서 기준치를 넘지 않으면 산업보건에서는 "작업 요인과 무관"하다는 판단을 내리기도 한다.

2022년 기준, 직업성 질병 산재 신청 중 '직접적 인과성 부족' 등의 사유로 불승인된 건수는 전체의 63.2%에 달했다(근로복지공단 발표). 이는 질병이 없어서가 아니라, 그 질병을 입증할 '언어'와 '기록'이 부족했기 때문이다. 산업보건 전문가는 작업장을 모르고, 임상의사는 직업력을 묻지 않는 이 단절이 바로 문제의 핵심이다. 중금속, 발암물질, 반복 동작에 의한 근골격계 질환처럼, 현대 산업재해는 점차 '진단하기 어려운 재해'로 이행하고 있다.

이러한 간극을 좁히기 위해선, 진료 현장에 직업병에 대한 이해와 감별 능력이 필요하고, 산업보건 분야에는 의학적 임상 소통 역량이 요구된다. 진단서는 병을 설명하는 문서이자, 노동자의 권리를 구성하는 문서이기 때문이다. 결국 이 장에서는, '현장의 몸'이 어떻게 진료실에서 지워지는지를 살피며, 재해를 온전히 기록하고 설명하기 위한 산업보건과 임상의학의 접점을 모색한다. 재해는 사고이자 병이고, 기술이자 구조이며, 무엇보다 한 인간의 몸에 일어난 이야기라는 점을 우리는 잊지 말아야 한다.

의학은 개별 몸을 본다, 보건은 환경을 본다

임상의학은 언제나 '환자 개인'의 병을 중심으로 접근한다. 병원에 온 사람의 증상, 혈액검사 수치, 영상검사 결과, 병리학적 소견 등이 진단과 치료의 주요 판단 근거가 된다. 예를 들어 허리 통증을 호소하는 노동자가 병원을 찾았을 때, 의사는 추간판탈출증이나 요추관 협착 여부를 MRI로 확인하고, 염증 수치나 통증 호소 정도를 기준으로 진단을 내린다. 하지만 이러한 방식은 환자의 '몸'에 집중할 뿐, 그 몸이 어디에서, 어떤 조건 아래 사용되어 왔는지를 질문하지 않는다.

반면 산업보건은 그 사람이 어떤 일을 하는지, 어떤 공정에서 얼마나 오랫동안 노출되었는지, 어떤 자세를 반복했는지, 작업 속도나 휴식 구조는 어떤지를 본다. 예컨대 똑같은 허리 통증이라도, 고온 다습한 환경에서 10kg 이상의 자재를 하루 수십 회 옮기고, 쪼그려 앉는 자세를 반복하는 노동자에게 발생한 통증이라면, 그것은 작업환경과 노동구조가 빚은 직업성 질환일 수 있다.

근로복지공단이 발표한 2023년 직업성 근골격계 질환 승인 통계에 따르면, 전체 신청자 12,003명 중 약 3,850명(32.1%)이 불승인되었고, 그 중 상당수는 '개인 질병과의 구분이 불명확'하다는 이유였다. 즉 병이 있다는 사실보다, 그 병이 '노동에 의해 유발되었는가'를 둘러싼 판단이 관건이 되는 구조다. 이때 임상의학과 산업보건 사이의 시각 차이가 승인 여부에 직접적인 영향을 미친다.

또한 만성 중독, 반복된 스트레스로 인한 정신건강 문제, 야간 교대근무에 따른 생체리듬 파괴와 같은 문제들은 단일한 검사 수치로 진단하기 어려운 경우가 많다. 이 경우, 증상이 있음에도 진단명이나 산재 인정 기준을 만족하지 못해 보상에서 배제되는 사례가 빈번하게 발생한다. 특히 여성 노동자와 고령 노동자, 하청·비정규직 노동자일수록 '기록되지 않는 질병'에 노출될 가능성이 크다.

따라서 한 명의 몸을 온전히 해석하려면, 두 체계의 통합이 필수적이다. 병원은 환자의 직업력에 대한 문진을 포함해야 하며, 산업보건은 임상적 데이터를 구조적으로 해석할 수 있어야 한다. 실제로 2021년 발표된 대한직업환경의학회의 보고서에 따르면, 직업병 진단의 정확도를 높이기 위해서는 '의사-보건관리자 간 정보 공유'가 반드시 필요하다고 강조되었다.

한 사람의 병은 그가 살아온 환경의 총합이며, 그 환경에는 '노동'이 있다. 산업재해는 누적된 환경과 반복된 동작의 결과로서 발생한다. 그러므로 재해를 기록하고 이해하는 언어는 의학적 진단과 공학적 구조, 그리고 사회적 조건까지 통합한 다학제적 언어여야 한다. 임상은 몸을 보고, 산업보건은 삶의 구조를 본다. 이 두 시각이 만날 때, 우리는 비로소 '노동자의 병'을 온전히 이해할 수 있다.

병원에서는 모르는 것들: "일하다 생긴 병인데요..."

작업장에서 손목 통증, 만성 기침, 피로감, 두통을 겪는 노동자들은 병원을 찾지만, 그들이 듣는 말은 대체로 비슷하다.

"생활 습관 때문입니다"
"체질적 문제 같아요"
"직업병이라고 단정하긴 어렵습니다."

이 말들은 의사의 판단이 환자의 작업 환경, 노동 강도, 반복 동작, 유해물질 노출 등에 대한 정보를 갖지 못한 상태에서 이뤄진다는 것을 보여준다. 즉, 의사의 진단은 철저히 병원 내 자료와 환자 개인의 병력에 기반한 것이다.

반면 산업보건 관리자는 그 노동자가 어떤 장소에서, 어떤 물질에 노출되어 어떤 방식으로 일을 했는지를 알고 있다. 그러나 산업보건 관리자는 의사가 아니기 때문에 진단 권한도, 치료 처방권도 없다. 이로 인해 질병의 원인과 질병의 이름이 분리되는 기이한 구조가 발생한다. 몸은 하나인데, 진단은 병원에서, 원인은 현장에서 따로 해석되니, 정작 노동자 본인은 어디에서도 제대로 된 설명을 듣지 못한다.

이러한 분리는 실제로 산업재해 승인 과정에서도 반복된다. 예를 들어, 2022년 근로복지공단 자료에 따르면, 직업병 산재 신청 중 근골격계 질환의 경우 31.8%, 호흡기계 질환은 45.6%가 불승인 처리되었다. 가장 많은 불승인 사유는 "개인적 요인(체질, 흡연, 음주, 기저질환 등)에 의한 가능성 배제 불가"였고, 그 다음은 "직업적 요인과의 인과관계 부족"이었다. 하지만 이것은 대개 '노동 환경을 설명할 수 있는 문서가 부족하거나', '의료적 진단이 직업병임을 명시하지 않았기 때문'이었다.

실제로 한 반도체 공장에서 일하던 20대 여성 노동자의 사례를 보면, 반복적인 클린룸 내 유기용제 노출로 인한 만성 피로와 불면, 피부질환을 겪었으나, 병원에서는 단순한 '스트레스성 질환'으로 분류되었다. 클린룸 내 공기 중 트리클로로에틸렌(TCE), 포름알데히드 등의 유해물질이 기준치를 초과했음에도 불구하고, 의사는 해당 물질에 대한 정보를 갖고 있지 않았고, 산업보건 관리자는 진단서를 쓸 수 없었다.

즉, 의학은 이름을 붙이지만 원인을 모르고, 산업보건은 원인을 알지만 이름을 붙일 수 없다. 이러한 구조는 노동자에게 이중의 침묵을 강요한다. 병명도 없고, 책임도 모호하며, 치료는 늦고 보상은 거절된다.

더 나아가 이 분리는 제도적으로도 고착되어 있다. 의대 교육 과정에는 산업위생학이나 직업환경의학이 선택 과목에 불과하며, 실제 현장에서 노동환경을 동반 진료하는 시스템은 매우 드물다. 반대로 산업보건 관리자도 의료 데이터에 접근하거나, 의사와 협업할 수 있는 체계가 부족하다. 예를 들어, 2023년 고용노동부 산업안전감독 결과에 따르면, 산업보건관리자의 '의료 전문가와의 정기적 협업' 비율은 전체 사업장의 9.7%에 불과했다.

이러한 간극은 결국 다음과 같은 결론으로 이어진다: 몸은 아픈데, 어디서도 그 병을 증명해주지 않는다. 이는 진단 체계와 노동 현실이 분리되어 있는 구조적 문제다. 우리가 산업재해를 기록할 때, 가장 먼저 해야 할 일은 이 두 체계를 연결하는 것이다. 진단과 원인이 만나는 지점, 그것이 바로 '노동자의 병'을 이해하고 보상하며, 예방할 수 있는 출발점이기 때문이다.

진단을 둘러싼 책임의 공백

한 작업자가 "몸이 아프다"고 말할 때, 그것이 곧바로 진단되거나, 인정되거나, 보상으로 이어지는 경우는 드물다. 의사는 말한다. "증상은 있으나 명확한 병명이나 검사 수치가 부족합니다." 기업은 말한다. "산업재해 인정 기준에 따라 판단하겠습니다." 보험기관은 말한다. "직접적인 인과관계가 불명확하므로 보상할 수 없습니다." 결국 아픈 사람은 있지만, 그 아픔에 책임지는 주체는 없다.

이러한 상황은 '산업보건'과 '의학'이 서로 단절되어 있는 구조에서 반복적으로 발생한다. 예를 들어, 2023년 근로복지공단 직업병 산재 신청 통계를 보면, 총 16,724건 중 약 7,301건(약 43.7%)이 '불승인' 처리되었다. 불승인 사유 중 가장 많은 비율은 "의학적으로 직업과의 인과관계 부족"이었다. 그러나 이는 곧, 작업환경과 노출 이력을 의사가 충분히 이해하지 못한 채 진단이 이루어진 결과이기도 하다.

의사는 병원에서 수치와 영상, 병리 결과를 중심으로 판단한다. 통증이나 피로처럼 수치로 표현되지 않는 증상은 "심인성" 또는 "개인적 요인"으로 간주되는 경향이 있다. 특히 근골격계 통증, 만성 피로, 피부질환, 두통 등은 환경적 요인과의 인과관계를 입증하기가 어렵기 때문에, 실제 산업현장에서 가장 흔한 증상임에도 불구하고 '비직업성 질환'으로 분류되기 쉽다.

반면 산업보건 관리자는 그 작업자가 어떤 환경에서 몇 년 동안 어떤 물질에 노출되었는지를 안다. 그러나 그들은 진단과 처방의 권한이 없다. 예를 들어 한 전자부품 제조업체에서는 클린룸 내 이소프로필 알코올, 아세톤, 납 등의 저농도 복합 노출 환경에서 일하던 여성 노동자들에게 피부염과 만성두통이 다수 발생했지만, 병원 진료 시 이들은 단순 알레르기 또는 긴장성 두통으로만 진단되었고, 작업환경에 대한 고려는 전혀 없었다.

이런 구조는 제도적으로도 고착되어 있다. 산업보건의사 수는 전체 직업환경의학 전문의 수 약 450여 명 중 절반 이하가 실질적 현장 활동을 하고 있으며, 300인 이상 사업장 중에서도 정규직 산업보건의사를 두는 경우는 2022년 기준 14.6%에 불과하다. 반대로 의대 교육과정에서 산업위생학은 비중이 적고, 실제 진료 과정에서 작업환경 정보를 체계적으로 제공받는 시스템은 매우 미비하다.

결과적으로, 아픈 사람은 있지만, 그 아픔을 제도적으로 설명할 언어도, 구조적으로 책임질 시스템도 없다. 이는 의학의 한계보다, '노동'이 진료실 바깥에 있다는 사실, 그리고 그 노동의 조건이 공적으로 기록되지 않는다는 사회 구조의 실패이다.

우리가 산업재해를 이해하려면, 이 단절을 넘어야 한다. 한 명의 노동자가 "아프다"고 말할 때, 의학은 그 신체를, 산업보건은 그 환경을 동시에 이해할 수 있어야 한다. '증상'은 병의 시작일 뿐이며, '노동조건'은 그 병이 만들어지는 방식이다. 두 가지가 만날 때 비로소, 산업재해는 그 원인과 책임, 회복과 예방의 길을 찾을 수 있다.

건강검진으로는 발견되지 않는 것들

대부분의 사업장은 산업안전보건법에 따라 매년 또는 2년에 한 번씩 정기 건강검진을 실시한다. 그러나 이 검진은 실질적인 건강관리라기보다는 의무 이행을 위한 형식에 가까운 경우가 많다. 검진은 대부분 혈압, 간기능(AST, ALT), 혈당, 소변검사, 흉부 X-ray 등 기초 수치의 이상 여부를 확인하는 수준이며, 이는 전 국민 대상 건강검진과 거의 유사한 항목으로 구성되어 있다. 문제는 이 검진이 작업 환경과 업무 내용에 기반한 '직업성 건강위험'을 제대로 반영하지 못한다는 점이다.

예컨대 화학물질을 다루는 노동자의 경우, 단순한 간 수치만으로는 화학물질 노출로 인한 만성 간손상이나 중독 위험을 정확히 평가하기 어렵다. 실제로 2022년 고용노동부 산업안전보건보고서에 따르면,

전국 근로자의 일반 건강진단 후 직업병으로 진단된 사례는 전체 검진 대상의 0.07%에 불과했다. 이 수치는 산재현장에서 나타나는 직업성 질환 비율에 비해 현저히 낮은데, 이는 검진 시스템이 실제 현장 질환의 조기 발견 기능을 하지 못하고 있다는 방증이다.

그뿐만 아니라, 정밀검진 또는 직업병이 의심될 경우에도 의사의 진단서만으로 산재 신청이 바로 진행되지 않는다. 추가적인 사업장 조사, 직업력 확인, 노출 이력 검토가 요구되는데, 대부분의 일반 병원은 이러한 정보를 갖고 있지 않으며, 사업장 자체도 그것을 체계적으로 기록·보관하지 않는다. 이로 인해, 수많은 작업자가 검진 결과에 "이상 없음"이라는 소견을 받고도 몇 개월 뒤 병원에서 암이나 만성신부전, 신경계 질환 진단을 받는 경우가 실제 존재한다.

검진 후 '사후관리' 역시 부실하다. 건강검진 결과 고지서는 대부분 사업장에서 일괄 배포되거나 게시되고, 이후의 조치(작업 전환, 휴직, 환경 개선)는 매우 제한적으로 이뤄진다. 직업병 유소견자에 대한 후속 조치율은 2021년 기준 19.6%, 즉 5명 중 4명은 관리 없이 다시 같은 환경으로 복귀하고 있다는 의미다.

또한 현재의 검진 시스템은 '숫자 중심의 진단'에 치우쳐 있다. 혈압이 140을 넘지 않으면 정상, 혈당이 126 미만이면 이상 없음으로 간주된다. 하지만 현장의 질병은 수치보다 '경험'에 가까운 경우가 많다. 손목 통증, 피로감, 수면장애, 반복 동작에 의한 관절 손상 등은 수치로 바로 드러나지 않으며, 반복된 동선, 작업 강도, 야간근무와 교대근무 같은 리듬의 파괴와 스트레스가 건강에 미치는 영향은 현재의 건강검진 체계로는 거의 포착되지 않는다.

실제로 일본에서는 '작업환경 평가와 직무스트레스 평가'를 함께 포함한 통합건강관리 프로그램을 시범 도입한 후, 근골격계 질환 조기 발견율이 2.7배 높아졌고, 정신건강 상담 요청도 약 1.9배 증가한 것으로 보고된 바 있다. 이는 '보이는 수치'만으로는 놓치는 질환들이 존재하며, 현장의 언어와 리듬까지 포함된 평가가 건강관리에 효과적이라는 증거다.

결국 현재의 산업검진은 '검진'은 있지만 '보건'은 없는 구조다. 수치를 보고 위험을 판단하는 것에서 더 나아가, 그 수치가 어떤 맥락에서 나왔는지를 아는 것, 즉 그 사람이 어떤 공간에서 일하고, 어떤 동작을 반복하며, 어떤 심리적·사회적 압박을 받는지를 아는 것이 진짜 보건이다. 산업재해를 줄이기 위해서는 건강검진이라는 제도 자체의 개선과 함께, 노동자의 일상을 있는 그대로 읽어내는 건강관리 시스템으로의 전환이 필요하다. 현장의 질병은, 현장을 진단하는 방식으로만 파악할 수 있다.

의사는 사고 이후를 본다, 산업보건은 사고 이전을 본다

의료는 환자의 증상이 발생한 이후의 진단과 치료에 집중한다. 병원은 '아픈 사람'이 찾아오는 곳이며, 의사는 그 증상의 원인을 해석하고 치료방침을 결정하는 전문가다. 반면 산업보건은 그보다 앞선 시점, 즉 사람이 아프기 이전에 존재했던 위험요소를 식별하고 제거하거나 완화하는 데 목적을 둔다. 이 둘의 차이는 시간 순서의 문제보다 관점의 차이다. 의료가 병리학적 접근이라면, 산업보건은 환경적·시스템적 접근이다.

예를 들어 손목터널증후군(Carpal Tunnel Syndrome)을 진단한 의사는 해당 부위의 신경 압박을 해소하기 위한 약물 처방이나 수술을 고민할 것이다. 하지만 산업보건 전문가는 "이 노동자는 왜, 어떤 방식으로 손목을 반복적으로 사용하고 있었는가?"를 묻는다. 작업 리듬, 장비의 높이, 근무시간, 작업 강도, 휴식 여부 등 일련의 맥락을 분석하고, 위험을 야기한 구조 자체를 수정하려고 한다. 다시 말해, 산업보건은 "병명을 다루는 의학"이 아닌, "병이 생긴 구조를 해부하는 의학"이다.

실제로 산업재해의 다수는 이미 예측 가능한 위험요소에서 발생한다. 고용노동부의 2023년 산업재해 현황 통계에 따르면, 전체 재해 중 약 86.7%가 사고성 재해이며, 이 중 60% 이상이 미리 조치 가능했던 안전관리 부재, 보호구 미착용, 점검 누락 등으로 발생한 것으로 분석되었다. 이는 치료보다 '사전 개입'이 훨씬 효과적이라는 산업보건의 원칙을 수치로 뒷받침한다.

또한, 산업보건은 환자 한 명보다 '집단의 건강'을 중심에 둔다. 특정 작업장에서 유사한 증상을 호소하는 근로자가 다수 발생했을 때, 의학은 그들을 각각의 환자로 보지만, 산업보건은 이를 집단적 노출에 의한 질환으로 간주하고 원인을 역추적한다. 대표적 사례가 2007~2011년 가습기 살균제 사건이며, 이 사건은 임상의학으로는 원인을 밝히지 못했지만, 산업보건과 환경보건의 협력을 통해 유해물질(PHMG)의 위험성이 규명되었다.

산업보건의 핵심은 '예방의학'이다. 사고가 발생한 이후에 누구의 잘못인지 책임을 따지는 것이 아니라, "이 사고가 왜 그 전에 막히지 않았는가?", "이 질병이 구조적으로 어떻게 가능해졌는가?"를 묻는 데 있다. 예를 들어, 크레인 사고가 발생했을 때, 조작자의 실수를 지적하는 대신 산업보건은 작업일지의 공백, 경고음 무시, 지반관리 미흡, 점검 생략의 반복적 패턴을 구조적으로 분석한다. 그 결과는 현장 개선 가이드라인, 교육 시스템, 경고체계, 작업 설계 개선 등으로 이어진다.

세계보건기구(WHO)와 국제노동기구(ILO)는 2022년 공동보고서에서 "산업보건은 인류 건강의 선제적 방어선"이라며, 예방 중심 시스템의 구축이 가장 비용 효율적인 건강관리 수단임을 강조했다. 실제로 미국의 NIOSH 보고에 따르면, 산업재해 1건당 치료 및 생산손실 비용은 평균 42,000달러(약 5,500만 원)에 달하지만, 같은 유형의 재해를 예방하기 위한 사전 조치 비용은 그 1/10 이하라는 연구 결과도 있다.

결국 산업보건은 '병을 막는 의학'이며, 그 진료실은 '현장'이다. 이 현장에는 사람의 몸과 함께 공정, 장비, 시간표, 관계, 관행이 함께 존재한다. 산업보건은 이 복합적 환경 속에서 "위험의 조각들"을 사전에 읽어내고, 해석하며, 차단하는 작업을 수행한다. 그래서 산업보건은 사람이 안전하게 일할 수 있는 구조 자체를 설계하는 공공의학이자 실천적 과학이다. 치료는 의사가 하지만, 예방은 모두의 책임이라는 점에서, 산업보건의 의학적 시선은 더욱 사회적이며, 더욱 구조적이다.

협력의 필요: 재해를 '진단하는 체계' 만들기

산업재해를 줄이기 위해서는 의학과 산업보건 사이의 실질적 연계와 소통 구조가 반드시 필요하다. 현재 한국의 산업재해 대응 구조는 의사, 산업보건관리자, 작업자 간 정보 흐름이 단절되어 있다. 의료인은 진료실에서 질병의 결과만을 보고, 산업보건관리자는 현장에서 위험 요인을 확인하지만, 이 둘은 서로의 관점과 언어를 공유하지 못한다. 그 결과, 한 사람의 '몸'에 대해 여러 해석이 존재하지만, 아무도 그 몸을 전체적으로 이해하지 못하는 상황이 반복된다.

예를 들어, 금속가공 공정에서 반복적으로 손목에 통증을 호소하는 노동자가 있다고 가정하자. 의료인은 이를 "퇴행성 변화"나 "개인의 생활습관 문제"로 진단할 수 있다. 그러나 산업보건관리자는 해당 작업 공정의 반복 동작, 공구의 진동, 부적절한 자세 유지 등 물리적 환경 요인을 확인할 수 있다. 문제는 이 두 정보가 실시간으로 공유되지 않고, 각각의 시스템 내에 고립된 채 존재한다는 것이다. 이로 인해 해당 노동자는 '치료는 받았으나, 여전히 같은 환경에서 같은 고통을 겪는' 악순환 속에 놓이게 된다.

이를 해결하기 위해선 다음과 같은 세 가지가 필요하다. 첫째, 의료인과 산업보건관리자 간 실시간 정보 공유 시스템 구축이다. 미국의 경우, NIOSH(국립산업안전보건연구원)는 특정 사업장에서 발생하는 직업병 의심 사례를 병원과 실시간으로 연동하는 프로젝트(EpiLink)를 운영 중이다. 이 시스템은 병원에서 수집한 증상을 역으로 산업보건 영역에 전달함으로써, 조기 개입과 집단 대응이 가능하게 만든다.

둘째, 산업 현장의 데이터를 의학적으로 해석할 수 있는 '중간 언어'가 필요하다. 현재 산업보건은 안전공학 중심의 용어체계를 사용하고, 의료는 병리학 중심으로 환자의 문제를 서술한다. 이 사이에 '작업시간', '노출강도', '근골격계 반복지수', '심리적 과부하' 등을 질병의 설명으로 전환할 수 있는 융합된 해석 프레임이 부족하다. 이 간극을 메우기 위해선 산업의학 전문의, 보건간호사, 작업치료사, 물리치료사 등 다양한 직군이 협력하는 다학제적 대응 체계가 필수적이다.

셋째, 노동자의 증상을 설명하고 기록하는 문화적 기반이 필요하다. 현재 다수의 노동자는 "아파도 참는다", "신고하면 눈치 본다", "병가 내면 계약 해지된다"는 이유로 자신의 증상을 축소하거나 은폐한다. 이로 인해 경증 단계에서 위험 신호를 감지하지 못하고, 중증으로 진행된 이후에야 병원을 찾게 된다. 실제로 고용노동부와 한국산업안전보건공단(KOSHA)의 2023년 자료에 따르면, 산재 인정자의 63%가 이미 증상이 시작된 지 3개월 이상 경과 후에야 진료를 받았다고 응답했다. 이는 예방적 조치의 실패를 의미한다.

결국 산재를 줄이기 위해서는, '사고'보다 '몸'을 중심에 두는 의학이 필요하다. 여기서 말하는 '몸'이란 단지 병리학적 수치의 대상이 아니라, 일터에서 반복적으로 압박받고, 무시되고, 제때 회복되지 않는 구조 속에서 살아가는 노동자의 신체를 의미한다. 산업재해는 '사건'이기 이전에, 반복과 무시 속에 축적된 증상이다. 이 증상을 조기에 읽고 해석하고 개입하기 위해서는, 질병을 진단하는 의학과, 노동을 진단하는 산업보건이 하나로 연결된 융합된 의학이 필요하다.

이런 융합은 이론적 이상에 머물지 않고, 실무적으로도 가능하고 필요한 구조다. 현재 일부 산업보건 선도 기업에서는 산업간호사와 주치의, 안전관리자가 주기적으로 노동자의 증상 일지와 작업공정 리스크를 함께 리뷰하는 통합회의 시스템을 운영 중이며, 이는 산재율을 30% 이상 감소시킨 사례도 있다. 따라서 산재 예방은 시선과 언어의 재구성 문제다. 지금 필요한 것은 "사고를 관리하는 체계"가 아니다. "사람을 이해하는 시스템"이다.

해부의 결론: 재해는 결국 '몸의 언어'다

어떤 시스템도, 어떤 제도도 한 사람의 몸이 위험을 감지하는 섬세함을 완전히 대체할 수 없다. 인간의 몸은 체온 변화, 통증, 피로감, 현기증, 불쾌감 등 수많은 생리적 신호를 통해 환경의 위험을 먼저 감지한다. 이는 어떤 센서보다 빠르며, 어떤 규정보다 정밀한 경고 시스템이다. 그러나 문제는 이 '몸의 언어'가 산업현장에서는 자주 무시된다는 점이다. 작업자는 아프다고 말하지만, 그 말은 관리 시스템 속에서 기록되지 않거나, 정량적 지표로 환산되지 못해 제거된다.

예를 들어, 고용노동부 산업안전보건공단 통계(2022)에 따르면, 산재 발생 이전에 증상 경험을 보고한 적이 있다고 응답한 노동자는 전체의 41.7%에 달했지만, 그중 65.3%는 "현장 반응이 없었다"고 밝혔다. 이는 몸이 보내는 신호가 시스템 내에서 통역되지 못하고, 관리자나 의사 사이에서 해석되지 않는 구조를 보여준다.

의학은 '진단'을, 공학은 '예방'을 목표로 한다. 그러나 실제 산업현장에서 진단과 예방은 별개의 체계로 분리되어 있다. 의사는 개별 증상을 근거로 병명을 붙이고, 안전관리자는 각종 위험요인을 측정해 대응 방안을 세운다. 이 사이에서 한 사람의 몸을 둘러싼 복합적 맥락 – 작업 환경, 반복 동작, 보호구 착용 여부, 스트레스와 수면 부족, 사회적 위치 등 – 은 해석되지 못한다.

가령, 특정 작업자가 일정 시간 이상 반복된 진동 작업 후 손목과 어깨의 통증을 호소할 경우, 산업보건관리자는 이를 '작업 관련 근골격계 질환'으로 의심할 수 있다. 그러나 병원에서는 영상 소견이 명확하지 않다면 "퇴행성 변화" 또는 "체질적 문제"로 간주하고 산재 진단서를 발급하지 않는다. 이처럼 몸의 구조와 신호는 존재하지만, 그것을 받아들이는 제도적 창구는 협소하거나 폐쇄적이다.

또한, 산업보건의 언어는 공정, 노출량, 작업시간, TWA(8시간 시간가중평균), STEL(단시간 노출기준) 등 공학적 수치에 기반하며, 의학의 언어는 증상, 수치, 병리학적 이상, 생체지표에 근거한다. 이 두 언어는 종종 서로 교차되지 않으며, 서로의 영역을 이해하지 못한 채 분절적으로 작동한다. 그 결과, 하나의 신체에 대한 해석이 중복되거나 누락되며, 재해 예방 또한 실패하게 된다.

그러므로 산업보건과 의학이 만나는 지점은 '협업'이나 '연계'의 수준이 아니다. 그것은 몸의 신호를 제도화하고, 해석 가능하게 만들며, 책임 구조 내에서 명확히 위치시키는 체계의 복원이다. 즉, '재해를 진단하고 해석할 수 있는 몸의 구조'를 회복하는 것이다. 여기서 말하는 구조란, 노동자의 언어가 기록되고, 생리적 신호가 해석되며, 조직이 그것을 수용할 수 있는 권한과 의무가 분명히 설정된 시스템이다.

이를 위한 구체적 제도적 장치로는, (1) 의료인과 산업보건 관리자 간의 실시간 정보 공유 시스템, (2) 노동자가 직접 기록할 수 있는 증상 일지 및 현장 보고 채널, (3) 산업의학 전문의의 진단권 확대와 작업 환경 기록 의무화, (4) 위험 감지 능력이 우수한 숙련자의 몸의 반응을 집단지성으로 활용하는 구조화된 피드백 시스템 등이 있다.

결국 재해 예방이란, 한 사람의 몸이 보내는 위험 신호를 사회 전체가 얼마나 민감하게 감지하고, 구조적으로 반응하는가의 문제이다. 위험을 줄이는 기술은 진보하고 있지만, 그 기술이 해석할 수 있는 가장 정밀한 센서는 '사람의 몸' 그 자체다. 이 몸의 언어를 듣지 못하고, 번역하지 못하고, 기록하지 못하는 한, 어떤 제도도 완전한 안전을 보장하지 못할 것이다. 산업보건과 의학이 진정으로 만날 때, 우리는 비로소 사람 중심의 안전 시스템에 도달할 수 있다.

산업재해의 해부학

재해로 본 인간, 시스템, 그리고 공학의 한계

4부
무엇이 달라져야 하는가

15
산업재해를 줄이는 기술 vs 산업재해를 막는 태도

기술의 한계와 태도의 가능성

"사고는 기술로 줄일 수 있다. 그러나 재해를 막는 것은 인간의 태도다." 이는 산업현장에서 점점 더 뚜렷해지는 진실이다. 오늘날 산업기술은 과거에 비해 비약적으로 발전했다. 자동 정지 시스템, 스마트 센서, IoT 기반 실시간 환경 모니터링, 착용형 보호장비, 위험 예측 AI 모델까지 기술은 위험을 감지하고 방지하는 수단을 다양하게 제공한다. 실제로 고용노동부 통계에 따르면, 2023년 산업재해 사망자 수는 전년 대비 3.9% 감소해 828명을 기록했다. 그러나 여전히 하루 평균 2.3명이 작업 중 사망하고 있으며, 전체 재해 건수는 11만 건을 웃돈다.

문제는 기술이 발전할수록 재해의 원인 또한 더 은밀해진다는 점이다. 과거에는 기계의 날이 빠지거나, 보호장치가 없거나, 명백한 공학적 결함이 사고로 이어졌다. 그러나 오늘날은 지켜야 할 지침이 많을수록 '지키지 않는 문화'가, 시스템이 정교할수록 '우회하는 습관'이 재해의 원인으로 작동한다. 예컨대, 자동 정지 장치가 장착되어 있어도 반복된 오작동으로 무시되거나 해제되어 사용되는 경우가 비일비재하다.

기술은 '위험'을 탐지하지만, '위험을 감지하고 대응하는 조직의 태도'까지는 통제하지 못한다. 한국산업안전보건공단의 2022년 자료에 따르면, 중대재해의 71.2%는 관리자의 안전조치 미흡 및 반복된 규정 위반으로 발생했다. 이는 단순한 개인의 과실이 아니라, 위험을 경시하고 반복 학습하지 않는 조직의 태도, 즉 안전문화의 부재가 본질임을 보여준다.

기술은 사고를 줄이는 도구일 뿐이다. 그러나 '사고를 어떻게 해석하고, 그 원인을 어디에 두느냐'는 전적으로 인간의 문제다. 아무리 우수한 기술을 갖췄다 하더라도, 관리자가 점검을 생략하고, 작업자가 위험에 무감각하며, 조직이 반복된 경고에 무반응하다면, 재해는 언제든지 발생한다. 결국 우리는 기술을 어떻게 사용하는가, 사용 후 어떻게 반응하는가라는 '태도'의 문제에 직면해 있는 것이다.

재해를 줄이기 위해 우리는 이제 '기술을 얼마나 더 도입할 것인가'보다는 '조직과 사람은 이 기술에 어떻게 반응할 것인가'를 물어야 한다. 산업재해 예방의 최전선은 현장에서 위험을 감지하고도 침묵하지 않는 인간의 태도에서 시작된다.

기술은 도구일 뿐, 주체는 인간이다

센서가 위험을 감지해도, 그 정보가 무시된다면 아무 소용이 없다. AI가 위험을 예측해도, 작업 일정이 강행된다면 사고는 반드시 발생한다. 안전모, 방진마스크, 보호장갑이 지급되었더라도, 그것이 제대로 착용되지 않는다면 '지급'은 단지 통계상 숫자에 불과하다. 기술은 위험을 '경고'할 수 있지만, 위험을 '중단'시키는 마지막 결정은 인간이 내린다.

오늘날 산업현장은 기술적으로 과거보다 훨씬 안전해졌다고 평가된다. 산업안전보건연구원의 2023년 통계에 따르면, 최근 10년간 산업현장에 적용된 자동화·디지털화 장비는 연평균 6.2%씩 증가했고, 실시간 모니터링 시스템을 도입한 현장 비율도 47%에 달한다. 하지만 같은 해 중대산업재해로 인한 사망자는 여전히 828명으로, 하루 평균 2.3명이 작업 중 사망하고 있다는 통계(고용노동부, 2023)가 이를 반박한다. 왜 기술은 늘었는데, 죽음은 줄지 않는가?

이는 기술이 예방을 '가능하게' 만들지만, 실천을 '보장하지'는 않기 때문이다. 예를 들어, 2022년 수도권의 한 물류센터에서는 지게차 후진 경고음이 정상적으로 작동하고 있었지만, 작업자의 피로 누적과 이어폰 착용으로 인해 해당 신호가 인지되지 못한 채 충돌사고가 발생해 사망자가 나왔다. 이 사례는 '기술의 전달'과 '인간의 수용' 사이에 존재하는 간극을 극명하게 보여준다.

또한, 스마트센서나 착용형 보호구에서 경고가 울려도 그것이 무시되는 이유는 단순한 불감증이 아니다. 업무 압박, 공정 지연에 대한 두려움, 조직문화의 침묵 등은 작업자가 위험 신호를 알면서도 외면하게 만든다. 실제로 한국산업안전보건공단 조사(2021)에 따르면, "위험 상황을 관리자에게 보고한 적이 없다"고 응답한 현장 근로자가 전체의 38.5%에 달했다. 이는 현장에서 '위험을 말하지 않는 문화'가 얼마나 강고한지를 보여준다.

기술은 중요한 조건이지만, 절대적인 해답이 아니다. AI는 과거 데이터를 기반으로 사고 확률을 예측할 수 있지만, 그것이 현실에서 우선순위가 되지 않는다면 그 예측은 정책서랍 속 수치에 불과하다. 자동정지 시스템이 설치되어 있어도, 관리자가 수동 모드로 전환하면 기능은 무력화된다. 결국 위험의 발생과 차단은 위험의 신호를 어떻게 해석하고 대응하는가라는 인간의 문제로 귀결된다.

산업재해를 줄이는 데 있어 중요한 것은 기술 도입만이 아니다. 기술에 반응하는 태도, 경고에 응답하는 결정, 그리고 시스템이 아닌 사람에게 최종 책임이 있다는 인식이 필요하다. 위험은 기계가 감지하지만, 재해는 사람이 멈춰야 한다. 기술은 안전을 위한 도구일 뿐, 안전을 만드는 주체는 언제나 '인간'이다.

기술은 복잡해지고, 사람은 무감각해진다

현장의 풍경은 달라졌다. 자동 정지 시스템, 근접 센서, 위험 감지 AI, 착용형 보호구, 모바일 경고 앱 등 수많은 기술이 근로자의 주변을 둘러싸고 있다. 한 건설현장에는 평균 15개 이상의 경고 장치가 설치되어 있으며, 대형 제조공정 현장에서는 작업자 1인당 최소 3종 이상의 보호장비와 위험 감지 장치를 사용하는 것이 일반적이다(한국산업안전보건공단, 2023). 그러나 이러한 기술적 장비들이 늘어난 만큼, 그것이 실제로 작동하고 있으며, 위험을 예방하는 데 기여하고 있는가는 별개의 문제다.

첫째, '과잉 경고'는 무시를 유도한다. 경기도의 한 전자부품 조립공장에서는 하루 평균 200회 이상 경고음이 울렸다. 대부분은 경미한 접촉이나 센서 오류였고, 작업자들은 이를 "배경 소음"처럼 인식하며 반응하지 않게 되었다. 실제로 산업기술평가관리원 조사(2021)에 따르면, 현장 경고 시스템을 '의도적으로 음소거하거나 무시한 경험이 있다'는 작업자가 43.2%에 달했다. 경고의 빈도가 높아질수록, 그것은 오히려 '경고하지 않음'과 유사한 효과를 갖는다.

둘째, 고장난 시스템은 방치된다. 장비 정비는 비용과 시간이 드는 작업이기 때문에, 관리 우선순위에서 밀리기 쉽다. 한 조선소에서는 작업대 고정 센서가 3개월째 고장 상태였지만, 수리 요청은 예산심의를 기다리며 지연되었다. 결과적으로 해당 구역에서 전도사고가 발생했고, 작업자는 다리 골절로 병원에 이송되었다. 이처럼 '기술의 실패'는 오작동보다 정비의 지연이나 무관심 속에서 발생하는 경우가 더 많다.

셋째, 기계의 존재는 '의존성'을 낳는다. "기계가 알아서 멈출 거야"라는 인식은 작업자의 주의력을 떨어뜨린다. 특히 착용형 센서나 스마트 보호구가 도입된 현장에서, 일부 근로자들은 "알람이 울리지 않았으니 괜찮다"며 위험 판단을 스스로 하지 않게 된다. 이는 시스템이 '보조 장치'가 아니라 '판단 주체'로 오해되는 구조다. 그러나 기술은 언제나 인간보다 늦게 반응하고, 범위를 제한적으로 감지한다. 경고음은 상황을 감지할 뿐, 상황을 제어하지 못한다.

넷째, 시스템은 사용법이 숙지되지 않으면 '비활성화' 상태나 마찬가지다. 중소규모 사업장의 경우, 장비 도입은 이루어졌지만 작업자 교육은 부족한 경우가 많다. 고용노동부 산업안전 실태조사(2022)에 따르면, 현장 기술 장비 도입 후 3개월 이내 실사용률은 78%였지만, 1년 후 지속 사용률은 41%로 급감했다. 이는 기술의 활용이 장비 자체가 아니라 교육, 관심, 유지보수의 연속적 시스템 위에 있을 때만 작동함을 보여준다.

결국, 기술은 '오작동'으로 실패하지 않는다. 기술은 '무관심' 속에서 실패한다. 기술은 문제를 해결하기 위한 도구이지만, 그것을 방치하거나 오용하거나, 아예 인식조차 하지 않는 조직문화와 결합될 때, 그 기능은 무력화된다. 기술의 발전이 안전을 보장하지 않는다. 기술은 가능성을 열어줄 뿐, 그 가능성을 실현하는 것은 인간의 관심, 책임, 행동이다.

산업재해를 줄이기 위해서는 단지 새로운 장비를 도입하는 것만으로는 부족하다. 경고가 울릴 때 그것을 듣는 사람, 장비가 고장 났을 때 수리하는 체계, 그리고 기술을 '도구'로 인식하고 주도적으로 사용하는 태도가 함께 갖춰질 때 비로소 기술은 재해 예방의 진짜 역할을 할 수 있다. '기계가 알아서 하겠지'가 아니라, '기계를 통해 내가 더 잘 보겠다'는 태도가 필요하다. 그것이 기술의 진짜 쓰임이고, 안전을 실현하는 방법이다.

가장 단순한 기술: 말하기, 멈추기, 확인하기

많은 산업재해는 복잡한 시스템의 오류나 고난이도 기술 부족보다, 너무나 단순한 한마디가 없었기 때문에 발생한다. "지금 위험한 것 같습니다", "잠깐 멈추시죠", "다시 한 번 확인해볼까요"와 같은 말들은 훈련된 전문가가 아니더라도 누구나 할 수 있는 기본적 의사표현이다. 그러나 이 짧은 문장들이 실제 산업현장에서 사라지는 이유는 문화의 결핍이다.

고용노동부의 「중대재해 보고 사례분석집(2023)」에 따르면, 2022년 발생한 중대재해 518건 중 약 62.7%가 "기초적인 안전조치가 결여된 상태"에서 발생했다. 특히 '위험 감지 후 조치 미이행' 항목은 전체 사고의 47.5%를 차지했으며, 이 중 상당수는 사고 전 "위험 상황을 알고 있었지만 멈추지 못했다"고 진술되었다. 이는 조직 내 의사소통 문화의 왜곡을 의미한다.

예를 들어, 2021년 경기도의 한 물류창고에서 발생한 협착 사고에서는, 작업자 A씨가 자동이송 장비 근처에서 청소 중 기계가 작동되어 사망했다. 같은 현장에서 일하던 동료는 "기계 작동을 멈추자고 말하고 싶었지만, 이미 늦어질 작업에 눈치를 봤다"고 진술했다. 또한 작업 전 위험요소 사전확인 체크리스트에는 '기계 정지 확인' 항목이 체크되어 있었지만, 실제로는 현장 관리자 부재 상태였다. 이처럼 '알았지만 말하지 못하고', '말했지만 들리지 않는' 구조는 반복된다.

또한 안전신문고와 산업안전보건공단의 제보자료에 따르면, "현장에서 위험을 언급했지만 관리자에게 질책을 받거나 무시당한 경험이 있다"는 사례가 꾸준히 접수되고 있다. 2022년 기준, 이러한 '현장 내 위험 발언 위축' 사례는 1,300건 이상에 달했다. 이는 말할 수 없는 분위기, 멈출 수 없는 일정, 확인하지 않는 습관이라는 조직적 결함의 산물이다.

반대로, 위험을 감지하고 말하고 멈출 수 있는 조직은 사고율이 낮다. 한 제조대기업의 협력업체 안전문화 파일럿 프로그램에서, '작업자 간 수평적 소통과 멈춤 권한 부여'를 도입한 뒤 6개월간 근골격계 질환 발생 건수가 43% 감소했고, 전체 재해율은 0.29%포인트 하락한 것으로 나타났다(산업안전연구원, 2022). 이들은 기술이 아닌 태도를 바꾼 것이다.

이처럼 산업재해는 종종 '태도'의 문제이며, 이 태도는 문화로 굳어진다. 누구나 위험을 감지할 수 있다. 하지만 그 감지를 말할 수 있는 분위기, 그 말을 경청하고 반응하는 시스템, 그리고 그 상황에서 멈출 수 있는 권한이 없다면, 아무리 많은 센서와 장비가 있어도 사고는 반복된다.

기술이 아무리 정밀해도, 현장에서 가장 먼저 위험을 감지하는 것은 결국 사람의 감각이다. 이 감각은 존중받아야 하며, 그것을 조직이 포착하고 수용할 수 있어야 한다. "말하기", "멈추기", "확인하기"는 단순하지만, 그 단순함을 실천하게 만드는 문화는 결코 단순하지 않다. 그것은 기업의 리더십, 작업조직 구조, 교육의 방식, 그리고 무엇보다 '사람을 대하는 태도'에서 비롯된다. 산업재해를 줄이기 위한 가장 효과적인 장비는, 결국 서로를 주의 깊게 바라보는 '사람' 그 자체일지도 모른다.

조직은 기술보다 '정신'을 시스템화해야 한다

많은 기업은 산업재해 예방을 위해 수많은 노력을 기울이고 있다. 최신 센서와 모니터링 장비를 도입하고, ISO 45001(안전보건경영시스템)과 같은 인증을 획득하며, '재해율', '무재해 일수', '시정조치율' 같은 정량적 지표를 설정해 안전관리를 수치화한다. 표면적으로는 체계적인 시스템과 명확한 평가 기준이 존재하는 듯 보인다. 그러나 실제 사고가 반복되는 이유는 이러한 '기술적·형식적 완비' 속에서 위험을 말하지 못하는 문화, 실수를 은폐하게 되는 구조, 사람보다 생산성을 우선하는 가치관이 여전히 작동하고 있기 때문이다.

고용노동부가 발표한 「2023 산업재해 발생 현황」에 따르면, 중대재해가 발생한 사업장 중 74.2%가 '안전관리 규정 및 장비는 있었지만, 현장 실행이 미흡'한 것으로 나타났다. 이는 시스템이 있어도, 그 시스템을 가동하게 만드는 '태도'가 부재하면 안전은 보장되지 않는다는 사실을 보여준다.

예를 들어, 한 반도체 공장에서 발생한 가스 누출 사고는, 감지센서가 누출을 탐지했음에도 불구하고 "기기 오작동일 가능성이 있다"는 현장 관리자 발언으로 인해 20분간 조치가 지연되어 2명이 중태에 빠진 사건이었다. 해당 공장은 세계적 수준의 안전관리 시스템을 갖추고 있었고, 전년도에도 안전 인증을 갱신한 상태였다. 그러나 내부 직원들은 "경고는 자주 있었고, 반복될수록 무시하게 된다"는 증언을 남겼다. 이는 기술적 장치보다도 '경고를 어떻게 받아들이고 반응하는가'라는 태도가 사고를 좌우한다는 결정적 단서다.

또한 2022년 산업안전보건연구원이 수행한 [산업현장 안전문화 실태조사]에 따르면, 근로자의 61.8%가 "위험을 인지해도 말하기 어렵다"고 답했다. 그 이유로는 "상급자의 부정적 반응 우려(41.2%)", "조직 내 소통 부재(27.4%)", "문제 제기 후 책임 전가 가능성(18.7%)" 등이 꼽혔다. 이는 단지 커뮤니케이션 문제가 아니라, 위험을 감추는 문화가 구조화되어 있다는 증거다.

또 다른 예는 실수를 공유하지 못하는 조직의 특성이다. 일본 교통안전청은 항공 및 철도 산업에서 '히야리하토(Hiyari-Hatto)' 시스템을 도입해, 사고로 이어지진 않았지만 아찔했던 순간들을 근로자가 자발적으로 보고하고 공유하는 문화를 정착시켰다. 이를 통해 사고 직전의 사소한 신호들을 조직 전체가 학습하게 만들었고, 도입 3년 후 사고율이 약 28% 감소한 것으로 보고되었다. 반면 국내 건설 현장의 경우, 사고 후 '책임 소재' 규명에 초점이 맞춰져 실수를 말하면 책임을 져야 하는 구조가 여전히 강고하다. 이는 '말하지 않는 침묵'이 누적되는 원인이다.

산업재해를 줄이는 핵심은 결국 사람이다. 조직은 '최신 장비 도입'보다, 작업자가 위험을 느낄 때 주저 없이 말할 수 있는 심리적 안전지대, 실수를 공유할 수 있는 신뢰 구조, 단기 이익보다 생명을 우선시하는 철학을 먼저 설계해야 한다. 장비는 기능을 수행하지만, 문화는 행동을 만든다. 안전한 조직은 장비가 아니라, 태도를 설계한 조직이다. 그것이 기술보다 오래가고, 더 깊은 예방으로 이어진다. 이는 산업재해를 줄이기 위한 가장 인간적인 방식이며, 가장 구조적인 접근이다.

사고는 기술의 실패 이전에, 인간 존중의 실패다

산업재해는 단순한 사고가 아니다.
그것은 "그 사람의 생명을 얼마나 존중했는가"라는 질문으로 환원된다. 산업재해의 다수는 기술 부족이나 정보 결핍이 아닌, 알면서도 외면한 선택의 결과로 발생한다. 예컨대, 위험한 구조를 알고도 개선하지 않은 것, 무리한 공정을 강행한 것, 작업자의 경고를 듣지 않은 것, 이 모든 행위의 중심에는 태도, 윤리, 존중의 결핍이 자리 잡고 있다.

2022년 고용노동부의 「중대재해 발생 보고서」에 따르면, 전체 중대재해 중 78.4%는 '사전 인지 가능한 위험'이었으며, 그 중 62%는 과거에 유사 사고 경험이 있던 현장에서 발생했다. 다시 말해, 재해는 예측되었지만 대응하지 않은 것이었다. 이는 관리의 문제이자 태도의 실패이다.

사례를 보자. 경기 안산의 한 자동차 부품 제조업체에서는 2021년, 금형을 교체하던 20대 근로자가 프레스기에 끼여 사망했다. 기계는 자동 정지장치가 있었지만, 안전센서 일부가 무효화된 상태였다. 조사 결과, 해당 작업장은 몇 달 전에도 유사 사고가 있었고, 작업자들은 "센서가 작업을 방해한다"고 관리자에게 호소했지만, 생산량 저하를 우려해 무시되었다. 결과적으로 사람은 죽고, 기업은 3개월 영업정지와 2천만 원 과태료 처분을 받았다.

또한, 서울 서초구의 한 대형 복합시설 공사 현장에서는 2022년, 슬래브 콘크리트 타설 중 거푸집이 무너지며 2명의 근로자가 매몰되어 사망했다. 조사 결과, 해당 구간은 철근 배근 간격이 기준보다 넓었고, 콘크리트 타설량이 과도했으며, 거푸집 지지 구조물도 충분히 설치되지 않은 상태였다.

이전에도 같은 현장에서 유사한 붕괴 위험이 보고되었고, 일부 작업자들은 "무게를 견디기 어렵다", "공정이 너무 빠르다"고 관리감독자에게 전달했지만, 시공사는 예정된 공기를 맞춰야 한다는 이유로 그대로 작업을 진행했다. 결과는 사망자 2명, 부상자 3명. 두 사고의 원인은 사람의 말을 존중하지 않은 구조였다. 위험은 알려졌지만, 무시되었고, 결국 목숨이 대가가 되었다.

또 다른 사례. 2023년 여름, 경기 남부의 한 지하철 역사 신축 현장에서는 지하 2층 기계실 환기구 작업 중 50대 하청 근로자가 질식해 사망했다. 해당 구역은 폭염 속 밀폐된 공간으로, 외부 기온이 34도일 때 내부 체감온도는 38도를 넘겼고, 산소 농도 역시 작업 기준선보다 낮았다.

현장 관리자들은 "산소 측정기는 있었고, 2시간마다 작업자 교체 지침을 마련했다"고 주장했지만, 실제로는 현장 인력이 부족해 교대가 이루어지지 않았고, 작업자 스스로 "좀 어지럽다"고 말한 이후에도 "조금만 참아보자"는 반응만 돌아왔다.
역시 현장에는 시스템은 있었지만, 존중이 없었다.

산업현장의 안전은 장비나 규칙보다, 생명에 대한 철학과 태도에 달려 있다. 산업안전보건법은 수많은 조항과 수치를 통해 '위험'을 정의하지만, 법의 존재만으로 생명이 보호되지는 않는다. 법을 지키게 만드는 윤리, 지표 뒤에 있는 사람의 상태를 이해하려는 태도, 소리를 들을 줄 아는 조직문화가 없다면, 산업재해는 반복된다.

OECD 국가 중 산업재해 사망률이 가장 높은 수준인 한국(2023년 기준 10만 명당 4.81명)은, 기술적으로 안전설비는 선진국 수준에 도달했지만, 현장의 존중문화는 아직 따라가지 못한 상태다. 중대재해처벌법 도입 이후에도 산업재해 사망자 수는 크게 줄지 않았다. 이는 "형식은 갖췄지만, 태도는 변하지 않았다"는 현실을 보여준다.

결국 산업재해란, '예방이 가능했던 죽음'이다. 그리고 그 예방 가능성은 기술이나 예산보다 먼저, "우리는 그 사람을 정말 존중했는가?"라는 질문으로부터 출발해야 한다. 경고를 들을 귀, 위험을 멈출 용기, 생산성보다 생명을 앞세우는 철학이 있는가. 이것이 산업재해를 막는 진짜 조건이다. 위험은 기술이 줄이고, 존중은 생명을 지킨다. 이것이 우리가 산업현장에서 반드시 새겨야 할 문장이다.

해부의 결론: 기술은 줄인다, 태도는 막는다

기술은 사고를 줄인다. 자동 정지 시스템, 착용형 센서, 실시간 모니터링 장비, 인공지능 기반 위험 예측 시스템 등 산업현장은 점점 더 정교한 기술로 무장되고 있다. 실제로 고용노동부에 따르면 2022년 기준 자동안전장치 설치 사업장의 사고 발생률은 비설치 사업장 대비 41.3% 낮았다. 그러나 이 수치가 의미하는 바는 명확하다. 기술은 '감지하고 알리는 역할'을 할 수 있을 뿐, 사고를 '멈추는' 것은 결국 사람의 의사결정이라는 것이다.

2021년 충남의 한 조선소에서 일어난 사례는 이를 잘 보여준다. AI 기반 위험 예측 시스템이 야간작업 중 도크 내 유해가스 농도 이상치를 감지하고 알림을 발송했지만, 관리자들은 "경고음은 자주 나는 일"이라며 무시했다. 당시 작업자는 보호구 착용 없이 선내 청소 작업을 하던 중 질식해 사망했다. 조사 결과, 사고 발생 15분 전 이미 시스템은 위험을 2차례 경고했고, 관리자용 앱에도 기록이 남아 있었지만,

누구도 즉시 조치하지 않았다. 이 사건은 기술적 시스템이 완벽에 가까워질수록, 그 기술을 사용하는 인간의 태도와 판단이 더욱 중요해진다는 사실을 상기시킨다.

안전은 단순한 매뉴얼이 아니다. 그것은 시스템이자, 사람에 대한 예의이며, 생명에 대한 윤리다. 안전장비를 갖췄다고 해도, 보호구를 착용하지 않는 문화라면 소용없고, 센서가 고장 나도 "예산이 없다"는 이유로 방치된다면 그 장비는 장식에 불과하다. 산업안전보건연구원의 2023년 보고서에 따르면, 중대재해 발생 사업장의 69%는 '안전지침과 실제 행위 사이 괴리'가 명확히 존재했고, 54%는 경고를 무시하거나 절차를 생략하는 조직문화가 영향을 미쳤다고 밝혔다.

진짜 변화는 태도에서 시작된다. "이 정도는 괜찮다", "지금까지 문제없었다", "생산 일정이 급하다"는 말은 모두 재해의 씨앗이다. 기술이 아무리 발전해도, 그 기술을 어떻게 쓸지 결정하는 건 사람이다. 말하기, 멈추기, 확인하기, 이 세 가지 행동만으로 막을 수 있었던 사고들은 실제로 수도 없이 존재했다. 그러나 그것이 실행되지 않은 이유는 존중과 책임감의 부재 때문이다.

우리는 이제 다른 질문을 던져야 한다. "안전 장비가 있느냐?"보다, "그 장비를 믿고 존중하는 태도가 조직에 있느냐?"이다. "위험하다고 말할 수 있는 분위기가 있느냐?", "실수를 숨기지 않고 공유하는 문화가 존재하느냐?", "생산보다 생명을 우선하는 의사결정 구조가 있느냐?" 이 질문들에 '예'라고 답할 수 있는 조직만이 진정한 의미의 '안전한 조직'이다.

기술은 진화한다. 그러나 사람을 살리는 건 결국 사람의 태도다. 안전은 인간이 설계하고 선택하는 것이다. 산업재해를 막는 첫걸음은 작업자의 생명을 존중하는 마음에서 출발한다. 사람을 존중하는 기술만이 진짜 안전을 만든다.

산업재해의 해부학

재해로 본 인간, 시스템, 그리고 공학의 한계

4부
무엇이 달라져야 하는가

16
Zero Harm 신화는 가능한가:
완전한 안전이라는 환상

"Zero Harm(무해)"은 오늘날 많은 기업이 내세우는 대표적인 안전 구호다. "산재 제로", "무재해 1,000일" 등의 문구는 안전을 향한 의지를 상징하지만, 실제 산업현장에서는 이 구호가 오히려 위험을 은폐하는 장치로 작동하기도 한다. 예컨대, 고용노동부 산업재해 통계에 따르면 2022년 기준 중대재해 보고 건수는 감소했으나, 의료기록 상 '산재로 의심되는 질환'은 증가했다. 이는 일부 기업에서 '무재해 기록'을 유지하기 위해 경미한 사고를 은폐하거나, 산재 신청을 조직적으로 지연시키는 사례가 존재함을 시사한다.

실제로 2021년 한 대기업 협력업체에서는 안전보건관리자에게 "산재가 나면 성과급이 삭감된다"는 내부 지침이 전달되어, 근로자들의 산재 신청 자체가 위축된 사례가 보도되기도 했다. 이처럼 "무재해 구호"가 오히려 현장의 침묵을 조장하는 아이러니가 발생하는 것이다. 구호는 있지만, 위험을 말할 수 없는 분위기가 형성된다면, 그 조직은 안전한 것이 아니라, 통계상 안전해 보일 뿐인 조직이다.

또한 'Zero Harm'이 현실적으로 가능한가에 대한 회의도 존재한다. 인간은 실수하고, 작업환경은 완벽하지 않으며, 예측 불가능한 변수는 늘 존재한다. 그렇다면 우리가 지향해야 할 것은 재해의 '제로화'라는 결과 중심 구호가 아니라, 위험을 빠르게 인지하고, 솔직하게 말할 수 있으며, 반복되는 실수를 기록하고 학습하는 '프로세스 중심의 안전문화'다.

진짜 안전은 말할 수 있는 환경을 설계하는 데서 시작된다. Zero Harm은 목표가 될 수 있지만, 그것이 현실을 왜곡하거나 목소리를 억누르는 도구가 되어서는 안 된다. 우리가 지향해야 할 진정한 안전은, 재해가 발생하지 않는 날이 아니라, 재해를 정직하게 마주하고 개선하는 태도와 구조를 가진 조직에서 비로소 가능하다.

이상과 현실: Zero Harm의 의도는 옳다

Zero Harm은 통계 목표만이 아니다. 그것은 "어떠한 재해도 용납하지 않겠다"는 윤리적 선언이며, 조직이 사람의 생명과 안전을 최우선 가치로 삼겠다는 약속이다. 이 정신 자체는 결코 비판의 대상이 아니다. 실제로 Zero Harm 구호는 수많은 산업현장에서 긍정적인 변화를 일으켜왔다. 한국산업안전보건공단(KOSHA)에 따르면, Zero Harm을 전사 캠페인으로 도입한 기업군은 도입 2년 내 재해율이 평균 28% 감소하는 경향을 보였다. 이는 안전 투자 확대와 시스템 고도화, 책임자 중심의 의식 전환이 이루어질 때 가능한 변화였다.

예컨대, 국내 한 반도체 제조기업은 Zero Harm 정책의 일환으로 모든 신규 공정에 대해 사전 위험성 평가(Risk Assessment)를 의무화하고, 정지권(Stop Work Authority)을 전 직원에게 부여함으로써, 3년간 작업 중 실명, 골절 등 중대재해 발생률을 0.8건/1,000명에서 0.2건/1,000명으로 줄였다. 이는 명확한 규칙과 권한 부여가 실질적 재해 감소로 이어질 수 있음을 보여준다.

그러나 Zero Harm이 구호에만 머물고, 실질적 실행 구조 없이 '결과 수치'만을 목표로 삼을 때 문제가 발생한다. 대표적으로 2020년, 한 자동차 부품 협력업체에서는 무재해 기록 유지를 위해 작업 중 손가락 골절을 입은 노동자에게 산재 신청을 말리지 않았지만, '회사 내 기록'에는 기재하지 않는 방식으로 관리했다. 결과적으로 해당 업체는 무재해 365일 인증을 받았지만, 노동자 개인은 치료와 보상에서 소외되었다.

또한 "재해를 1건도 허용하지 않겠다"는 강한 메시지가 오히려 실수를 숨기게 하고, 위험을 말하지 못하게 만드는 역작용도 낳는다. 한 중견 건설사의 내부 감사 보고서에 따르면, "산재 발생 시 승진 불이익"을 우려해 근로자 3명 중 1명이 부상을 자비로 치료한 사실이 드러났다. 이는 Zero Harm이 '성과 경쟁'의 지표로 오용될 때 발생하는 문제다.

중요한 것은 Zero Harm이 정량적 목표보다 윤리적 태도로 자리 잡는 것이다. "산재를 1건도 허용하지 않겠다"는 말은 사고의 '은폐'를 뜻해서는 안 되고, 재해에 대한 '무관용'은 위험 방치와 책임 회피에 향해야 한다. 또한 "지금까지 괜찮았으니 앞으로도 괜찮을 것"이라는 관성에서 벗어나, 매일의 업무에 내재된 작은 위험까지 반복적으로 확인하고 조치하는 태도가 필요하다.

산업재해를 줄이기 위한 진짜 전략은 '무재해 일수'라는 숫자를 누적하는 데 있지 않다. 오히려 그 숫자를 만들기 위해 얼마나 많은 사람들이, 얼마나 자주 말하고 멈추고 조치했는가가 중요하다. Zero Harm은 '통제'가 아닌 참여와 존중, 기록과 학습의 문화가 전제되어야 가능한 가치다. 그러므로 구호는 약속이어야 하며, 안전이란 말할 수 있는 용기와 듣는 구조를 전제로 한 윤리적 시스템이어야 한다. Zero Harm은 태도의 집합이다.

구호는 시스템이 아니라 압박이 될 수 있다

Zero Harm은 원래 윤리적 선언이었다. "단 한 건의 재해도 용납하지 않겠다"는 강한 의지였다. 그러나 이 구호가 조직 내에서 성과 지표로 기능하게 되면, 그 순간부터 그 의미는 바뀐다. '사고를 줄이는 노력'보다 '사고가 없어야 한다는 기록'이 더 중요해지는 순간, Zero Harm은 실적 압박이 되고, 그 압박은 사고 은폐의 동기가 된다.

2021년 고용노동부의 산업재해조사 보고서에 따르면, 실제 발생한 사고 중 19.4%는 회사가 초기에 '단순 부상'이나 '자가 치료'로 분류하여 산업재해로 보고하지 않았다. 특히 중소 규모 사업장에서 이런 '의도적 누락'은 더 빈번했다. 이유는 단순하다. 무재해 일수를 유지해야 포상 대상이 되고, 경영성과가 되기 때문이다.

이러한 분위기 속에서 사고는 숨겨진다. 예컨대, 한 건설현장에서 2미터 높이에서 추락한 작업자가 갈비뼈 골절로 병원에 이송되었으나, "개인 실수로 인한 일반 치료"로 기록되어 산재 보고가 누락됐다. 해당 현장은 이후 '무재해 500일 인증 현장'으로 표창을 받았다.

문제는 사고가 은폐되는 데 그치지 않는다. 사고 이후의 질문이 '왜 사고가 발생했는가'가 아니라 '왜 목표를 달성하지 못했는가'로 전도되는 현상이 더 심각하다. 이러한 접근은 원인을 해부하고 재발을 막는 체계를 무력화시킨다. 안전관리자는 보고서 양식에 집중하고, 관리자들은 수치를 다듬는 데 골몰한다. 사고는 수치 속에 사라지고, 사람은 통계가 된다.

이 과정에서 현장은 침묵한다. 실제로 한국산업안전보건공단이 2020년 실시한 '산업재해 보고 경험자 실태조사'에 따르면, 재해 경험자의 약 34.6%가 "회사에 말하지 않았다"고 응답했으며, 그 이유로는 "불이익이 걱정돼서"(42.1%), "신고해도 바뀌는 것이 없어서"(27.3%)가 주요 원인으로 지목되었다. 이는 Zero Harm이 실질적인 재해 예방 체계로 작동하지 못하고, 현장 구성원이 위험을 말하지 않는 구조로 작동하고 있음을 보여준다.

결국, Zero Harm이 윤리에서 통제로, 목표에서 실적으로 변질될 때, 사고는 위험보다 기록을 걱정하는 시스템 속에서 왜곡된다. 보고는 축소되고, 진실은 실적에 가려지며, 안전은 기록 위에 존재하는 허상이 된다. 중요한 것은 재해가 발생했을 때 묻는 질문의 방향이다. "왜 사고가 났는가"를 묻고, 그 원인을 학습하며, 다시 발생하지 않도록 조치하는 문화가 없다면, Zero Harm은 구호일 뿐이다. 침묵하는 조직에선 재해가 사라지는 것이 아니라, '보이지 않게 되는 것'일 뿐이다. 진짜 안전은, 드러낼 수 있는 구조와 말할 수 있는 환경에서 시작된다.

완전한 안전은 존재하지 않는다

우리는 인간이 일하는 공간에 존재한다. 그 인간은 결정을 내리고, 피로하고, 감정적이며, 조직 구조, 기후, 작업환경, 상호작용하는 시스템의 영향을 받는다. 따라서 어떤 시스템도 완벽할 수 없고, '완전한 무재해'란 존재하지 않는다. 한국산업안전보건공단이 2023년에 발표한 통계에 따르면, 전체 산업재해의 약 74%는 휴먼 에러(human error)와 조직적 요인에서 비롯된 것으로 분석되었다. 이 수치는 사람의 실수가 많다는 뜻이 아니다. 사람의 실수를 유도하거나 방치하는 구조가 그만큼 강력하게 존재하고 있음을 시사한다.

그럼에도 불구하고 많은 조직은 '사고가 없었음'을 강조한다. '무재해 1,000일', '산재 0건', 'Zero Harm'과 같은 구호는 종종 조직이 안전에 노력했다는 증거로 간주된다. 그러나 산업재해란 단순한 숫자가 아니다. 재해는 언제나 수치보다 먼저, 징후로 시작된다. 무재해를 증명하는 대신, 위험이 존재함을 감지하고 드러내는 구조가 진정한 안전 조직이다.

예를 들어, 2022년 충남의 한 자동차 부품 공장에서, 공정 라인을 점검하던 작업자가 고압 유압장치에 손가락이 절단되는 사고가 발생했다. 해당 사업장은 2년 연속 무재해 인증을 받은 상태였고, 점검표상 모든 기계는 정상 작동 상태였다. 그러나 조사 결과, 이전 한 달간 유사한 경고음이 세 차례 발생했으며, 점검 주기가 짧아졌다는 작업자들의 진술이 있었다. 문제는 이를 '기계 특성상 흔한 현상'으로 간주해 무시했다는 점이다. 즉, 재해는 드러나지 않은 위험이 누적된 결과였던 것이다.

이처럼 사고는 보고서의 처음에 등장하지 않는다. 그 전 단계인 이상 징후, 반복된 불편, 미세한 변화, 그리고 현장의 감각에서 시작된다. 안전한 조직이란, 이러한 '사소한 위험 신호'들을 감지하고 받아들이는 시스템을 가진 조직이다. 산업안전보건연구원은 2021년 발간한 보고서에서 "위험 드러내기(Risk Surfacing)" 개념을 제시하며, '위험의 공유 가능성'이 높은 조직일수록 재해율이 낮다고 분석했다.

즉, 중요한 것은 위험의 '존재'를 가시화하는 조직이 되는 것이다. 조직 내 누구든 "위험"을 말하고, 그 말이 기록되고, 분석되고, 조치되는 시스템이 필요하다. 기술과 제도는 도구일 뿐이며, 그 도구가 작동하도록 만드는 것은 결국 인간의 태도와 조직의 문화다.

'완전한 무재해'는 환상이다. 인간이 존재하는 한, 오류와 변수는 항상 존재한다. 그러나 그 위험이 드러나지 못하는 구조, 침묵이 생존 전략이 되는 조직, 실적이 안전보다 앞서는 문화에서 진짜 위험은 시작된다. 안전이란, 사고가 없다는 걸 증명하기 보다, 위험이 있다는 걸 말할 수 있는 용기와 태도로부터 시작되어야 한다. 진짜 안전은 불완전함을 감지하고 대응하는 민감함에서 시작된다.

진짜 안전한 조직은 '고백할 수 있는 조직'이다

많은 조직은 "Zero Harm", "무재해 1,000일 달성"이라는 슬로건을 외친다. 하지만 진정한 의미에서 '무재해 조직'이란 사고가 없는 조직이 아니다. 사고가 있었음을 말할 수 있고, 실수를 숨기지 않아도 되며, 개선을 요청할 수 있는 구조를 갖춘 조직이다. 다시 말해, 안전은 태도의 총합이어야 한다.

한국산업안전보건공단의 2023년 산업재해 통계에 따르면, 연간 재해자 수는 여전히 12만 명을 상회하며, 그중 2,200건 이상이 중대재해로 집계되었다. 특히 사망 사고의 약 83.5%가 건설, 제조, 물류 등 구조적 리스크가 높은 업종에 집중되어 있으며, 대부분이 사전에 감지 가능한 '경고 신호'를 무시했을 때 발생했다는 공통점이 있다.

예컨대 2021년 경기 평택 물류센터 화재사고 당시, 근로자들은 수차례 환기 부족과 스파크 발생 가능성을 보고했지만 "알고 있으니 그냥 작업하라"는 말만 들었다. 결국 38명의 사상자가 발생한 참사로 이어졌다. 이 사고는 단지 방재 설비의 부재에 앞서, 누군가 위험하다고 말했을 때 그 목소리를 묵살한 태도의 결과였다.

많은 기업에서 안전관리자는 법정 의무 교육을 수행하고, 정기점검을 실시하며, 무재해 표지판을 게시한다.

그러나 사고가 발생했을 때, "왜 그때 멈추지 않았는가?"라는 질문보다 "왜 목표를 달성하지 못했는가?"에 초점이 맞춰진다면, 이는 '성과지표'에 매몰된 구조다. 사고 자체보다 보고 누락이 더 큰 문제가 되는 분위기가 만들어진다.

현장 근로자 입장에서 "잠깐 멈추자"는 말은 용기가 필요하다. 그 한마디가 공정 지연으로 이어질 수 있고, 동료들 사이에서 '게으른 사람'으로 낙인찍힐 수 있기 때문이다. 그러나 바로 이 구조적 압박이 말하지 못하는 위험, 공유되지 않는 실수, 반복되는 사고를 만든다. 한국노동연구원 보고서(2022)는 "위험 감지 보고 체계가 잘 작동하는 기업의 산재 발생률이 평균 대비 42% 낮다"고 지적한 바 있다.

따라서 진정한 'Zero Harm'은 사고 발생 수치 0건이 아니라, 사고를 말할 수 있는 심리적 안전이 보장된 조직, 실수를 공유하며 구조적으로 학습하는 문화, 개선을 요청할 수 있는 권한이 분산된 시스템에서 실현된다. 현장에 경고음을 설치하는 것만큼 중요한 것은, 그 경고를 꺼내 말할 수 있는 권리를 보장하는 일이다.

재해를 줄이기 위한 진짜 노력은 기술이나 설비 투자만으로는 완성되지 않는다. 오히려 가장 먼저 바뀌어야 할 것은 사람을 대하는 태도다. 그 태도는 조직의 철학이 되고, 철학은 문화를 만든다. 그리고 그 문화가 바로 재해를 줄이는 가장 강력한 기술이다. 안전은 존중에서 출발해야 한다.

우리가 지향해야 할 것은 '안전한 오류 허용 구조'

실수는 인간의 본성이다. 산업현장도 예외는 아니다. 중요한 것은 '실수를 없애는 것'이 아니다. 그 실수가 중대한 재해로 이어지지 않도록 안전한 오류 허용 구조(safe-to-fail system)를 설계하는 것이다. 이는 실수가 발생했을 때 즉시 감지되고, 멈추고, 수정할 수 있는 구조를 말한다. 실수는 막을 수 없지만, 실수에도 조직이 붕괴하지 않도록 완충 장치를 갖추는 것, 이것이 진짜 안전문화의 출발점이다.

2023년 고용노동부 통계에 따르면, 전체 산업재해 사망사고 중 약 71%는 사전에 예방 가능했던 사고였다. 대부분이 작은 실수, 사소한 절차 누락, 경고의 무시 등 누적된 문제에서 기인했다. 특히 반복적인 작업 중 발생하는 사고는 '피로', '부주의'보다 '방어 시스템의 부재'가 핵심 원인으로 지목된다. 이를테면, "잠깐이면 되겠지"라는 감각은, 그 잠깐을 막아줄 장치가 없을 때 위험이 된다.

예컨대 한 반도체 공장에서 발생한 누설 가스 사고는, 1차 경보가 울렸지만 "기계 오작동일 수 있다"며 무시된 것이 결정적 원인이었다. 2차 방출 때는 감지 센서가 이미 설정치를 초과했고, 근로자 3명이 중독되었다. 만약 1차 경고 후 작업이 자동 중단되는 시스템이 있었다면, 피해는 발생하지 않았을 것이다. '안전한 오류 허용 구조'란 이런 장치들, 즉, 기계적, 절차적, 문화적 완충지대를 뜻한다.

또한, 조직은 실수를 드러낼 수 있는 문화도 함께 설계해야 한다. 실수는 시스템에 의해 복구 가능하되, 구성원은 그것을 숨기지 않아도 된다는 신뢰 속에서만 드러날 수 있다. 이를 위해선 다음 세 가지가 필요하다:

1. 실수를 신고해도 처벌받지 않는 비난 없는 보고 시스템(no-blame reporting),
2. 실수 발생 즉시 대응할 수 있는 피드백-개선 루프(feedback-improvement loop),
3. 실수의 맥락을 기록하고 학습하는 조직 기억(organizational learning).

우리에게 필요한 것은 실수를 전제로 설계된 시스템, 그리고 실수에도 조직이 학습하고 진화할 수 있는 구조다. 진짜 안전은 "사고가 없었다"는 결과보다, "위험을 감지하고 회복할 수 있다"는 능력에서 비롯된다. 우리는 '무재해'를 외치는 대신, '회복 가능한 시스템'을 만들어야 한다.

해부의 결론: Zero Harm은 목표가 아니라 질문이어야 한다

"우리의 목표는 Zero Harm입니다."

많은 기업이 '무재해 1,000일', '산재 0건'과 같은 수치를 내세운다. 이 문구는 안전에 대한 결의처럼 들리지만, 실제 현장에서는 이 구호가 오히려 위험을 말하지 못하게 만드는 침묵의 언어로 작동하기도 한다.

Zero Harm은 궁극적으로 지향해야 할 이상이지만, 그것이 실적이 되는 순간 문제는 시작된다. 예컨대 2022년 고용노동부 조사에 따르면, 재해 발생 후 48시간 이내에 보고되지 않은 사고 비율이 전체 산재의 26.3%에 달했다. 이는 현장에서 재해 발생 자체를 조직적으로 축소하거나 은폐하려는 경향이 존재함을 의미한다. 그 이면에는 '산재가 발생하면 조직의 성과지표에 악영향을 준다'는 실적 압박 구조가 깔려 있다.

Zero Harm이 정말 실현 가능한 이상이라면, 질문은 다음과 같아야 한다:

"정말 우리는 위험을 줄이기 위해 노력하고 있는가?"
"우리의 안전 기준은 누구를 위한 것인가? 관리자인가, 하청노동자인가?"

"우리 조직은 실수를 용납하는가, 아니면 보고하지 않게 만드는가?"

실제로 2021년 한 항공기 정비 하청업체에서는, 반복되는 부품 미삽입 실수에 대해 정비사가 이를 보고하면 교육 재배치를 받게 되어 오히려 불이익이 따랐다. 결국 현장에서는 "말하지 않는 것이 살아남는 방법"이 되었다. Zero Harm을 수치로만 접근하면, 사람들은 위험을 줄이기보다, 위험을 감추는 법을 배우게 된다.

중요한 것은 Zero Harm을 계속해서 조직에 던져야 할 질문으로 이해하는 것이다.

"우리 조직은 위험을 말할 수 있는 구조인가?"
"실수를 공유하고 학습하는 문화가 존재하는가?"
"재해가 아닌 '재해 가능성'을 탐지할 수 있는 감각이 살아 있는가?"

Zero Harm은 목표가 아니라 과정이며, 선언이 아니라 성찰이다. 진정한 '안전한 조직'은 위험의 가능성을 드러내고 그에 대응하는 능력을 가진 조직이다.

따라서 우리는 묻고 또 물어야 한다.

"우리는 정말로, 생명을 존중하는 방식으로 일하고 있는가?"

이 질문이 사라진 Zero Harm은 오히려 위험하다. 숫자보다 중요한 것은 묻는 태도이고, 태도의 축적이야말로 진짜 안전이다.

산업재해의 해부학

재해로 본 인간, 시스템, 그리고 공학의 한계

4부
무엇이 달라져야 하는가

17
재해 이후:
조직문화와 책임 - 사고 이후가
진짜 안전의 출발점이다

"사고가 나면 무엇을 바꾸는가?"

"누가 책임지는가?"

"무엇을 기억하고, 무엇을 잊는가?"

산업재해는 단 한 순간에 발생하지만, 그 여파는 오랜 시간 동안 조직의 의사결정 방식, 책임 구조, 그리고 구성원의 인식에 흔적을 남긴다.

2020년 산업안전보건공단 조사에 따르면, 중대재해가 발생한 사업장의 54.7%가 구조 개선보다 '문책성 인사 조치'에 집중한 것으로 나타났다. 사고의 원인이 시스템이었음에도 불구하고, 책임을 개인에게 전가하고 조직은 구조적으로 변하지 않는다는 뜻이다. 이처럼 사후 대응이 '책임 회피'에 머물 경우, 재해는 반복된다.

진정한 변화는 '재해 이후의 질문'에서 시작된다.

해당 작업 절차는 안전했는가?

위험이 이미 감지되었는데 무시되진 않았는가?

사고를 막을 수 있었던 의사결정은 누구에게 있었는가?

실제로 2019년의 한 물류센터 화재 사고 이후, 일부 기업들은 전사적 위험 분석 회의를 정례화하고, 직급에 관계없이 위험 제안을 가능케 하는 '안전 제안권'을 제도화하였다. 또 다른 건설사는, 중대재해 발생 후 모든 협력업체와의 계약서에 '안전관리 권한 분담 조항'을 명문화하는 구조 개선을 도입했다.

재해는 끝이 아니다. 이는 조직 문화와 구조를 다시 묻는 출발점이 되어야 한다. 변화는 보상이나 처벌로 충분하지 않다. 진짜 책임이란, 다음 사고를 막기 위해 '시스템을 바꾸는 것'이다. 잊지 않는다는 것은, 똑같은 일이 반복되지 않도록 구조를 다시 설계한다는 뜻이다. 산업재해는 '변화의 명령'이다.

사고의 끝이 아니라, 조직 진단의 시작

사고는 조직 진단의 시작이다. 산업재해가 발생한 현장에서 가장 먼저 해야 할 것은 '어떤 구조가 위험을 반복하게 만들었는가'를 파악하는 일이다. 그러나 현실은 다르다. 2022년 고용노동부 조사에 따르면, 중대재해 발생 이후 응답 기업의 63.1%가 '사고 조사와 재발 방지 대책 수립'을 이유로 내부 TF를 구성했다고 응답했지만, 이들 중 실제 업무 절차를 개편하거나 조직 간 책임분담 구조를 변경한 곳은 21.5%에 불과했다. 대다수 기업은 사고 발생 이후에도 표면적 대응에 그친다.

진정한 재해 대응은 다음 네 가지를 포함해야 한다.

첫째, 시스템 진단이 필요하다. 현장의 기계 결함이나 개인 실수가 왜 반복될 수 있었는지, 어떤 경고가 무시되었는지를 조직 차원에서 해부해야 한다. 예컨대, 2020년 충남 소재 화학공장에서 발생한 폭발사고의 경우, 5년간 동일한 안전 매뉴얼을 복사 · 붙여넣기 해온 기록이 발견되었다. 매뉴얼은 존재했지만, 아무도 그것을 '살아있는 절차'로 사용하지 않았던 것이다.

둘째, 책임자 처벌에 앞서 조직의 책임 구조 점검이 이루어져야 한다. 하청, 외주, 파견 등 다단계 고용구조 속에서 '누구의 명령이었는가'

보다 '누가 실제 위험을 제어할 권한을 가졌는가'를 따져야 한다. 책임은 위임되었지만, 권한은 남아 있는 상태에서 재해는 자주 발생한다.

셋째, 실적 회복보다 안전에 대한 신뢰 회복이 우선되어야 한다. 어떤 조직은 사고 이후 생산량 저하에 민감하게 반응해 안전교육보다 공정 복구에 힘을 쏟는다. 그러나 한국산업안전보건공단에 따르면, 중대재해 발생 이후 2년 내 같은 기업에서 2차 사고가 발생할 확률은 27.4%에 이른다. 신뢰 없는 복귀는 또 다른 사고의 예고편일 뿐이다.

넷째, 현장의 의견 수렴이 필요하다. 실효성 없는 안전지침보다, 현장 작업자들의 언어로 설명되고 실행될 수 있는 안전 시스템이 중요하다. 한 조선소는 사고 이후 1년간 전직군 작업자 대상 인터뷰를 실시하고, 100건 이상의 구조 개선 제안을 반영한 '현장 주도형 매뉴얼'을 구축했다. 중요한 것은, 안전은 아래에서 만들어지는 것임을 인정하는 태도다.

재해는 조직문화의 거울이다. 그 반사광이 무엇을 비추고 있는지 보지 못한다면, 다음 사고는 단지 '언제'일 뿐, '있느냐 없느냐'의 문제가 아니다. 진짜 조직은 사고 이후의 태도로 증명된다.

책임은 '위에서 아래로'만 흐르는가?

많은 조직은 산업재해가 발생한 직후, 빠르게 원인을 정리하고 책임의 화살표를 그린다. 그 화살표는 대개 아래를 향한다. 하청업체의 안전관리 소홀, 현장 관리자의 판단 착오, 작업자의 부주의. 이는 익숙한 공식이다. 하지만 이 공식을 따라가다 보면, 진짜 원인은 늘 공란으로 남는다. 과연 그것만이 전부였을까?

2023년 고용노동부의 중대산업재해 분석 보고서에 따르면, 중대사고의 67.3%는 다단계 하도급 구조에서 발생했다. 사고의 직접 원인은 현장에 있지만, 그 현장을 만든 시스템은 본사, 발주처, 그리고 이익 중심의 의사결정 구조였다. 예컨대 한 조선소에서는 5단계 하청 구조가 확인되었고, 실제 사고 당시 사망자는 5차 하청 소속의 비정규직 근로자였다. 그는 현장 구조와 위험요소에 대한 사전교육을 한 번도 받지 못했으며, 안전관리자는 상주하지 않았다.

하지만 사고 직후 기업은 "외주업체의 과실"이라는 보도자료를 냈다. 해당 보도는 언론에 실렸고, 대중은 또 한 번 "현장 작업자의 실수"로 받아들였다. 책임은 구조에 있지 않았다. 작업 계획은 본사에서, 일정은 본사에서, 예산과 공법의 결정도 본사에서 이루어졌음에도 불구하고, 사고의 책임은 마지막 고리의 개인에게 돌아갔다.

이는 산업안전보건법 제5조의 '원청 책임 규정'이 실질적으로 작동하지 못하는 현실과 연결된다. 특히 공기(工期) 단축 압박은 현장의 무리한 작업 강행을 불러오고, 이에 대한 책임은 언제나 말단으로 내려간다. 중대재해처벌법이 시행되었음에도 불구하고, 2022년 기준 실제 기소된 기업 대표는 전체 중대재해 발생 기업 중 2.1%에 불과했다.

이런 구조 속에서 조직은 '사고는 일어났지만, 우리는 책임이 없다'는 메시지를 반복한다. 더 심각한 문제는, 책임이 실무자에게만 귀속된 조직은 다음 사고의 책임도 절대 지지 않는다는 점이다. 책임을 져본적 없는 구조는 반성하지 않으며, 반성하지 않는 조직은 개선하지 않는다. 결국 위험은 반복된다.

산업재해는 '누가 잘못했는가'의 문제가 아니다. 그것은 '어떻게 그런 결정이 가능했는가', '왜 그 구조가 유지되었는가'를 묻는 질문이다. 진짜 원인을 가리는 조직에서는 시스템이 고장 나 있다. 그리고 그 시스템은 다음 사고를 이미 준비하고 있는 중이다.

'책임 회피'가 반복되는 이유

산업재해가 발생하면 조직은 대개 재빠르게 '수습'에 나선다. 사고 현장은 가림막으로 덮이고, 언론 브리핑은 최소화된다. 내부 보고서는 "원인은 조사 중이며, 유족과 협의 중"이라는 문장으로 채워진다. 그러나 이 일련의 수습 과정에서 진정으로 다뤄져야 할 것은 "책임"이다. 그런데 그 책임은 늘 가장 빠르게, 가장 조용히 사라진다.

책임 회피가 반복되는 이유는 무책임해서가 아니다. 그것은 구조의 문제이며, 조직문화의 반사적 대응이다. 첫째, "이슈화 방지"를 위한 조기 봉합이 일반화되어 있다. 중대재해 발생 시 경영진은 가장 먼저 언론 노출, 주가 하락, 지자체 감사, 원청 계약 해지 가능성을 고려한다. 실제로 2022년 중대재해가 발생한 50대 기업 중 38%는 사고 당일 혹은 익일 공식 입장을 발표했으며, 그중 70%는 '해결에 노력하겠다'는 문구만 반복했을 뿐 사고 경위는 밝히지 않았다.

둘째, "우리만 그런 게 아니다"는 조직 간 상대화는 책임의 무게를 분산시킨다. 사고 직후 회의록에는 "A사도 저런 사고가 있었다", "이 정도 사고는 흔한 편"이라는 표현이 등장하고, 사고 자체가 산업군의 일반적 리스크로 희석된다. 이는 집단적 정상성 편향(Normalization of Deviance)의 전형적 양상이다.

셋째, "다음에는 조심하자"는 기억 없는 대응이 반복된다. 재해 직후 공문이 배포되고, 1회성 교육이 이루어지며, 현장 순회가 강화되지만, 이는 대부분 일회성 이벤트에 그친다. 실제로 고용노동부가 2021~2023년 사이 같은 현장에서 2회 이상 재해가 발생한 사례를 분석한 결과, 약 43%는 '재해 이후 특별한 제도 개선 없이 작업이 재개된 경우'였다. 이는 사고를 '과거형 사건'으로만 인식한 결과다.

넷째, "재해를 복구하는 데 집중"하고, "재해를 해석하지 않는 구조" 역시 핵심 문제다. 기업은 설비 복구, 생산 정상화, 유족 합의 등 단기적 대응에 자원을 집중한다. 그러나 사고의 맥락, 구조적 원인, 반복 가능성에 대한 분석은 대부분 외면된다. '복구'는 이루어졌지만, '해석'은 이루어지지 않은 셈이다.

결국, 조직 내 '책임'은 처벌과 동일시되고, 책임자 지정은 곧 징계로 이어지기에 구성원은 말을 아끼게 된다. 이때 필요한 것은 기억과 개선의 구조다. 처벌보다 조직이 같은 오류를 반복하지 않도록 학습하고 바꾸는 과정이다. '책임'이란 조직이 스스로를 성찰하는 언어가 되어야 한다. 재해의 진짜 원인은 기계나 사람의 실수를 되풀이하게 만든 구조 속에 있다. 그 구조를 바꾸지 않는 한, 재해는 결코 끝나지 않는다.

조직문화의 재구성: 질문하는 조직 만들기

산업재해 이후 조직이 해야 할 가장 중요한 일은 '질문하는 것'이다. 그러나 현실의 조직은 종종 '해명하는 것'에 급급하다. 사고가 왜 났는지를 묻기보다, 왜 피하지 못했는지를 따지고, 누가 잘못했는지를 찾는 데 집중한다. 하지만 진정으로 안전한 조직이란, 책임 추궁 이전에 스스로 묻는 조직이다.

첫째, "우리는 왜 이 위험을 놓쳤는가?"라는 질문이다. 2021년 고용노동부 산업재해 분석 보고서에 따르면, 중대재해의 약 67%는 이미 사전에 유사 위험 징후가 있었던 것으로 나타났다. 하지만 그 경고는 조치를 유도하지 못했다. 예컨대 2020년 평택항 화물컨테이너 압사 사고의 경우, 현장 직원은 작업장 진입 전 "위험하다"는 판단을 했지만, 작업은 강행되었다. 조직은 '사고 후 경위서'를 작성했지만, '사고 전 의사결정'에 대한 질문은 없었다.

둘째, "누가 그것을 말하지 못했는가?"라는 질문이다. 대부분의 산업재해에는 '말하지 못한 침묵'이 존재한다. 위험한 작업이라 느끼면서도, 하도급 노동자라서, 비정규직이라서, 혹은 "늘 하던 방식이라 괜찮겠지"라는 조직 분위기 속에서 문제 제기가 사라진다. 실제로 한국산업안전보건공단(KOSHA)의 2022년 산업안전 문화 실태조사에 따르면, "위험 상황에서 상급자에게 바로 의견을 말할 수 있다"고 응답한 비율은 정규직 68%였던 반면, 하청 비정규직은 41%에 불과했다.

셋째, "어떤 구조가 그 침묵을 만들었는가?"를 물어야 한다. 침묵은 개인의 문제가 아니다. 반복되는 계약 갱신 압박, 실적 중심의 평가 구조, 위계적인 보고 체계는 침묵을 제도화한다. 한 제조업 대기업 협력업체에서 실시한 내부 인터뷰에 따르면, 현장 작업자 중 58%가 '위험 상황에서도 관리자 눈치를 본 적이 있다'고 응답했으며, 그중 32%는 '위험 알림을 포기했다'고 답했다. 즉, 침묵은 이미 시스템에 내장된 반응이 된 것이다.

넷째, "무엇을 '정상'으로 간주했는가?"라는 질문은 매우 본질적이다. 수면 부족 상태에서의 야간작업, 고온 환경에서의 연속 근무, 하루 수십 건의 크레인 회전작업 등이 '정상'이 된 현장은, 이미 그 자체로 사고를 내포한 구조다. "이 정도는 괜찮다", "원래 이렇게 한다"는 관성은 종종 재해의 직접적 원인이 된다.

진짜 안전한 조직은 '스스로 질문을 던질 줄 아는 조직'이다. 위험은 언제든지 발생할 수 있지만, 그 위험을 해석하고 대화하고 바꿔나가는 문화가 있다면, 그것은 '학습하는 조직'이 된다. 산업재해를 막는 것은 질문이다. 그리고 그 질문이 쌓일 때, 조직은 안전해진다.

피해자의 기억은 조직의 윤리를 드러낸다

산업재해는 '사고'로만 끝나지 않는다. 사고 이후 조직이 보이는 태도는 피해자와 유족의 기억 속에 깊이 각인된다. 사고 자체는 시간이 지나면 조직의 기록 속에서 지워질 수 있지만, 피해자 개인의 고통과 그 가족이 겪는 상실은 결코 쉽게 사라지지 않는다. 그리고 그 기억은 조직의 윤리를 비추는 가장 투명한 거울이 된다.

실제 중대재해 발생 후 고용노동부가 실시한 2022년 피해 유족 대상 인터뷰 조사에 따르면, "사고 이후 회사의 진심 어린 사과와 책임 있는 대응이 있었다고 느꼈다"는 응답은 전체의 23.6%에 그쳤다. 반면, 52.7%는 "사과가 형식적이었다"고 느꼈고, 19.1%는 "사과 자체가 없었다"고 응답했다. 이처럼 사후 대응의 진정성이 부족한 경우, 피해자는 사고의 물리적 피해와 함께 사회적·심리적 이중 고통을 겪는다.

중요한 것은 피해자나 유족이 기억하는 포인트가 단지 보상의 액수가 아니라는 점이다. 그들이 묻는 것은 다음과 같은 질문이다.

1. 사고 직후, 적절한 조치가 있었는가?
2. 책임자의 진심 어린 사과가 있었는가?
3. 그 사건을 통해 조직은 스스로를 성찰했는가?
4. 같은 일이 반복되지 않기 위한 구조적 개선이 이루어졌는가?

이 질문에 대해 조직이 자신 있게 "그렇다"고 답할 수 없다면, 재해는 조직 신뢰의 붕괴로 이어진다.

예컨대 2021년 청주 소재 건설현장에서 발생한 고공 추락사고의 경우, 유족은 사고 발생 직후 수일간 회사 측의 연락을 받지 못했으며, 이후 장례 절차에도 책임자의 공식적인 참여가 없었다고 증언했다. 반면, 같은 해 울산의 한 조선업체에서는 사고 발생 24시간 이내에 CEO 명의의 사과문이 발표되었고, 유족과의 지속적 대면 조율을 통해 안전 재발 방지 TF팀이 꾸려졌다. 결과적으로 후자의 조직은 유족 측의 법적 대응 없이 합의에 도달했다. 이는 조직 윤리와 신뢰 회복의 차이를 보여주는 사례다.

재해 이후의 진정성 있는 변화는 다음 사고를 막는 최소한의 기반이 된다. 피해자의 목소리를 조직이 귀 기울여 듣는 순간, 그것은 비로소 "기억을 통해 안전을 회복하는 조직"이 된다. 그리고 이 과정은 기술로는 대체할 수 없는 '윤리의 영역'이다.

재해 이후 조직이 해야 할 일은 단지 보상과 재발방지 교육이 아니다. 그보다 더 중요한 것은 "우리는 당신의 고통을 기억한다"는 태도다. 조직의 윤리는 그 말의 무게를 감당할 수 있을 때 드러난다. 피해자의 기억은 수치로 측정할 수 없지만, 그 기억 속에 담긴 신뢰 여부가 조직의 미래를 결정한다.

해부의 결론: 재해 이후의 조직이 그 조직의 본모습이다

산업재해는 작업장에서의 한순간이지만, 그 이후의 조직의 태도는 그 조직의 본질을 드러낸다. 재해 이전에는 누구나 '안전'을 말할 수 있다. 안전보건관리계획서, 위험성 평가표, 안전교육 이수증—all neatly filed. 그러나 재해 이후 누가 책임지고, 기억하며, 무엇을 바꾸려 했는가는 조직의 문화, 윤리, 구조가 그대로 드러나는 순간이다. 말뿐인 안전이었는지, 실질적 개선을 의지했는지, 그 차이는 사고 이후에만 명확해진다.

2023년 고용노동부 산업재해조사보고서에 따르면, 중대재해 발생 이후 실제로 조직 구조를 변경하거나 작업 절차를 수정한 사례는 전체의 29.8%에 불과했다. 나머지 조직의 대응은 대부분 '관련자 징계', '경고 공문 발송', '일회성 교육 실시' 수준에서 그쳤다. 이는 재해를

'단속 대상'으로 인식하는 조직문화가 여전히 지배적임을 보여준다.

중요한 것은, 안전이란 미래의 가능성을 말하는 가치지만, 그 출발은 항상 과거의 실수에서 비롯된다는 점이다. 실제로 산업안전보건연구원이 제시한 재해 예방 모델은 '선제적 위험 관리'보다 '사고 후 분석을 통한 시스템 개선'이 더 지속 가능한 효과를 낸다고 분석했다. 다시 말해, 재해는 피해야 할 오점이 아니라, 반드시 돌아봐야 할 출발점이라는 뜻이다.

사고 이후, 조직은 이렇게 질문해야 한다.
"우리는 무엇을 놓쳤는가?"
"그때 왜 아무도 말하지 못했는가?"
"이 구조가 다시 같은 위험을 만들진 않는가?"

이 질문에 대해 조직이 스스로 답하고, 제도와 문화로 옮기는 것이 진짜 개선이다. 단기적 실적이나 이미지 관리에 급급한 대응은 또 다른 재해의 전조가 될 뿐이다.

산업안전은 단순히 사고를 막는 기술의 문제가 아니다. 그것은 기억을 기반으로 신뢰를 회복하는 조직 윤리의 문제다. 실수를 인정하고, 그것을 공공의 교훈으로 전환할 수 있을 때, 비로소 조직은 성숙한 '안전 문화'를 향해 나아간다. 재해 이후 조직이 하는 행동이 곧 그 조직의 정체성이며, 그 기억을 통해 우리는 다시는 같은 실수를 반복하지 않는 방법을 배운다.

결국, 재해의 해부는 사고 자체보다 그 이후를 보는 일이다. 누가 책임졌는가, 무엇이 바뀌었는가, 기억은 어떻게 남았는가, 이것이 재해 이후 조직의 윤리이며, 본모습이다.

우리가 재해를 말하는 이유

재해는 기록되지 않으면 반복된다.

그리고 기억되지 않으면, 아무도 그것으로부터 배우지 못한다.

이 책에 담긴 이야기들은 특별한 사건이 아니다.

어제도, 오늘도, 그리고 아마 내일도

어딘가에서 비슷한 일이 반복되고 있을 것이다.

그러나 그 반복이 무감각으로 이어질 것인가, 변화로 이어질 것인가는

우리가 그 이야기를 어떻게 듣고, 어떻게 기록하고, 어떻게 행동하는

가에 달려 있다.

사고를 보고할 수 있는 조직,

불안을 말해도 괜찮은 분위기,

실수를 숨기지 않아도 되는 구조,

그 모든 것이 곧 안전이고, 인간에 대한 존중이다.

산업안전은 법과 규정으로 시작하지만,

끝은 늘 사람이다.

사람의 감각, 사람의 용기, 사람의 말 한마디가

때로는 가장 정밀한 센서가 되고,

가장 확실한 경고가 된다.

내가 현장에서 배운 것은 기술이 아니라 태도였고,

숫자가 아니라 얼굴이었다.

그리고 무엇보다,

"괜찮아 보였지만 괜찮지 않았던 사람들"의 기억이다.

이 책이 마지막 장을 덮는 순간,

누군가가 다음 사고를 막기 위해

한 걸음 멈춰서고,

한 사람의 이야기에 귀 기울이고,

한 가지 시스템을 다시 들여다보게 된다면―

그것만으로도 이 책은 충분히 쓰일 이유가 있다.

기억은 기술보다 오래간다.

그리고 변화는 기억에서부터 시작된다.

기억되지 않은 재해는 반복된다

우리는 왜 재해를 말해야 하는가.

그것은 단지 과거의 비극을 기록하기 위함이 아니다. 기억되지 않은 재해는 반복되며, 기록되지 않은 고통은 아무도 배우지 못한다. 지금 이 책에 담긴 이야기들은 특별한 사건이 아니다. 어제도, 오늘도, 그리고 아마 내일도 어딘가에서 비슷한 상황이 반복되고 있을 것이다. 문제는 그 반복이 무감각으로 이어질 것인가, 아니면 변화로 이어질 것인가다.

그 갈림길은 결국 우리에게 달려 있다. 우리가 그 이야기를 어떻게 듣고, 어떻게 기록하며, 어떻게 행동하느냐에 따라, 그 죽음은 경고가 되거나, 또 하나의 숫자가 되거나 한다. 산업재해를 줄이기 위한 진짜 변화는 법이나 설비만으로 오지 않는다. 사고를 보고할 수 있는 조직, 불안을 말해도 괜찮은 분위기, 실수를 숨기지 않아도 되는 구조—그 모든 것이 곧 안전이며, 경영이며, 인간에 대한 존중이다.

산업안전은 규정과 기준에서 출발하지만, 그 끝은 언제나 사람이다. 사람의 감각, 사람의 용기, 사람의 말 한마디가 때로는 가장 정밀한 센서가 되고, 가장 확실한 경고가 된다. "위험합니다." "이대로 작업하면 안 됩니다." "좀 이상합니다." 그 작은 신호들을 무시하지 않는 태도, 그 목소리를 받아들이는 시스템이 결국 생명을 지킨다.

현장에서 나는 기술보다 태도를 배웠고, 매뉴얼보다 사람의 얼굴을 기억했다. 장갑을 끼고 땀을 닦으며, 그늘도 없이 일하던 작업자들. 괜찮아 보였지만, 결코 괜찮지 않았던 사람들. 그들의 이름과 말, 반복되는 고통 속에서도 웃던 얼굴들이 이 책의 출발점이었다.

〈산업재해의 해부학〉은 재해를 구조로 바라보는 책이다. 그러나 그 구조를 움직이는 것은 언제나 사람이다. 경고를 들을 귀, 멈출 줄 아는 용기, 한 사람의 신호를 존중하는 태도.

우리는 그것들을 갖추지 않고도 안전을 말할 수 없다.

이 책의 마지막 장을 덮는 순간,
누군가가 다음 사고를 막기 위해 한 걸음 멈춰서고,
한 사람의 이야기에 귀 기울이며,
한 가지 시스템을 다시 들여다본다면—
그것만으로 이 책은 충분히 쓰일 이유가 있다.

기억은 기술보다 오래간다.
그리고 변화는 기억에서 시작된다.
우리가 재해를 말하는 이유는, 다시는 같은 죽음을 반복하지 않기 위함이다.
그리고 그 말이 구조를 바꾸고, 문화를 바꾸고, 생명을 지키는 시작이 되기를 바란다.

산업재해를 이해하는 것은
'사람'을 이해하는 일이다

산업재해를 말한다는 것은, 결국 '사람'을 이야기하는 일이다. 산업안전보건법, 중대재해처벌법, ISO 인증, 보호구 착용, 안전지침과 점검표… 우리는 이 모든 것을 동원해 '재해를 줄이자'고 외친다. 하지만 그 모든 규정과 시스템은 단 하나의 이유로 존재한다. '한 사람의 생명'을 지키기 위해서다. 재해는 기록된 수치 이전에, 이름이 있고 가족이 있는 한 사람의 삶이다. 그렇기에 산업재해를 진정으로 이해한다는 것은, 그 사람이 왜 다쳤는지 뿐 아니라, 그가 어떤 환경에서 일했고, 어떤 압박을 받았으며, 어떤 구조 속에서 침묵할 수밖에 없었는지를 함께 이해하는 일이다.

산업재해는 순간의 사건이 아니다. 그것은 오랜 시간 축적된 결핍, 침묵, 무시, 그리고 반복되는 조직의 선택이 만든 결과다. 한 번의 전기 감전 뒤에는 누전된 전선이 있었고, 제대로 고장 신고가 되지 않았으며, 그 전에 같은 문제가 있었음에도 "이번엔 괜찮을 것"이라며 넘어갔던 전례가 있었다. 한 명이 추락한 곳에는, 좁은 작업공간, 고정되지 않은 발판, 반복된 일정 압박, 그리고 안전장비를 무시하는 분위기가 함께 존재했다. 다시 말해, 산업재해는 개인의 실수가 아니라, 사람의 실수를 받아내지 못한 시스템의 실패다.

우리는 종종 재해를 예방하기 위해 "정확한 매뉴얼"과 "철저한 관리 체계"를 강조한다. 그러나 실제 현장은 매뉴얼보다 훨씬 복잡하다. 날씨, 기계의 미세한 소음, 근로자의 피로도, 동료와의 관계, 관리자 부재, 불완전한 설계, 애매한 책임구조. 이러한 요소들이 뒤섞인 채 작동하고, 그 안에서 한 사람은 '실수할 수밖에 없는 상황'에 놓이게 된다. 산업재해를 막기 위한 노력은 바로 이 '사람의 맥락'을 읽는 데서 출발해야 한다. 그 사람은 지금 몸이 어떤 상태였는지, 위험을 말할 수 있는 분위기였는지, 그가 외친 신호는 시스템이 어떻게 받아들였는지를 묻지 않는 한, 어떤 교육도 장비도 재해를 완벽히 막을 수 없다.

의학이 병을 이해하기 위해 환자의 생활습관과 병력, 스트레스 상태까지 들여다보듯, 산업안전 역시 '작업자의 하루'를 이해하지 않고는 절대 실질적인 개선으로 이어지지 않는다. 이 책이 수많은 현장의 사례와 수치, 시스템을 다루는 이유는, 단지 제도적 개선을 위한 것이 아니다. 그 모든 이야기의 핵심은 결국 "한 사람이 왜 그렇게 아플 수밖에 없었는가"를 되묻기 위해서다. 우리는 종종 법률과 기준, 수치와 그래프로 안전을 설명하려 하지만, 재해의 본질은 '사람' 안에 있다. 기술은 설명을 돕고, 규정은 예방을 지원하지만, 가장 정직한 경고는 언제나 사람의 몸과 감각에서 시작된다.

따라서 산업재해를 이해한다는 것은 결국 인간을 이해하는 일이다. 그는 왜 침묵했는가, 왜 그 위험을 무시했는가, 왜 쉬지 않았는가, 왜 지침을 따르지 않았는가—이 질문들은 모두 책임을 묻기 위한 것이 아니라, 시스템이 무엇을 놓쳤는지를 확인하는 질문이다. 한 명의 실수는 곧 조직의 리트머스 시험지다. 실수가 재해로 이어졌다는 것은, 그 조직이 실수를 감지하거나 수용하거나 멈추게 할 수 없었다는 뜻이다.

산업안전은 결국 기술의 문제가 아니라 철학의 문제이며, 경영의 방향이고, 무엇보다 인간에 대한 존중이다. "사람은 실수할 수 있다"는 단순한 진실을 받아들일 때, 우리는 처음으로 재해를 막기 위한 진짜 출발선에 선다. 사람은 완벽하지 않다. 그러나 그 불완전함을 전제로 설계된 조직만이, 실수를 용인할 수 있고, 반복을 방지할 수 있으며, 재해를 예방할 수 있다.

이 책의 마지막 장을 덮는 지금, 우리는 다시 한 번 묻는다. "당신은 누구의 안전을 말하고 있는가?" 재해가 반복되는 이유는 기술이 부족해서가 아니라, 사람이 사라진 시스템이기 때문이다. 그렇기에 산업재해를 줄이는 유일한 방법은, 사람이 중심에 있는 시스템을 다시 설계하는 것이다. 산업재해의 해부학은 결국, 사람을 보는 해부학이다. 그 눈을 가진 조직만이 진짜 안전을 만들 수 있다.

산업재해의 해부학

재해로 본 인간, 시스템, 그리고 공학의 한계

발 행 일   2025년 11월 1일
인 쇄 일   2025년 11월 1일

지 은 이   이상준

펴 낸 곳   도서출판 담음
주   소   서울시 중랑구 숙선옹주로5길 15-4
E-mail   dmembooks@naver.com
전화번호   02-979-0604

가   격   25,000원
I S B N   979-11-995255-1-1

이 도서의 국립중앙도서관 출판예정도서목록(CIP)은
서지정보유통지원시스템 홈페이지(http://seoji.nl.go.kr)와
국가자료종합목록 구축시스템(http://kolis-net.nl.go.kr)에서
이용하실 수 있습니다. (CIP제어번호 : CIP2020032279)